西藏非公有制经济
高质量发展研究

2021

张志恒 狄方耀 ◎ 著

XZCB 西藏人民出版社

图书在版编目（CIP）数据

西藏非公有制经济高质量发展研究. / 张志恒，狄方耀著.
-- 拉萨 : 西藏人民出版社,2022.8
ISBN 978-7-223-07167-3

Ⅰ.①西… Ⅱ.①张… ②狄… Ⅲ.①非公有制经济－经济发展－研究－西藏 Ⅳ.①F127.75

中国版本图书馆CIP数据核字(2022)094631号

西藏非公有制经济高质量发展研究

作　　者	张 志 恒　狄方耀
责任编辑	多杰卓玛
封面设计	格　　次
出版发行	西藏人民出版社（拉萨市林廓北路 20 号）
印　　刷	西藏福利印刷厂
开　　本	787×960　1/16
印　　张	21.125
字　　数	281 千
版　　次	2022 年 12 月第 1 版
印　　次	2022 年 12 月第 1 次印刷
印　　数	01-1,500
书　　号	ISBN 978-7-223-07167-3
定　　价	45.00 元

前 言

一、研究目的

改革开放以来，党中央、国务院十分重视非公有制经济发展，提出“要毫不动摇地鼓励、支持和引导非公有制经济快速、健康发展”。2010年，党中央、国务院颁发《关于加强和改进新时期工商联工作的意见》，为非公有制经济发展提供组织保障。党的十八大以来，习近平总书记从坚持发展中国特色社会主义、促进非公有制经济发展战略高度，提出系统的非公有制经济发展领域“两个健康”思想。党的十九大报告鲜明指出“构建亲清新型政商关系，促进非公有制经济发展和非公有制经济人士健康成长”。“两个健康”思想是习近平新时代中国特色社会主义思想重要组成部分，为全面提升民营经济发展指明道路，对巩固拓展改革开放成果具有深远影响。2016年3月4日，习近平总书记在全国政协十二届四次会议民建和工商联界别委员联组会上发表题为《毫不动摇坚持我国基本经济制度推动各种所有制经济健康发展》重要讲话，释放出重大信号、传递出明确导向、回应思想关切、提出殷切期望，有利于统一认识、提振信心、明确方向、增强责任，推动非公有制经济发展上新台阶。2018年11月，在全国民营企业座谈会上，习近平总书记对改革开放以来我国包括民营企业在内的非公有制经济发展作出的巨大经济贡献做出高度评价和精确概括时强调指出，我国民营企业对全国经济作出的巨大贡献可概括为“56789”，即民营企业贡献着全国税收收入总额的50%以上、GDP总额的60%以上、技术创新成果总量的70%以上、城镇劳动就业总职数的80%以上、企业总量的90%以上。实践表明，改革开放以来我国民营经济发展取得的成就不仅不是偶然的，而且是有客观现实与历史必然性的。有理由相信，新时代伴随我国小康社会全面建成和现代化建设全面开启，非公有制经济高质量发展将为促进包括地区协调在内的经济高质量发展作出更大的和不可替代的重要贡献。2019 年 12 月，中共中央、国务院发布《关于营造更好发展环境支持民营企业改革发展的意见》，要求完善民营企业直接融资支持制度，健全民营企业融资增信支持体系，降低中小企业综合融资成本，支持民营企业融资。《中华人民共和国国民经济和社会发展第十四个五年规划和 2035 年远景目标纲要》中明确提出，毫不动摇巩固发展公有制经济，毫不动摇鼓励支持引导非公有制经济发展，培育更有活力、创造力和竞争力的市场主体。健全并支持民营企业发展法治环境、政策环境和市场环境，依法平等保护民营企业产权和企业家权益。保障民营企业依法平等使用资源要素、公开公平公正参与竞争、同等受到法律保护。放宽民营企业市场准入，破除招投标等领域各种壁垒。创新金融支持民营企业政策工具，健全融资增信支持体系，对民营企业信用评级、发债一视同仁，降低综合融资成本。完善促进中小微企业和个体工商户发展政策体系，加大税费优惠和信贷支持力度。构建亲清政商关系，建立规范化政企沟通渠道。健全防范和化解拖欠中小企业账款长效机制。支持民营企业改革创新，提升经营能力和管理水平，引导有条件民营企业建立现代企业制度。支持民营企业开展基础研究和科技创新、参与关键核心技术研发和国家重大科技项目攻关。完善民营企业参与国家重大战略实施机制。推动民营企业守法合规经营，支持民营企业积极履行社会责任、参与社会公益和慈善事业。弘扬企业家精神，实施年轻一代民营企业家健康成长促进计划。拓宽技术工人上升通道，畅通非公有制企业、社会组织、自由职业专业技术人员职称申报和技能等级认定渠道，提高技能型人才待遇水平和社会地位。深化公办养老机构改革，提升服务能力和水平，完善公建民营管理机制，支持培训疗养资源转型发展养老，加强对护理型民办养老机构政策扶持，开展普惠养老城企联动专项行动。支持社会力量通过公建民营、政府购买服务、政府和社会资本合作等方式参与公共服务供给。

中央决策有力推动着西藏非公有制经济发展。西藏出台大量推动非公有制经济发展重要措施。早在十年前制订的《西藏自治区“十二五”规划纲要》就明确提出，西藏放宽非公有制经济市场准入条件，支持非公有制经济参与水能、太阳能等特色资源开发，支持非公有制经济参与发展文化、旅游、体育产业及商贸流通业，支持非公有制经济进入城镇建设、公共交通、园林绿化等领域，支持引导非公有制经济通过参股、控股和资产收购等形式参与国有企业重组改制，支持非公有制经济实施品牌发展战略，不断加强研发投入和自主创新及转型升级。在该规划方案指导下，西藏上下为非公有制经济发展创造良好环境。《西藏自治区“十三五”规划纲要》提出：“壮大非公有制经济，深化‘五放、六支持’政策，完善财税金融扶持政策，营造非公有制经济发展的宽松环境。激发企业家精神，依法保护企业家财产权和创新收益。完善信用担保体系，提高金融服务中小企业水平，支持中小企业发展。依托国家银河培训工程，加大中小企业经营者和小企业创业者培训力度。”表明西藏结合新发展情况与中央要求，更加以实质性措施加大对非公有制经济支持力度。《西藏自治区“十四五”规划纲要》提出，大力发展民营经济。本研究立足上述背景，对西藏非公有制经济发展情况进行总结，深入探索推动非公有制经济高质量发展对策，旨在为西藏非公有制经济各级管理部门制订政策提供参考，试图为西藏非公有制经济主体制订发展计划提供借鉴。按照“两个健康发展”和亲清政商关系要求，支持引导非公有制经济发展，依法平等保护非公有制企业产权和企业家权益，破除制约非公有制企业发展各种壁垒，完善促进中小微企业和个体工商户发展的法律环境和政策体系。持续落实各项减轻企业负担税费优惠政策，完善非公有制企业诉求反映和权益维护机制。加强部门沟通协作，用好用活自治区中小企业发展专项资金，搭建服务民营企业平台，加强非公有制经济统计和监测分析。拓宽非公有制企业的融资途径，健全多层次融资担保体系，完善推广西藏中小微企业融资服务平台，用好中小微企业贷款风险补偿奖励政策。支持非公有制企业参与国有企业改革，完善非公有制企业参与重大战略、重大项目机制。大力推进招商引资，扩大招商引资奖励范围，支持祖国内地优秀非公有制企业到西藏投资兴业，支持非公有制企业和商协会发展。发挥非公有制企业在科技创新中的主体作用，支持非公有制企业加强创新和转型升级。抓好政策措施落实，推动非公有制经济高质量发展。弘扬优秀企业家精神，有计划地对非公有制企业家特别是年轻一代开展个性化、层次化培训，培养壮大一批有世界眼光国际视野、有知识有闯劲有干劲、思维开阔的年轻一代非公有制企业家队伍。帮助效益好、信誉高、发展优势显著的非公有制企业制定规范公司章程，完善公司治理。2021 年 11 月在 27 日，自治区党委书记王君正同志在中国共产党西藏自治区第十次代表大会上的报告《全面贯彻新时代党的治藏方略 为建设团结富裕文明和谐美丽的社会主义现代化新西藏而努力奋斗》中强调指出："毫不动摇鼓励、支持、引导非公有制经济发展，构建亲清新型政商关系，优化营商环境，维护市场公平，激发市场活力，市场主体数量年均增长 6.5% 以上、达到 50 万户以上。高度重视招商引资工作，加大招商引资力度，创新观念抓招商、强化服务抓招商、创新手段抓招商，吸引更多区外投资落地西藏。"

西藏在我国是一个经济总量（GDP）和人均 GDP 排在后列的西部省区，[①] 公有制经济整体发展水平低。早在改革开放初期的 1980 年春和 1984 年春，中央在北京先后召开了第一次和第二次西藏工作座谈会，明确提出西藏应当以发展集体经济和个体经济为主。经过 40 多年发展，西藏非公有制经济已成为经济总量（GDP）中的主要构成部分，成为西藏财政收入主要贡献

① 根据宜居城市研究室（www.elivecity.cn）2018 年 3 月 15 日发布的消息：2017 年西藏人均 GDP 为 39651.18 元，位列贵州、云南、甘肃之前，为全国各省倒数第四位，距全国平均人均 GDP 为 59502 元尚有较大差距。

者和吸纳就业人员的主要阵地和场所，在区域经济中发展潜力、积极作用和社会地位加速彰显。截至 2021 年底，西藏非公有制经济市场主体 39.52 万户，注册资本 12469.71 亿元，同比增长 21.36%、28.33%，非公有制市场主体占西藏市场主体总量的 97.18%。非公有制经济完成税收 308.17 亿元，占税收总收入的 85.53%①。本研究选择推动西藏非公有制经济高质量发展为研究对象，目的就是想借助以往的研究积累、方法及经验基础，为西藏非公有制经济高质量发展做一点力所能及的支持，为落实新时期治藏方略作出一点绵薄贡献。

二、成果主要特色和观点

本研究以区域经济学、社会主义市场经济学、制度经济学、产业经济学、发展经济学及中国少数民族经济学等学科为理论基础和分析工具，结合西藏特殊区情，对西藏非公有制经济发展历史基础、现状、特点、存在问题与原因、制度建设与内部管理、绿色发展与转型升级、产业布局与区域布局、发展路径与对策等内容进行较为深入的研究，较为系统地探讨遵循习近平“两个健康”思想指导的西藏非公有制经济高质量发展思路，提出实现西藏非公有制经济高质量发展的思路对策。本研究的主要贡献有以下几个方面：

（一）研究内容有创新。本研究在搜集以西藏为研究对象的、事关西藏非公有制经济发展的学术论文、工作报告和实践探索成果基础上。研究表明，截至 2021 年末，本研究开展的在全面回顾和总结西藏高质量发展基础之上的，以习近平总书记“两个健康”思想为指导的，事关西藏非公有制经济高质量发展研究，整体上是一种具有一定开拓性的理论尝试，这一研究将为未来事关西藏非公有制经济高质量发展相关研究提

① 芮怡星 . 西藏非公有制经济市场主体超 39 万户，成绩可喜 [N]. 西藏商报 ,2022 年 2 月 22 日 .

供借鉴支持。

（二）研究成果有特色。第一，本研究较为深入地分析西藏非公有制经济发展特殊环境，并提出因受这些特殊环境与因素叠加交织，导致西藏非公有制经济高质量发展呈现出有别于其他省区市的鲜明特色。本研究尽可能将研究对象置于相关理论方法框架内，将西藏非公有制经济运行特点与制约因素结合起来分析；第二，本研究使用多种分析工具和研究方法。包括实地调研法、文献综述与分析法、实证研究法、规范研究法、比较分析法、SWOT分析法，通过各种分析方法协同使用，共同聚焦研究对象，使对研究对象的分析达到较高水平，当然也使本研究较好地做到了逻辑上的自洽、结论上的客观；第三，本研究提出的对策建议具有较强参考价值和借鉴意义。在多年西藏非公有制经济发展研究中，我们深入调研、走访、交谈、征求意见、专家咨询、内部研讨和提炼观点。与西藏非公有制经济管理部门广泛交流，探讨西藏非公有制经济高质量发展的意见建议对策。

（三）研究观点有创新。本研究在以下方面有一定的创新。第一，本研究是国内将西藏非公有制经济高质量发展作为研究对象，进行系统全面探索尝试，具有一定的研究对象开拓性；第二，本研究使用有关理论、方法与分析工具、积累资料，使深化事关西藏非公有制经济高质量发展理论研究具有借鉴意义和参考价值；第三，我们数十次深入西藏非公有制经济第一线，甚至是多次到达边境口岸考察、搜集资料，与口岸管理单位和边境贸易部门负责人、进出口经营者和专家深入交流，本研究得出的结论和观点对西藏非公有制企业在国家“一带一路”倡议背景下走出国门、走向南亚具有一定参考价值；第四，研究西藏非公有制经济高质量发展，从学科范畴上属于区域经济学、社会主义市场经济学和中国少数民族经济学等学科的交叉研究范畴。改革开放40多年来尤其是中国共产党第十四次全国代表大会召开以来，伴随我国社会主义市场经济体制不断完善，如何建立起符合中国实际和各地具体特点的生产资料结构，调动各方面发展社会主义市场经济的积极性和创造性，释放市场潜力，一直是国内学界关注的热点和重点问题。西藏如何推动遵循习近平“两个健康”思想指导的非公有制经济高质量发展之路，是摆在各级各界面前的紧迫问题。研究表明，西藏必须高度重视非公有制经济高质量发展作用，应当将非公有制经济高质量发展置于西藏国民经济高质量发展主体地位上予以大力支持，[①]进而为西藏非公有制经济高质量发展不断创造好的政策环境、人文环境、舆论环境、边境稳定与安全环境，引导对口援藏省市、中央机关和中央直属大型国有企业，逐步将更多注意力投射到关心支持西藏非公有制经济高质量发展上来。精心耐心引导西藏非公有制经济高质量发展，建立完善的现代企业制度，加快企业转型升级，加快培养企业家适应供给侧改革和国家“一带一路”合作倡议下的国内与国际经济新环境能力，不断增强西藏非公有制企业活力与竞争力。根据西藏特殊区情，加快培养培育适应西藏特殊区情的非公有制企业、企业集团，建立起有一定规模的、在国内甚至是国际有一定影响力的、西藏的大型非公有制企业集团为龙头的、形成雪域高原充满活力的和个性鲜明的非公有制企业家群体。这种局面出现之时，定是西藏经济高质量发展内生动力强劲、造血功能强大、社会贡献突出、经济社会繁荣、各民族安居乐业之时。这是本研究潜心所得出的基本结论，也是本研究的学术价值之一。

三、研究过程

本研究分为两个阶段。第一阶段：首先，从 2012 年 5 月至 2016 底，

① 根据中央精神和我国学者们比较一致的观点认为，国有经济在国民经济中的主体地位和主导作用，应当是指在国家经济发展的不同阶段，在不同产业和不同地区，可以有所差别。比如，在流通领域、服务性行业、小商品生产领域及一般加工工业中，国有经济不一定都要占优势；在边疆少数民族地区由于其经济总量在全国占比很低等情况下，为更好动员社会力量和民营资本发展社会主义市场经济，可以在经济成分占比上有灵活思维和政策。

是本研究形成初步成果的阶段。5 年时间内本研究使用实地调研法、文献搜集整理法、专家访谈法等途径获得对本次研究对象的感性认识，将这些感性认识转化为理性认识，做到逻辑自洽、论据充足；其次，本研究不断优化研究框架，布局研究内容，在逻辑上规范有序；第三，是根据分工完成研究任务。本研究团队先后十多次进行集体商讨遇到的资料困难、观点分歧、思路差异、研究方法等困境，多次向专家请教咨询。

第二阶段：2017 年至今，是本研究修改完善阶段。为使本研究能被全面置于习近平“两个健康”思想指导的框架下，本研究者们利用暑假赴西藏调研，先后到西藏工商联、林芝市发改委和工商联、日喀则市工商联和发改委、江孜县工商联和江孜县人大、阿里行署发改委和工商联米林县工商联和发改委等单位。向这些单位和部门了解情况、征求意见和实地考察，拓宽对西藏非公有制经济高质量发展的感性认识，从深化理论研究、框架设计等全面提升研究内容，在实践中不断修改、完善研究中的不足与问题。

作者

2022 年 4 月 10 日

目　录

第一章 绪 论

第一节 背景与意义

一、研究背景

（一）中央不断深化改革为西藏非公有制经济高质量发展提供宽广舞台。改革开放以来党中央相继推出一系列关于非公有制经济发展的大政方针，为非公有制经济发展提供制度保障和政策支持。发轫于1978年末的改革开放，在40多年伟大实践中，中国共产党高瞻远瞩，紧跟时代潮流和世界发展趋势，推出引领中国破浪前行的路线、方针与政策，创造出举世公认伟大成就。西藏在这个伟大变革中，与全国各省区市一道按照同样部署、同一节奏推进改革开放进程，为西藏经济发展开辟新空间，用实际行动践行在不断调动各种活力基础上推动西藏经济和非公有制经济发展的庄严承诺。

1980年春，中央在北京召开第一次西藏工作座谈会，之后中央在发布《关于转发〈西藏工作座谈会纪要〉的通知》中明确指出，国家在西藏实行“土地归户使用，自主经营长期不变”“牲畜归户，私有私养，自主经营长期不变”，对农牧民生产经营活动免征一切税收；西藏实行比其他地区更为优惠对外开放政策，外贸出口享受全部外汇留成，允许西藏在祖国内地转销一般性进口商品。为推动西藏以个体为主的非公有制经济发展起到扫除思想障碍、提高认识作用。1984年春党中央召开第二次西藏工作座谈会，中央根据发展新情况，制定一系列符合西藏实际的经济和改革开放政策，为初步发展西藏个体非公有制经济指明方向、增强动力。这两次中央专门为西藏召开的座谈会，为处于祖国西南边疆的西藏发展多种经济成分、搞活经济、改善民生，起到不可低估的作用。在中央大政方针指引下，国务院相继出台相关政策，服务支持非公有制经济发展。2005年和2010年，国务院先后下发关于鼓励支持引导非公有制经济发展“两个36条”；2009年和2012年，出台促进中小微企业健康发展“两个29条”，2012年，国务院下发鼓励民间投资发展政策及各部门42项实施细则；2015年，国务院总理在政府工作报告中强调指出“非公有制经济是我国经济的重要组成部分。必须毫不动摇地鼓励、支持、引导非公有制经济发展，注重发挥企业家才能，全面落实促进民营经济发展政策措施，增强各类所有制经济活力，让各类企业法人财产权依法得到保护”。2016年，国务院颁发关于做好民间投资有关工作通知。2017年9月，全国人大常委会颁布新修订的中小企业促进法。2017年9月。国务院办公厅下发关于激发民间有效投资活力促进经济持续健康发展的指导意见。2018年11月1日。习近平总书记主持召开民营企业座谈会并发表重要讲话，这既是对以往中央关于坚决支持非公有制经济发展态度的高度总结，也代表中央对持续发力支持包括西藏在内的全国非公有制经济持续高质量发展做出郑重表态。党中央国务院等有关精神，是研究西藏非公有制经济高质量发展的根本指导原则和精神动力。我们正是在这一宏观背景下开展对西藏非公有制经济高质量发展研究。

（二）习近平“两个健康”思想为本研究深入探索西藏非公有制经济高质量发展路径提供动力。2008年3月，时任中共中央总书记的胡锦涛同志在参加十一届全国人大一次会议西藏代表团一起审议政府工作报告时发表重要讲话：“要把中央的方针政策同西藏实际紧密结合起来，走有中国特色、西藏特点的发展路子。”党的十八大以来，习近平总书记从坚持和发展中国特色社会主义、促进民营经济高质量发展战略高度，提出系统关于非公有制经济领域“两个健康”思想。2016年3月，习近平在全国政协十二届四次会议民建和工商联界别委员联组会上发表《毫不动摇坚持我国基本经济制度推动各种所有制经济健康发展》重要讲话。2018 年 11 月，全国民营企业座谈会上习近平总书记将民营企业对全国经济作出巨大贡献概括为“56789”，民营企业贡献着全国税收收入总额 50% 以上、GDP 总额 60% 以上、技术创新成果总量 70% 以上、城镇劳动就业总职数 80% 以上、企业总量 90% 以上。党的十九大报告鲜明指出：“构建亲清新型政商关系，促进非公有制经济健康发展和非公有制经济人士健康成长。”“两个健康”思想是习近平新时代中国特色社会主义思想重要组成部分，为全面提升非公有制经济发展质量指明正确道路，为巩固拓展改革开放成果具有深远影响。实践表明，改革开放以来我国非公有制经济发展取得成就不仅不是偶然的，而且是有其客观现实与历史必然性的。探讨西藏非公有制经济高质量发展规律必须站立在西藏这个面积 120 万平方公里的雪域高原的大地上，从多层面、多角度审视西藏非公有制经济高质量发展这个宽泛领域内的发展历史前提与现实基础、机遇与挑战、经验与教训、资源优势与环境劣势、市场优势与成本制约、发展前景与对策设计等问题。本研究正是在这一重要论断推动下持续开展实地调研，为推动西藏非公有制经济高质量发展研究作出贡献。

（三）西藏非公有制经济持续健康绿色高质量发展为本研究提供源泉。进入新世纪以来，西藏非公有制经济成为助推西藏经济提高发展质量的重要动力，为西藏经济高质量发展作出了重要贡献。西藏作为我国西南边疆少数民族自治区，社会经济发展具有特殊性，受到中央特别关注、特别关照，为西藏非公有制经济高质量发展营造向好环境，使非公有制经济活力不断释放、社会贡献日益彰显。2005 年以来，西藏非公有制经济以其启动快、机制活、开拓力强、适应性好的优势，在西藏广大城乡中迅速发展壮大起来，非公有制企业数量迅速增加、规模效应更加凸显、经济总量稳步提高、纳税总额大幅提升、经济社会效益显著增强，已撑起了西藏国民经济大半边天，成为西藏国民经济重要组成部分和社会就业重要渠道，成为地方财政一般预算收入主要来源，成为发展西藏县域经济与繁荣城乡市场主导力量，成为招商引资主要领域、对外贸易排头兵、改革开放和转变发展方式的不竭活力源泉。统计显示，2015 年底，西藏个体工商户和非公有制企业分别达到 12 万户和 15000 家，从业人员总数 65 万人，注册资本金 500 亿元；完成产值 360 亿元，对西藏生产总值贡献率 62%；上缴税收 110 亿元，占西藏税收总额 89%。西藏纳税前 100 强中非公有制企业 89 家；2015 年底，西藏上市企业 12 家，非公有制企业控股 10 家。资料显示，2017 年底，西藏非公有制经济市场主体 21.82 万户、占市场主体总量 96.18%，注册资本金 6517.12 亿元，从业人员 118.7 万人、占社会就业人口 96.8%；非公有制经济增加值 547.84 亿元、占西藏 GDP 的 41.8%。2021 年底，西藏非公有制经济市场主体 39.52 万户，注册资本 12469.71 亿元，同比增长 21.36%、28.33%，非公有制经济市场主体占西藏市场主体总量的 97.18%。非公有制经济完成税收 308.17 亿元，占税收总收入的 85.53%。[①] 非公有制经济已成为推动西藏经济高质量发展的重要力量、增加地方财政收入的重要来源、扩大社会就业的重要载体。中国西藏网报道："作为非公有制经济的重要组成部分，民营企业在西藏经济发展中具有不可替代的作用，作出很大贡献。西藏民营企业税收连续多年占全区税收总额的 90% 以上，提供 80% 就业机会。"虽然西藏非公有制经济高质量发展取得上述巨大成就，但受起步晚、底子薄、自然条件差等因素制约，西藏非公有制经济面临诸多困难，发展速度、发展质量、总体规模等与全国相比仍存在较大差距，需要西藏各级党委政府及职能部门、广大非公有制经济人士高度重视、谋划良策、奋力追赶。正是基于西藏非公有制经济高质量发展的实际性，本研究者们信心不断提升。

（四）中央对西藏的明确定位为开展非公有制经济研究提供方法视角。

① 芮怡星 . 西藏非公有制经济市场主体超 39 万户，成绩可喜 [N]. 西藏商报 ,2022 年 2 月 22 日 .

改革开放以来，针对西藏特殊发展任务，中央先后召开七次西藏工作座谈会，从政策、项目、资金、人才、智力等方面给予西藏特殊优惠政策，动员全国发达省市和中央直管的大型企业对西藏实行对口援助。中央对西藏在国家战略中的定位越来越明确，逐步形成“两屏六地一通道”（即国家安全屏障、生态安全屏障、战略资源储备基地、高原特色农产品基地、中华民族特色文化保护地、世界旅游目的地、重要的“西电东送”接续基地、我国面向南亚开放的重要通道）战略定位。习近平总书记作出“坚定不移走有中国特色、西藏特点发展路子，积极构建维护稳定长效机制，加快推进西藏跨越式发展和长治久安，确保到2020年同全国一道实现全面建成小康社会宏伟目标”的重要指示。中央对西藏的特殊定位与殷切希望，既是开展本研究的指导思想，更是深入探讨问题的方法论。

二、研究意义

西藏处于连接“丝绸之路经济带”和“21世纪海上丝绸之路”的特别重要枢纽地位，中央在“一带一路”倡议中将西藏列为国内具体承担重要任务的十八个省区市之内；在第六次西藏工作座谈会上中央作出“将西藏打造成我国面向南亚开放的重要通道”的重要决定，这是“一带一路”倡议下中央赋予西藏的历史使命。第七次西藏工作座谈会上中央又赋予西藏“四个确保”和“四件大事”的任务，这是在“两个一百年”背景下中央审时度势对西藏提出的新要求。伴随西藏小康社会全面建成，团结富裕文明和谐美丽社会主义现代化新西藏大幕拉开，西藏非公有制企业和人士一定要在习近平关于非公有经济“两个健康”思想引领下，自觉增强“四个意识”、坚定“四个自信”、做到“两个维护”，胸怀“两个大局”、心系“国之大者”，抓好稳定、发展、生态、强边四件大事，确保国家安全和长治久安，确保人民生活水平不断提高，确保生态环境良好，确保边防巩固和边境安全，围绕着力推进“四个创建”、努力做到“四个走在前列”

战略部署，在努力建设团结富裕文明和谐美丽社会主义现代化新西藏中发挥重要作用，具有重要意义。阐述西藏非公有制经济高质量发展的重要性，强调西藏非公有制经济高质量发展的重要贡献，研究非公有制经济总体情况，对于西藏非公有制经济高质量发展具有重要意义，对于西藏区域经济高质量发展具有重要意义。

与国有制经济相比，西藏非公有制经济具有经营方式灵活、转移进退便捷等优势，更能适应瞬息万变的市场竞争需求。近年来一些科技型非公有制企业在西藏悄然兴起，其蓬勃发展是西藏经济增长与社会进步不竭动力。西藏非公有制企业存着内部财务核算不规范、经营管理规范化不够与制度化建设滞后、现代公司制度建设任重道远、资源管理效益不强和社会责任意识不高等实际问题，导致非公有制企业融资不畅、发展不稳、竞争力弱和应对风险能力差，若不加以引导规范，势必使这股新生力量造成对社会资源的破坏浪费。本研究认为西藏非公有制经济高质量发展重要瓶颈是亟待加强科学引导、规范管理。本研究除了为西藏非公有制经济高质量发展提供政策参考外，还能为非公有制企业转型提供参考，助推经济高质量发展。

本研究认为，作为我国西部重要边疆省份的西藏，特殊区情决定了西藏非公有制经济高质量发展必须从全国与西部经济战略布局出发实现高质量发展。实现这一任务，需要确立新时代西藏非公有制经济高质量发展新模式。

本研究认为，改革开放特别是中共十八大召开以来，西藏非公有制经济高质量发展表明，是其除了具有全国非公有制经济高质量发展的一般属性外，还具有受制于西藏特殊区情而产生的特殊性。即特殊自然条件、特殊经济社会发展条件和特殊国家战略定位在内的特殊区情，决定着西藏非公有制经济高质量发展表现出强烈优势，特色资源支撑基础上的优势资源型和特殊优惠政策支撑基础上的优惠政策型[①]相结合的特殊性，这一特殊性决定着对西藏非公有制经济高质量发展效益评价，不仅要重视非公有制经济高质量发展的经济效益、产业效益，更要重视西藏非公有制经济高质量发展的生态效益、民生效益和国家战略效益，实现经济效益、产业效益、生态效益、社会效益和战略效益的有机统一。

第一，西藏特殊的自然条件包括平均海拔高、地形地貌复杂、气候多样、植被多元、资源丰富。这些特殊的自然条件对西藏非公有制经济高质量发展产生两方面影响。一方面西藏非公有制经济高质量发展与国内其他省区相比拥有无可比拟的基于植被多元、资源丰富、特色鲜明的优质资源支撑，另一方面西藏非公有制企业必须面对和解决由于地形地貌复杂、平均海拔高、气候多样等因素而形成的高成本、约束大等实际困难。第二，西藏特殊的经济社会发展条件包括宏观经济体量小、人均 GDP 不大、产业

① 西藏非公有制经济发展表现出的特殊优惠政策支撑的特殊性主要表现在：第一，1980 年以来，我国通过历次西藏工作座谈会为西藏确定的以援助政策为代表的依托工程建设、对口支持等资金援藏、技术援藏、人才援藏、消费援藏政策，成为西藏非公有制经济高质量发展的根本保障。这些政策通过增加资金投入促进西藏非公有制经济实现高质量发展，增加非公有制企业对劳动人口的吸纳能力。第二，围绕中央特殊政策，西藏制定一系列配套措施扶持非公有制经济发展，如 2011 年《关于推进非公有制经济跨越式发展的意见》，对非公有制经济提出“政治上放心、思想上放开、政策上放宽、发展上放胆、工作上放手”和“低门槛、零注册、轻税赋、强支撑、少检查、重激励”的鼓励措施，被非公有制企业家亲切地概括为“五放六支持”。2015 年发布《关于促进非公有制经济健康发展的若干意见》，该意见在优化营商环境、拓宽企业发展空间、保障企业用地需求、破解企业融资难题、支持企业创新创业、发挥信用激励作用、合理降低税费负担等方面做出明确规定。通过提出西藏将深入推进多证合一 + 银章联办新模式，完善一站式审批服务，方便非公有制企业发展。这为西藏非公有制经济发展提供多层次、宽松的环境与有力支撑。第三，鼓励非公有制企业参与国有企业改革，支持国有资本与社会资本共同设立股权投资基金、产业投资基金；第四，针对企业融资难问题，明确加大力度完善融资服务体系。银行业、金融机构应加大对非公有制经济金融支持力度，非公有制经济的信贷额度占比每年不得低于 30%，并鼓励银行业金融机构开展质押融资业务。推动具备条件的企业在多层次资本市场直接融资；第五，通过设立政府主导的招商引资奖励资金，打造招商引资新优势；第六，通过设立自治区融资担保基金，采取股权投资、再担保等形式支持各市地开展非公有制企业融资担保业务。在这些优惠政策措施的支持下，西藏非公有制经济在国民经济中所占比重显著提高，增加值、提供税收、就业岗位迅速增加。

现代化程度低且行业差距大、人口总量少。特殊的经济社会发展条件对西藏非公有制经济高质量发展提出如下挑战：首先，西藏宏观经济体量小且人均 GDP 不大，意味着西藏非公有制经济高质量发展由于自身经济积累不大、发展内生动力不足，需要通过招商引资等输血型增长方式注入更多的、更大地助推高质量发展的资金动力，以化解西藏非公有制经济高质量发展的资金瓶颈；西藏产业现代化程度低且行业差距大，意味着西藏非公有制经济高质量发展来自区内产业技术支持的力度不足，需要大量引进祖国内地兄弟省市的先进技术作为高质量发展的科技支撑。人口总量少意味着西藏非公有制经济高质量发展可以获得的区内市场消费的支持有限，其高质量发展必须通过与祖国内地加强双边或多边合作，加速开拓祖国内地市场，为西藏非公有制企业赢得更大的高质量发展空间。第三，西藏特殊的战略定位主要指中央赋予西藏的“两屏四地”和“两屏两区五地一通道”，这些特殊战略定位对于西藏非公有制经济高质量发展而言意味着：西藏非公有制企业凡是从事有利于生态文明建设、有利于国家安全屏障建设、有利于中华民族文化认同和传承的经营活动均应得到大力支持和重点扶持，反之则均应被坚决反对并予以取缔。与上述特殊战略定位相适应和相对应的是：具体到对西藏非公有制经济高质量发展效益的考察和衡量，不能单纯强调经济效益和产业效益，还要从生态效益、民生效益、国家战略效益等层面进行综合考量，进而实现西藏非公有制经济高质量发展在经济效益、产业效益、生态效益、民生效益、国家战略效益上的统一。

第二节　思路与方法

一、思路与结构

（一）研究思路。本研究按照“提出问题→设计研究思路与方法→搜集文献资料→写作研讨→编制研究框架→征求专家意见→实地调研和部门走访→整理资料→编写资料长编→撰写成果初稿→征求专家和有关主管部门意见→再深入实地调研和走访→修改成果稿→再次征求专家和有关主管部门意见→进修改完善成果稿”的思路安排。实践证明，这样的研究思路是合理的、科学的。

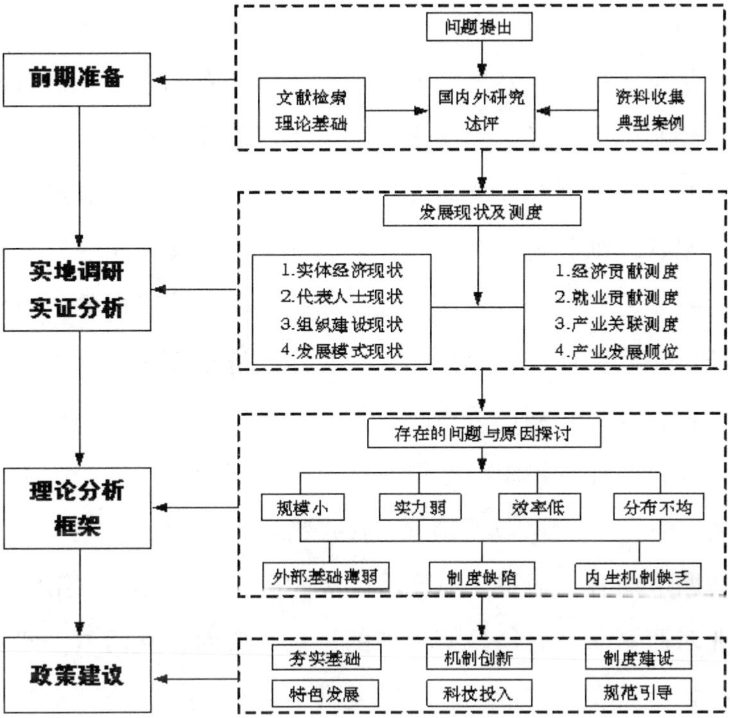

图 1—1 研究路径图

本研究从西藏非公有制经济高质量发展入手，以改革开放以来尤其是21世纪以来，西藏非公有制经济发展实践为研究对象，构建以“两个健康”思想为指导的西藏非公有制经济高质量发展路径为重点，认真梳理学界关于非公有制经济发展及其高质量发展研究成果，通过查阅文献资料和深入西藏非公有制企业及管理机构开展调研，研究西藏非公有制经济发展历史与现状、问题与原因、特征与规律、区域布局与产业布局、产业升级与增效提质、发展目标与对策建议，提出西藏非公有制经济高质量发展需要进行战略规划与管理，进行内生机制和制度创新。最后，按照公共政策研究思路，从政策等层面提出事关西藏非公有制经济高质量发展的对策建议。

（二）内容结构。本研究谋篇布局及章节安排如下：第一章为绪论部分，主要阐述本研究的背景与意义，思路，结构与方法，概念与理论基础，观点与创新等；第二章为理论基础部分，有两节内容，即党关于对非公有制经济的认识与政策、中央关于非公有制经济的大政方针，理论界关于非公有制经济高质量发展的研究即关于非公有制经济发展阶段研究、关于东中部非公有制经济发展研究、关于西部非公有制经济发展研究、关于西藏非公有制经济发展研究；第三章为西藏非公有制经济发展，发展基础与现状，细分为发展历程、发展环境、发展现状的三节内容。主要解决西藏非公有制经济发展历程、非公有制经济发展的历史作用，以及自然环境、经济环境、社会环境、实体经济全面发展、非公人士与组织建设、特征与问题；第四章为西藏非公有制经济发展的产业选择与定位，有两节内容，即经济组织与定位、产业结构理论、主导产业与产业发展趋势、优劣势、对策建议；第五章为西藏非公有制企业参与“一带一路”建设，有两节内容，即意义与现状、优劣势与对策建议；第六章为不同类型企业对西藏非公有制经济发展的影响与应对，共两节，即不同类型企业在西藏经营发展的概况、不同类型企业对西藏非公有制经济带来的机遇与挑战与对策建议；第七章为西藏非公有制企业的公司治理，共分两节内容，公司治理结构理论与西藏非公有制企业公司治理现状和西藏非公有制企业公司治理与创新；第八章为西藏非公有制企业融资创新，分两节，即西藏非公有制企业融资现状及存在问题和加快西藏非公有制企业融资创新的对策建议；第九章为西藏非公有制经济发展，以拉萨为例的区域分析，分两节内容，即发展概况和发展设想，主要解决意义作用、发展成就、SWOT 分析、发展目标、发展模式、发展布局；第十章为西藏非公有制经济发展，以小微企业为例的主体分析，有五节内容，即西藏小微企业发展现状、西藏小微企业发展存在的困境、西藏小微企业融资状况调查、西藏小微企业科技创新状况调查、西藏小微企业绿色转型状况调查，主要解决小微企业及发展背景、小微企业发展特点、小微企业经济社会作用、小微企业发展存在问题，以及相应小微企业融资、科技创新、绿色转型等领域调查现状、问题分析及改进措施；第十一章为西藏非公有制经济高质量发展展望，有三节内容：即西藏非公有制经济高质量发展总体构想，西藏非公有制经济高质量发展的宏观布局，西藏非公有制经济高质量的对策建议。主要解决产业分析、行业分析、机遇挑战、指导思想、目标定位、战略重点、区域布局、产业布局、助推措施、服务措施、投入措施等。本研究包括前言和结束语，这样的安排较好地体现出研究内容要求，达到预计研究目的并做到逻辑自洽。

二、研究方法

本研究以马克思主义的辩证唯物主义和历史唯物主义为根本的指导原则和方法论指导，同时，我们还综合运用了区域经济学、制度经济学、产业经济学、发展经济学、计量经济学以及中国少数民族经济学等学科的相关理论和研究方法，在实地调研基础上通过系统研究和案例研究相结合，实证研究与规范分析相结合，深入分析问题，其结论可靠、具有参考和借鉴价值。

（一）实地调研法。实地调查法，以遵循事实就是的态度和坚持科学的方法，对某种社会现象，在确定范围内进行实地考察、搜集资料做出统计分析，从而力求对研究对象进行客观描述的一种研究方法。西藏具有特殊性，西藏非公有制经济也必然有其特殊性——受特殊环境制约而形成的特殊的运行规律。要获得事关西藏非公有制经济性质的生产经营状况、区域分布、产业分布、经营管理现状，以及人才队伍状况与发展后劲、企业遇到的困难和所面临的挑战、企业发展目标与企业文化建设、信息时代企业营销手段、非公有制企业社会责任与企业自我约束。要了解和全面掌握这些问题，就得必须进行实地调查研究和掌握第一手资料，通过对资料和获得的感受深入研究，在此基础上为分析问题提供充分的、扎实的实践支撑。多年来本研究者们先后30人次、累计一年多时间在西藏调研、走访，使本研究者们能够走进企业、有机会与非公有制企业管理机构进行座谈并了解实际情况。

（二）案例研究法。案例研究法是由哈佛大学创立的，是指结合企业赖以生存和发展的市场实际，以典型案例作为研究素材，经过规范步骤，围绕研究主题，确定研究案例，展开研究所选定的研究对象。本研究以西藏非公有制经济高质量发展作为研究对象，为此在选择案例时集中对两类案例进行剖析研究，其一是将拉萨市、林芝市、日喀则市、阿里地区及有关县的非公有制经济情况，非公小微企业作为案例进行分析，其二是选择在西藏具有代表性的非公有制企业作为案例进行分析。利用案例研究方法，服务于研究在整体上对西藏非公有制经济高质量发展的把握。

（三）SWOT 分析法。SWOT 分析法，是 20 世纪 70 年代由美国哈佛大学教授安德鲁斯（K.Anderens）提出，后经过不断完善，已成为常用的战略决策法和研究经济问题常用方法。SWOT 这 4 个英文字母分别代表：Strength（优势）、Weakness（劣势）、Opportunity（机会）、Threat（威胁）。即指将研究对象内部优势与劣势和外部机会和威胁，通过掌握的具体情况列举出来，并依照矩阵排列，用系统分析法，把各种因素相互匹配起来分析，从中得出一系列结论，结论通常带有决策指导性。本研究考虑到西藏非公有制经济区域分布和发展水平差异，使用 SWOT 分析对拉萨市非公有制经济优势、劣势、机遇、挑战，进行比较分析，试图对西藏非公有制经济高质量发展存在的问题进行探索，此种做法在实践中具有指导意义。

（四）实证研究法。实证研究方法是在价值中立（价值祛除）条件下，以对经验事实观察为基础，建立检验知识性命题的各种方法总称。所谓价值中立，指的是在研究过程中研究者不可以用自己特定价值标准和主观好恶影响资料和结论取舍，从而保证研究客观性。西藏非公有制经济涉及到三次产业中绝大部分领域数十个具体行业，其数量多且经营者复杂，必须借助统计数据、实地调查访谈和案例研究等实证分析方法，用客观事实和具体数据揭示掩藏在纷繁复杂表象后的客观属性，还原西藏非公有制经济高质量发展以本来面目。

（五）定性与定量分析法。定量分析是分析被研究对象所包含成分的数量关系或所具备性质的数量关系，研究结果用数量加以描述，进而得出结论的一种研究方法。定性分析也叫非数量分析法，通过逻辑推理、哲学思辨、历史求证、法规判断等思维方式，着重从质的方面分析研究某一事物属性。本研究在使用这一研究方法时，通过对各种途径获得的西藏非公有制经济数据进行整理分析，将量化分析置于客观基础之上，为定性分析提供事实依据。这两种方法并用将会使本研究对研究对象探索分析进行得更为彻底，得出结论和给出观点尽可能与事实接近。

（六）历史与文献研究法。本研究结合使用此研究方法。所谓历史研究法就是指按照历史发展时间顺序对研究对象进行研究的一种方法。本研究在分析西藏非公有制经济高质量发展时，使用这种方法不仅对建国 70 年来党对非公有制经济的认识和我国的实践进行简要回顾，同时还将和平解放后西藏非公有制经济发展历史进行简要回顾，尤其是对改革开放 40 多年来西藏非公有制经济发展的过程与成就总结。在这个过程中本研究使用经济史的研究方法，使用这种方法对西藏非公有制经济发展进行研究，在展示其发展过程和成就基础上揭示发展规律。文献研究法是指通过搜索、甄别、整理资料，对研究对象进行科学认识。为研究工作的需要而出发，在中国知网和有关期刊查阅了大量相关文献、资料，其过程和获得的资料为本研究开展奠定数据和认识基础。

（七）个别到一般、具体到综合法。所谓个别到一般、具体到综合法就是把复杂纷繁的研究对象所呈现出的现象分门别类地分析，然后在此基础上进行综合研究，这是马克思主义唯物史观从微观到宏观、从个别到一般、从特殊到普遍、从分析到综合的研究方法。西藏非公有制经济发展是一个涉及产业领域宽、地域分布广、企业组织规模差异大的复杂问题。为便于研究有序展开，本研究只有对每一个部分或领域进行深入细致研究后，才能使西藏整体非公有制经济综合研究建立在可靠、扎实的基础上，进而从个别或案例研究中找出联系，最终找出西藏非公有制经济发展的规律。通过这种由个别到一般、从具体到综合的方法，为破解本研究对象遇到的特殊问题和提出解决问题的路径提供便利。

（八）静态与动态分析法。所谓静态分析也称状态分析，是指分析经济现象均衡状态及有关经济变量达到均衡状态所需具备条件。动态分析则是在静态分析中加进时间因素影响，研究随着时间流逝而变化的经济过程，研究各种经济因素发生变化如何影响经济体系发展。西藏非公有制经济发展研究采用静态分析与动态分析相结合的方法，就是既要对西藏非公有制经济发展状况、水平、特点和问题做出分析评价，把握西藏非公有制经济发展现实状况全貌。由于经济现象是处于发展变化动态过程，如果仅进行静态研究，就无法探索经济现象发展规律趋势。因此，又要充分考虑到影响西藏非公有制经济高质量发展外在环境条件和内在制约，研究这些变动对于西藏非公有制经济高质量发展可能产生影响，从而准确把握西藏非公有制经济高质量发展的速度、方向和趋势，提出对策措施。

第三节　概念与理论

一、概念阐释

非公有制经济，是相对于公有制经济而言的，它是我国现阶段除公有制经济形式以外其他所有经济结构形式，也是社会主义市场经济重要组成部分。要全面理解非公有制经济必须搞清楚一个问题，那就是生产资料所有制形式，也就是所有制结构问题。首先，生产资料所有制形式，就是人们对物质资料占有形式，包括对经营性物质资料、非经营性物质资料和自然资源等三层次，一般意义上说的生产资料所有制，是指经营性物质资料所有制。其次，所有制结构则包括所有制外部结构和内部结构两个层次，前者指社会经济关系中各种所有制类型所占比重。后者则指所有制具体实现形式。改革开放以来，随着国民经济不断发展，国家有关部门对所有制实现形式分类不断调整，1992年国家统计局和国家工商行政管理局发布《关于经济类型划分的暂行规定》，将我国经济成分划分为国有经济、集体经济、私营经济、个体经济、联营经济、股份制经济、外商投资经济、港澳台投资经济等八种类型；1998年国家统计局通过《关于统计上划分经济成分的规定》，将我国经济成分划分为两大类别、五种成分。第一大类为公有经济，包括国有经济和集体经济两种成分；第二大类为非公有经济，包括私有经济、港澳台经济、外商经济三种成分。明确规定根据企业实收资本中的国家资本、集体资本、个人资本、港澳台资本和外商资本确定经济成分，在企业登记注册类型中填报为股份合作企业，不论资本构成如何，全部列入集体经济；2004年《中共中央、国务院关于进一步加强农村工作，提高农业综合生产能力若干政策的意见》明确非公有制企业包括以下方面：一是个体经济，指在劳动者个人占有生产资料基础上，从事个体劳动和个体经营私有制经济。二是私营经济，指以生产资料私人占有和雇佣劳动为基础，以谋取利润为生产经营目的的私有制经济。三是外资经济，包括中外合资企业、中外合作经营企业和外商独资企业等。

近年的研究成果表明，国内学术界对"非公有制经济"概念界定仍存在争议。在论证中央关于非公有制经济政策早期历史时，部分学者行文往往把非公有制经济等同于个体和私营经济。而在谈论非公有制经济政策上，部分学者又把非公有制经济等同于民营经济。[1—4] 著名学者成思危教授主编的《中国非公有制经济年鉴·2010》认为非公有制经济是指除公有（国有、集体）资本投资或控股外的，由自然人、私营企业、外商等投资或控股的企业。划分公有制与非公有制最基本标志，是企业出资人不同，出资人是国家或集体，它就是国有或集体经济，称为公有制经济；出资人是私人，包括自然人和私营企业，它就是非公有制经济。非公有制经济有多种类型，包括个体经济、私营经济、外资经济以及混合型非公有制经济。[5] 在一些地方制定“非公有制经济发展规划”提出与成思危接近的概念。[6—7] 因此本研究采纳成思危教授提出的非公有制经济概念。

本研究认为，在理解非公有制经济概念要注意以下几点：一是依据国家法律制度规定，可以把个人经营的工商业、家庭经营工商业与合伙经营工商业，一起称为个体经济；二是国家统计局在使用“私营经济”时，便是使用“私营企业”中的数据，即把“私营经济”与“私营企业”等同起来；三是混合所有制企业是指由公有制经济成分和非公有制经济成分共同构成的一种企业类型；四是外资经济也属于非公有制经济范畴。

本研究所指非公有制经济，是除国有和国有控股企业以外的、多种所有制经济统称，狭义上讲包含私营企业和个体工商户，广义上讲包含私营企业、非公有制经济成分控股的有限责任公司和股份有限公司、港澳投资企业等，非公有制企业出资人、个体工商户，在祖国内地投资的港澳工商界人士、原工商业者等。

二、理论基础

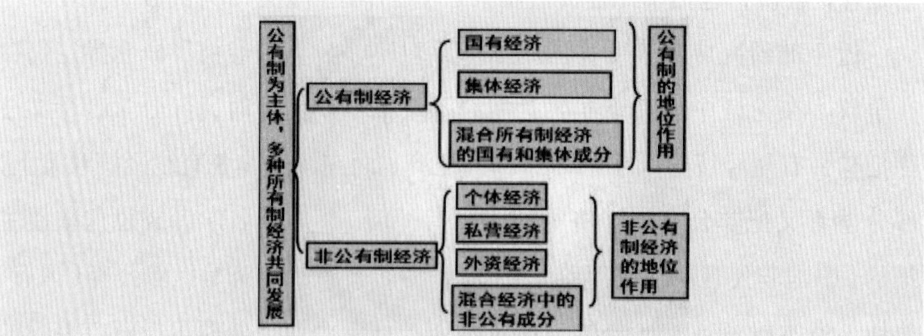

图 1-2 社会主义市场经济主体结构示意图

（一）可持续发展理论。可持续发展理论是指既满足当代人需要，又不对后代人满足其需要能力构成危害的发展状态，可持续发展以公平性、持续性、共同性为基本原则。可持续发展理论最终目的是达到共同、协调、公平、高效、多维的发展格局。

图 1-3 可持续发展示意图

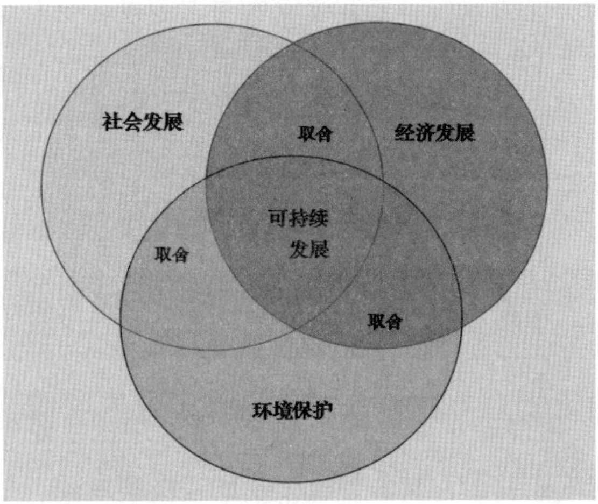

1. 可持续发展理论基本思想。可持续发展理论形成历经相当长的过程，20 世纪 50 至 60 年代，人们在经济增长、城市化、人口、资源等所形成环境压力下，开始对“增长 = 发展”的理念产生怀疑，并引发广泛讨论。1987 年，联合国世界与环境发展委员会发表《我们共同的未来》，正式提出可持续发展，并以此为主题对人类共同关心的环境与发展问题进行全面论述，受到各国政府组织和舆论的重视，在 1992 年的联合国环境与发展大会上可持续发展理念得到与会者代表的认可，取得共识。

作为一个具有强大综合性和交叉性的研究领域，可持续发展涉及到众多学科，可以从不同重点展开。一是可持续发展不仅重视经济增长数量，更追求经济发展质量。可持续发展要求改变传统以“高投入、高消耗、高污染”为特征的生产模式和消费模式，实施清洁生产和文明消费，以提高经济效益、节约资源和减少废物。从某种角度上，集约型经济增长方式就是可持续发展在经济方面的体现。二是可持续发展要求经济建设和社会发展要与自然承载能力相协调。发展的同时必须保护并改善地球生态环境，保证以可持续方式使用自然资源和环境成本，使人类发展控制在地球承载能力范围内。因此，可持续发展强调发展是应有限制的，没有限制就没有发展的持续性。生态可持续发展同样强调环境保护，但不同于以往将环境保护与社会发展对立的做法。可持续发展要求通过转变发展模式，从人类发展源头、从根本上解决环境问题。三是可持续发展强调社会公平是环境保护得以实现的机制目标。可持续发展指出世界各国发展阶段可以不同，发展具体目标也可以各不相同，但发展本质应包括改善人类生活质量，提高人类健康水平，创造一个保障人们平等、自由、教育、人权和免受暴力的社会环境。这就是说，在可持续发展系统中，经济可持续是基础，生态可持续是条件，社会可持续是目的。

2. 可持续发展理论主要内容。可持续发展理论主要分为基本理论和核心理论两个层次。其中，基本理论包括增长极限理论、知识经济理论等可持续发展经济学理论，可持续发展生态理论，人口承载力理论，人地系统理论等。可持续发展核心理论尚存不断发展是完善的需要，已形成雏形的流派包括资源永续利用理论、外部性理论、财富代际公平理论、三种生产理论。

西藏处于地球第三极，号称“世界屋脊”，较为恶劣的自然环境为从事生产经营活动带来较大成本。从这一层面讲，研究关注西藏非公有制经济，要求把经济、社会、生态协调和可持续发展放在突出位置。但是本研究考虑到西藏是被中央确定为“我国重要的生态安全屏障”，要求西藏必须处理好经济发展与全国生态环境保护重大关系。开展西藏非公有制经济研究，既有宏观的、全局的和重要的政治意义，也有区域的和迫切的经济发展要义，特别是处于以市场调节为主的非公有制经济环境中，如何引导西藏非公有制经济成分服从于国家的、区域的整体的经济社会发展大局，就成为本研究的重点问题之一。

（二）区域经济理论。区域经济理论是研究生产资源在一定空间（区域）优化配置和组合，以获得最大产出的学说。生产资源是有限的，通过对区域内有限资源进行优化组合，可以获得尽可能多的产出。区域经济学是由经济地理学逐步演化而来的，从区域经济学发展趋势看，区域经济学以空间资源配置合理性为基础，形成日益规范的空间分析经济学。区域经济学包括以下组成部分：

1. 平衡发展理论。平衡发展理论是由哈罗德·多马新古典经济增长模型为理论基础发展起来的。认为落后国家存在两种恶性循环，即供给不足的恶性循环（低生产率→低收入→低储蓄→资本供给不足→低生产率）和需求不足的恶性循环（低生产率→低收入→消费需求不足→投资需求不足→低生产率），而解决这两种恶性循环的关键，是实施平衡发展战略，即同时在各产业和各地区进行投资，既促进各产业、各部门协调发展和改善供给状况，又在各产业、各地区之间形成相互支持性投资格局，不断扩大需求。因此，平衡发展理论强调产业间和地区间的关联性、互补性，主张在各产业、各地区间均衡部署生产力，实现产业和区域经济协调发展。

2. 非均衡发展理论。均衡发展理论是由德国经济学家赫希曼为代表提出来的。非均衡发展理论认为经济增长过程是不平衡的，一个国家或地区应集中有限资源和资本，优先发展少数“主导部门”，尤其是“直接生产性活动”部门。非均衡发展遵循经济非均衡发展规律，突出重点产业和重点地区，有利于提高资源配置效率。

3. 增长极理论。增长极理论最早由法国经济学家佛朗索瓦·佩鲁提出，美国经济学家汉森对这一理论进行系统研究总结。增长极理论认为，区域经济发展主要依靠条件较好少数地区和少数产业带动，应把少数区位条件好的地区和少数条件好的产业培育成经济增长极。通过增长极的极化和扩散效应，影响和带动周边地区和产业发展。增长极的极化效应主要表现为资金、技术、人才等生产要素向极点聚集，扩散效应主要表现为生产要素向外围转移。

增长极理论延伸出点轴开发理论、网络开发理论。前者认为在重点（中心城镇或经济发展条件较好区域）增长极作用的同时，还强调“点”与“点”之间“轴”即交通干线作用，认为随着重要交通干线如铁路、公路、河流航线建立，连接地区人流和物流迅速增加，生产和运输成本降低，形成有利区位条件和投资环境。产业和人口向交通干线聚集，使交通干线连接地区成为经济增长点，沿线成为经济增长轴。后者认为，在经济发展到一定阶段后，一个地区形成增长极即各类中心城镇和增长轴即交通沿线，增长极和增长轴影响范围不断扩大，在较大区域形成商品、资金、技术、信息、劳动力等生产要素流动网及交通、通讯网。在此基础上，网络开发理论强调加强增长极与整个区域之间生产要素交流广度密度，促进地区经济一体化。

此外，区域经济理论产生了梯度转移理论、区域分工贸易理论、累积因果理论、中心—外围理论、城市圈域经济理论、俄林一般区位理论、瓦尔特中心地理论、廖什市场区位理论等，在经济发展中被广泛运用，对西藏非公有制经济高质量发展布局有一定指导意义。

本研究注重区域经济学理论对西藏非公有制经济发展的理论指导和方法论借鉴，首先认为在西藏这个特殊区域推进社会主义市场经济发展，应当给予非公有制经济以特殊政策，使其成为西藏经济发展中与公有制经济成分同等重要的两个轮子，只有这两个轮子协调运转，西藏经济才能可持续发展。其次是本研究认为，在西藏这个特殊区域里公有制经济应当主要在能源、矿产、基础设施建设、公共产品生产、主要交通运输服务（航空、铁路等）等领域发挥作用，其余领域应当交给非公有制经济担当主角；最后是本研究认为按照区域经济学“增长极理论”，西藏非公有制经济核心“增长极”是拉萨市，次级“增长极”是各地市政府机构所在地，第三极的“增长极”是各个县政府所在地和陆地边境口岸地区，以及将以上三级“增长极”连接起来的主要交通线地带（在国家“一带一路”愿景框架下将会成为经济走廊或经济通道）。

（三）产业经济理论。鉴于有关理论与西藏非公有制经济相关性，本研究选择产业结构理论进行介绍，是因为产业经济理论能够为西藏非公有制经济发展研究提供理论基础与方法指导。产业结构既可以解释为产业内部的企业关系，也可以解释为各个产业间关系，有的西方学者也把产业地区分布状况及规律纳入到产业结构分析中。产业结构理论庞杂，根据研究重点不同可细分为产业结构演进理论、产业结构协调理论、产业结构调整理论，受西藏非公有制经济研究对象制约，本研究仅介绍“结构影响论”有关内容。

传统经济增长理论认为，经济增长是资本积累、劳动力增加和技术进步长期作用的结果，其必要假设竞争是均衡的。20 世纪 50 至 60 年代以来，一些西方经济学家认识到传统经济增长理论中竞争均衡这一假设的局限性。他们认为，在经济现实中更多存在着劳动和资本等生产要素在不同部门间、同一部门内不同企业间生产效率差别，要素在具有不同生产效率部门间流动形成不同产业部门此消彼长、地位转换，引致经济增长。也就是说，产业结构及变动是影响现代经济增长的重要变量。

1. 帕西内蒂结构因素论。意大利经济学家帕西内蒂采用与新古典总量分析法分析经济增长因素，把结构变化明显结合在经济系统中。帕西内蒂把经济系统视为一系列“纵向联合的部门”之和，在做一系列限定后，考察这一经济系统中经济增长三种情况：一是经济增长是由人口增长引起，不存在技术进步；二是经济增长是由人口增长和技术进步共同引起。但这是一种特殊的技术进步，它均匀分布于各部门，使所有部门有相同生产率增长速度，因而全体部门能够把生产能力提高到同等程度；三是经济增长是由结构变化引起。帕西内蒂认为，第三种情况是更一般、更现实。帕西内蒂指出，由于不同部门间生产率增长速度和需求扩张程度可以不同，例如需求扩张比技术进步速度慢，所以经济系统构成将既是根据产量，又依据就业而不断变化。这种变化是保证经济不断增长条件。即使当个别部门损失就业和生产能力时，只要这些部门劳动力转移到有相当高就业增长率部门，并重新分配消费者收入，以符合新产出结构，整个经济系统能随劳动和资本充分利用的提高而增长。

2. 钱纳里研究。霍利斯·钱纳里是哈佛大学教授，著名经济学家，他研究发展中国家结构变动及其与经济增长关系。新古典理论认为，结构转变实质上是增长的副产品，而增长由要素供给增加和劳动生产率提高引起。而钱纳里对此持不同看法，他认为，就发展而言，重要的是进行全面结构转变。他同鲁宾逊、赛尔昆等人对经济结构转换与总量增长关系进行深入分析得出一个重要结论："劳动和资本从生产率较低的部门向生产率较高的部门转移，能够加速经济增长。"钱纳里等人将结构转变定义为"随着人均收入增长而发生的需求、贸易、生产和要素使用结构的全面变化"。他认为，经济结构转变与经济增长间存在密切关系。这不仅表现为，不同收入水平上，经济结构状况不同；而且表现为，经济结构转变特别是非均衡条件下（要素市场分割和调整滞后等）的结构转变，能够加速经济增长。结构转变对于经济增长的潜力和意义，对于发展中国家比对发达国家更为重要，即发展中国家资源转移和再配置较之发达国家是更重要的增长因素，因为发展中国家要素市场的非均衡现象表现得更为突出，结构变化余地更大。

根据产业经济学有关理论与分析方法，本研究认为在以往西藏经济发展过程中之所以速度与效率出现两个"不如意"，即生产要素被人为向公有制经济单位过度、甚至是过度倾斜。阻碍市场对生产资料自由调节，不仅阻碍非公有制经济发展速度，而且也阻碍西藏区域经济整体发展速度（速度不如意），从而没有发挥出西藏特殊优惠政策资源和特殊自然资源应有效用（效益不如意）。党的十八大以来，尤其是近几年来中央关于大力发展非公有制经济在西藏得到充分落实，非公有制经济迎来较多吸引优质资源、参与公平竞争，为推动西藏经济高质量发展注入强劲动力。

（四）制度经济学理论。制度经济学中的“制度”，指人际交往中的规则及社会组织结构机制。制度经济学是把制度作为研究对象的一门经济学分支。它研究制度对于经济行为和经济发展影响，以及经济发展如何影响制度演变。制度经济学研究始于美国经济学家凡勃仑的《有闲阶级论》；新制度经济学起源于科斯的《企业之性质》，科斯贡献在于将交易成本这一概念引入经济学分析并指出企业和市场在经济交往中的作用。威廉姆森、德姆塞茨等人对于这门新兴学科作出了重大贡献。

制度经济学之所以引人注目，不仅因为其理论思想与众不同，更在于研究方法有一定独特性。从方法论上讲，制度经济学最初起源可追溯到19世纪40年代，以F·李斯特为先驱的德国历史学派。历史学派反对英国古典学派运用抽象、演绎的自然主义方法，而主张运用具体实证的历史主义方法，强调从历史实际出发，强调经济生活中国民性和历史发展阶段征。19世纪末20世纪初，在美国以T·凡勃伦、J·R·康芒斯、W·C·米切尔等为代表，形成制度经济学派别。尽管制度学派并不是一个严格的、内部观点统一的经济学派别，但制度学派经济学家们基本上都重视对非市场因素的分析，诸如制度因素、法律因素、历史因素、社会和伦理因素，其中尤以制度因素为甚，强调这些非市场因素是影响社会经济生活的主要因素。他们以制度作为视角，研究“制度”和分析“制度因素”在社会经济发展中的作用。这一研究方法论的核心在于，不是以任何客观指标来衡量经济活动，而是立足于个人之间的互动理解的经济活动。以制度为视角研究经济问题，首先要求确立以人与人间的关系作为研究起点，而不是以人与物的关系作为起点。在他们看来，制度经济学所研究的是活生生的、不确定的人，因而无法以一个确定的、总量标准，对整个经济活动作出安排。正如威廉姆森所说，研究视角改变推动诸如产业组织、劳动经济学、经济史、产权分析和比较体制等领域中实证和理论研究结合——这种结合是有用的，并带来制度主义复兴。这是制度经济学在方法论的显著特点。

以D·诺思和T·W·舒尔茨为代表的制度变迁理论，是制度经济学最新发展。本研究主要介绍诺思的观点，诺思认为在影响人的行为决定、资源配置与经济绩效提高的诸因素中，市场机制固然是重要的。但是，市场机制运行并非尽善尽美，因为市场机制本身难以克服“外在性”问题。制度变迁理论认为，“外在性”在制度变迁中是不可否认的事实，产生“外在性”的根源在于制度结构不合理。因此，在考察市场行为者利润最大化行为时，必须把制度因素列入考察范围。他们强调制度是内生变量，它对经济增长有重大影响。因此深入探讨制度基本功能，影响制度变迁的主要要素，经济行为主体做出不同制度安排的选择原因，以及产权制度与国家的职能，意识形态变迁等是经济学发展的必然要求。制度变迁理论在研究方法论上的特性，启发经济学家在分析经济效率时，一定要把经济理论与政治理论结合起来，把政治要素作为经济运行研究中不可缺少的要素纳入到分析过程。

诺斯在强调制度分析方法和历史分析方法时，没有丢弃“成本—收益”分析法，事实上他应用多种方法研究制度变迁和制度创新。这是制度经济学在方法论方面的显著特点。诺斯认为，一项制度安排之所以被创新、之所以影响到制度变迁，是因为，一方面有许多外在性变化促成潜在利润或外部利润形成，另一方面又由于存在对规模经济的要求，将外在性内在化存在困难，以及厌恶风险、市场失败、政治压力等，这些潜在的外部利润无法在规定制度安排结构内实现。因而，在现有制度安排下某些人为获取潜在利润，就会率先克服制度障碍，由此导致制度安排创新，并进而形成制度变迁。

中国共产党改革开放政策和有关大量法律法规制定调整，是迎来经济发展最为关键的制度设计和制度供给，除此之外，中央还给予西藏许多特殊政策，鼓励西藏能够按照符合“中国特色，西藏特点”要求的方向上实现高质量发展。结合西藏的历史特点、社会经济发育状况和高原特有自然地理，本研究认为西藏经济成分构成应当以非公有制经济为主体，企业规模应以中小企业为主，地域分布应当以“小集聚”和“大分散”相结合模式为主。当然，未来西藏非公有制经济高质量发展必须适应上述特殊性，并给予更加丰富的制度供给。

第四节　创新与不足

一、主要创新

本研究的主要创新包括以下几个方面：

第一，本研究是对西藏非公有制经济高质量发展进行的较全面系统和深入的理论研究尝试。为全面揭示西藏非公有制经济高质量发展的特殊性，本研究以习近平新时代中国特色社会主义经济思想以及习近平关于非公有制经济的“两个健康”思想为根本遵循，充分借鉴可持续发展理论、区域经济学理论、产业经济学理论、制度经济学理论等共同构成理论基础；我们还在方法论上与探索问题角度上精心安排并充分使用实地调研法、案例研究法、SWOT分析法、定性分析与定量分析结合方法、历史与文献研究方法、从个别到一般与从具体到综合分析研究方法、静态分析与动态分析结合方法，虽然在具体运用这些方法时难免出现交叉重复，但是多角度、多层面聚焦同一研究对象，总比单一维度观察问题更具客观性、准确性。本研究认为以上努力在以往研究中比较少见确也构成了本研究在基础理论和研究方法上的新举措、新思路。

第二，非公有制经济已经并将持续成为西藏经济高质量发展的主战场和生力军。本研究认为，经过改革开放 40 多年的制度设计和多种特殊的政策激励，非公有制经济已成为西藏经济高质量发展的生力军、民生改善的重要承载者、税收贡献的主要承担者、解决“三农”问题的基本力量、招商引资的主战场、对外贸易的排头兵、转变经济发展方式的重要抓手、科技进步的新平台，成为西藏经济高质量发展不可或缺的重要力量，在西藏经济高质量发展中扮演重要角色、发挥好主体作用。

第三，西藏非公有制经济在地域分布上呈现“小集聚”和“大分散”相结合的模式。结合西藏的历史发展特点和社会经济发育状况，西藏自然资源分布特点（草场和耕地）和高原特有自然地理环境，本研究认为在西藏经济成分构成上应当以非公有制经济为主体，企业规模上应以中小企业为主，地域分布上应以“小集聚”和“大分散”相结合模式，这样既能够充分发挥西藏主要城市（镇）功能作用，更有利于发挥西藏资源分布特点和城镇化演进规律，有利于促进西藏农牧民脱贫之后就近就业和创业，使西藏非公有制经济发挥其灵活性、自主性等特点。为研究西藏非公有制经济在分布上的“小集聚”情况，本研究专设一章对西藏非公有制经济聚集度高、发展水平高、辐射作用大的拉萨市进行集中调研和深入研究，通过解剖“麻雀”，探视西藏非公有制经济高质量发展水平、存在问题与原因，达到管中窥豹、见微知著的效果。我们在重点分析拉萨市非公有制经济基础上提出发展的对策，也为西藏如何通过城镇极化作用，影响带动西藏非公有制经济高质量发展。

第四，西藏非公有制经济规模结构，以中小企业为主、尤其是小微企业占据绝大多数分量，外来投资者中以中型及以上为主；西藏非公有制企业单位总规模和体量与其他省区市有较大差距，尤其是具有龙头带动作用的大型企业集团不足，所以，整体竞争实力有待提高；西藏非公有制经济实体大多数从事一般性或传统经济活动。具有现代意义的高端制造、信息服务缺乏。从整体上提升西藏非公有制经济实力水平，是未来一项重要任务。本研究章节布局结构安排中，专门分析西藏小微企业，将小微企业群放置在西藏非公有制经济高质量发展主体地位研究，在调研过程和整个研究过程中为此付出大量精力。虽然这种安排有忽略研究大中型非公有制企业的缺憾，影响对西藏非公有制经济主体面上的分析，但在有限时间和精力下这种结构能突出重点问题。

第五，本研究运用产业经济学的有关理论与分析方法，在分析以往西藏经济高质量发展过程中之所以速度与效率出现两个“不如意”，即生产要素被人为地向公有制经济单位过多、甚至是过度倾斜，阻碍市场对生产资料自由和有效调节，不仅阻碍非公有制经济高质量发展速度，而且阻碍西藏经济整体发展速度而没有发挥出中央为西藏提供的特殊政策资源和特殊自然资源应有的经济效用。

第六，本研究是一次运用多学科理论和多种方法，对西藏非公有制经济高质量发展问题，从战略战术等多角度、多层面进行深入研究思考，提出操作层面的对策建议。具有思路清晰、操作性强的特点，有一定的参考意义。

二、不足之处

第一，实地调研面不足，使不研究对西藏非公有制经济高质量发展的实际感受和搜集资料完整性和系统性受限。由于地理环境和交通条件制约，我们只到过西藏的6地市和10多个县进行实地调研，再加上有些地市和县事关非公有制经济的机构设置和人员编制不足，资料搜集遇到困难。建立在数据不足、资料不全基础上的研究只有相对参考借鉴价值。

第二，由于本研究是一次将西藏非公有制经济高质量发展作为整体研究对象进行研究的理论尝试，可资借鉴的研究成果与经验不足，很难保证本研究在思路设计、资料运用、方法探索等方面做到准确、合理、客观。

第三，我们原本想将西藏这个特殊区域的非公有制经济高质量发展，放置在全国宏观坐标系统中与其他省区市进行横向比较，从而找到西藏非公有制经济高质量发展存在的不足与原因。但是，在实际研究过程中发现这个想法在实施过程需要更庞大的数据和多样手段。我们在这方面稍有不足，有待继续努力。

第四，资料与数据的统一性、完整性方面存在问题。前文提到，受到在西藏搜集非公有制经济数据和资料的特殊困难制约，以及我们从祖国内地前往西藏所遇到的各种困难，致使我们在研究分析中的确感觉到因为数据不全而带来的无奈。对此希望专家和读者予以充分理解和谅解。

对于以上存在的问题和不足，我们将会在以后的研究中持续关注，也希望与有志于研究西藏非公有制经济高质量发展的专家学者们一道，共同为地处世界屋脊上的西藏非公有制经济高质量发展作出贡献。

第二章　政策与理论研究

第一节　中国共产党关于非公有制经济的认识与政策

新中国成立到改革开放前的近 30 年里，中国共产党在对待非公有制经济的地位作用和前景等问题的认识层面，既缺乏有效经验积累，也没有成熟的理论做指导。而基本上照搬了前苏联在特殊历史时期形成的对社会主义所有制、基本经济制度的简单认识和教条主义理解，从而在经济发展过程中走过艰难曲折的一段路程。改革开放以后，中国共产党恢复实事求是的思想路线，坚持实践是检验真理唯一标准。在改革开放伟大实践中重新矫正在社会主义初级阶段我国生产资料所有制构架和经济制度，充分肯定非公有制经济的地位作用，为我国经济持续高速发展注入强大动力。为此我们就建国后 70 多年来，中央对非公有制经济的认识过程做简要回顾总结，对非公有制经济认识演变过程、非公有制经济在我国经历的曲折过程等进行概括梳理，为研究西藏非公有制经济高质量发展提供铺垫。这里仍然按照前面的分类原则，将我国 70 多年来非公有制经济发展过程划分为两个时期。

一、党的十八大前

（一）党的十一届三中全会前。1949 年召开中共七届二中全会指出："国营经济、合作经济、私人资本主义、个体经济和国家资本主义经济五种经济成分并存构成新民主主义社会的经济形态。"新中国成立初期的《共同纲领》中规定，我国所有制结构是五种经济成分并存，经济建设方针是以公私兼顾、劳资两利、城乡互助、内外交流的政策，达到发展生产、繁荣经济。

国营经济、合作社经济、农民和手工业者个体经济、私人资本主义经济和国家资本主义经济分工合作、各得其所。凡是有利于国计民生的私营经济事业，人民政府应支持其经营积极性并扶助其发展。毛泽东在七届三中全会上还告诫全党“有些人认为可以提早消灭资本主义实行社会主义，这种思想是错误的，是不适合我们国家情况的”。[①] 1953 年 7 月，毛泽东曾对当时民族资本主义经济有深刻分析“中国现在的资本主义经济其绝大部分是在人民政府管理之下的，用各种形式和国营社会主义经济联系着的，并受工人阶级监督的资本主义经济。这种资本主义经济已经不是普通的资本主义经济，而是一种特殊的资本主义经济，即新式国家资本主义经济。它不是为了资本家利润而存在，而是为了供应人民和国家的需要而存在。……因此，这种新式国家资本主义经济是带有很大的社会主义性质的，是对工人和国家有利的”[②] 这些认识不仅符合我国实际，制定政策执行效果非常好，为社会主义改造和建设创造更好的条件，打下良好基础。1953 年，过渡时期总路线宣传提纲把新民主主义社会解释为一个逐步改变直到“完全消灭城乡资本主义经济成分”，“使生产资料社会主义所有制成为我国国家和社会唯一经济基础”过渡时期。1956 年，我国对农业、手工业和资本主义工商业进行社会主义改造完成之际，存在要求过急、工作过粗、变革速度太快等问题，使城乡非公有制经济成分所剩无几。资料显示，当时全国城镇个体工商业者仅有 16 万人，具有资本主义性质的私营企业几乎完全被消灭。到 1958 年全国范围内“大跃进”和人民公社化过程中，在生产资料所有制上大搞“升级”“过渡”。1966 年开始的“文化大革命”，错误地认为社会主义改造基本完成，形成了一系列“左”的政策，在所谓“大批资本主义”“割资本主义尾巴”的口号下，开始对私营工商业进行“围、追、堵、

① 《毛泽东选集》，人民出版社，1977 年出版，第 19 页。

② 《毛泽东选集》，人民出版社，1977 年出版，第 19 页。

截”，在“猛割资本主义尾巴”狂潮中，私营经济在大陆处于濒临消亡状态。到 1978 年，全国个体工商业者只剩下 14 万人。总之，在 1978 年以前由于“左”的干扰，我国个体、私营经济等其他经济成分一直没有恢复，形成公有制一统天下的单一所有制结构，这种所有制结构脱离我国生产力状况，严重阻碍经济发展。

（二）改革开放至党的十八大前。1978 年 12 月，党的十一届三中全会通过的《中共中央关于加快农业发展若干问题（草案）》和《农村人民公社工作条件（试行草案）》中指出“社员自留地、家庭副业和集市贸易是社会主义经济必要补充部分，任何人不得乱加干涉”。[①] 这对促进农村个体经济起到重要作用。1979 年 9 月，在党的十一届四中全会《中共中央关于加快农业发展若干问题的决定》指出“社队的各种经济是社会主义经济，社员自留地、家庭副业和集市贸易是社会主义经济的附属和补充，决不允许把它们当作资本主义经济来批判和取缔”。[②]“在保证巩固和发展集体经济同时，鼓励扶持农民经营家庭副业，增加个人收入，活跃农村经济”。[③] 叶剑英在庆祝中华人民共和国成立 30 周年大会上声明“在有限范围内继续存在城乡劳动者个体经济，是社会主义公有制经济附属和补充”。[④]

从 1980 年到 1981 年，我国对个体经济认识深化，并深入到具体问题。1980 年 8 月 17 日，中共中央转发《进一步做好城镇劳动就业工作》中提出，要采取各种办法扩大就业，对劳动体制进行全面改革。强调鼓励扶植城镇

① 《十一届三中全会以来党的历次全国代表大会中央全会重要文件选编》，中共文献出版社，1997 年出版，第 2 页。
② 《十一届三中全会以来党的历次全国代表大会中央全会重要文件选编》，中共文献出版社，1997 年出版，第 36 页。
③ 《十一届三中全会以来党的历次全国代表大会中央全会重要文件选编》，中共文献出版社，1997 年出版，第 41 页。
④ 《十一届三中全会以来党的历次全国代表大会中央全会重要文件选编》，中共文献出版社，1997 年出版，第 67 页。

个体经济。指出从事法律许可范围内不剥削他人个体劳动，这种个体经济是社会主义公有制经济不可缺少的补充，在今后一个相当长历史时期发挥积极作用。中央的这个精神在当时具有重要作用。1981 年 6 月，党的十一届六中全会通过《中共中央关于建国以来党的若干历史问题的决议》提出“国营经济和集体经济是我国基本经济形式，一定范围内的劳动者个体经济是公有制经济的必要补充”。[①] 这个提法具有重要意义，在中央精神的引导下财政部、工商行政管理总局、国家劳动总局等相继出台支持个体经济发展的新政策，从而使个体经济有更宽松、更健康、更稳定的发展环境。1982 年 12 月 4 日，第五届全国人民代表大会第五次会议通过的《中华人民共和国宪法》第十一条规定，在法律规定范围内城乡劳动者个体经济，是社会主义公有制经济补充。国家保护个体经济的合法权益。国家通过行政管理，指导、帮助和监督个体经济。1982 年 9 月，党的十二大强调指出“由于我国生产力发展水平总的说来还比较低又很不平衡，在很长时间内要多种经济形式同时并存”。[②]“在农村和城市，鼓励劳动者个体经济在国家规定范围内和工商行政管理下适当发展，作为公有制经济必要的、有益补充”。[③] 这些政策使我国个体工商业迅速恢复并逐步发展。1986 年底，全国个体工商户由 1978 年的 14 万人发展到 1211.1 万户、从业人员 1845.9 万人。

20 世纪 80 年代近中期一段时间，随着农村以“家庭联产承包责任制”为主要形式的经济体制改革强力推动，个体经济和私营经济如雨后春笋般破土而出。在城镇一些待业者和无业者开始办个体饮食业、服务业，出现农民搞长途贩运，农村出现一批离土不离乡的从事工商业的专业户，在全国具有轰动、示范效应的“温州模式”“苏南模式”和安徽芜湖“傻子瓜

① 《十一届三中全会以来重要文献选编（下）》，人民出版社，1982 年出版，第 840 页。
② 《十二大以来重要文献选编（上）》，人民出版社，1986 年出版，第 20 页。
③ 《十二大以来重要文献选编（上）》，人民出版社，1986 年出版，第 20 页。

子”说明当时全国非公有制经济领域呈现强劲发展趋势。通过对私营经济大量调查研究，中央逐步形成允许私营经济存在和发展一系列方针政策。1987 年 1 月，中共中央发布《把农村改革引向深入》的第 5 号文件，明确提出“在一个较长时期内，个体经济和少量私人企业存在是不可避免的”，“应采取允许存在，加强管理，兴利抑弊，逐步引导方针”。[①] 1987 年 10 月，党的十三大报告指出允许私营经济存在发展，并初步系统阐述非公有制经济理论政策。第一，全面论述社会主义初级阶段理论，以公有制为主体前提下发展多种经济成分，包括私营经济发展，都是由初级阶段社会生产力的实际情况所决定，这奠定党的经济政策理论基础。第二，明确使用“私营经济”概念，并在理论上概括其性质作用，指出“私营经济是存在雇佣劳动关系的经济成分，但在社会主义条件下，它必然同占优势的公有制经济相联系，并受公有制经济影响”。[②] 实践证明“私营经济一定程度的发展，有利于促进生产，活跃市场，扩大就业，更好满足人民多方面生活需求，是公有制经济必要的和有益补充”。[③] 第三，指出在公有制为主体的前提下，对于个体经济、私营经济和外资经济，“都要继续鼓励它们发展”，要求尽快制定有关政策法律“保护它们的合法利益，加强对它们的引导、监督和管理”。[④]

1988 年 4 月，全国人大七届一次会议通过《中华人民共和国宪法修正案》，以根本大法形式确立私营经济合法地位。国务院颁发《中华人民共和国私营企业暂行条例》《中华人民共和国私营企业所得税暂行条例》和《国务院关于征收私营企业投资者个人收入调节税的规定》，我国私营经济发展管理步入法制化轨道。1989 年 9 月 29 日，时任中共中央总书记

① 《十三大以来重要文献选编（下）》，人民出版社，1991 年出版，第 1237 页。
② 《十三大以来重要文献选编（下）》，人民出版社，1991 年出版，第 32 页。
③ 《十三大以来重要文献选编（下）》，人民出版社，1991 年出版，第 32 页。
④ 《十三大以来重要文献选编（下）》，人民出版社，1991 年出版，第 32 页。

的江泽民同志《在庆祝中华人民共和国成立四十周年大会上的讲话》中指出："我们要继续坚持以公有制为主体、发展多种经济成分的方针，发挥个体经济、私营经济以及中外合资、合作企业和外资企业对社会主义经济的有益的、必要的补充作用""发展从属于社会主义经济的个体经济、私营经济，对于发展社会生产、方便人民生活、扩大劳动就业，具有重要的不可缺少作用"。[①] 1990 年，国务院制定《关于促进个体经济和私营经济进一步健康发展的若干政策的规定》重申"在治理整顿中加强对个体、私营经济管理，并不是国家方针政策改变，而是方针政策全面贯彻和管理完善，以利于个体和私营经济长期、稳定、健康发展"。1990 年 12 月 30 日，党的十三届七中全会通过《中共中央关于制定国民经济和社会发展十年规划和"八五"计划的建议》要求"坚持以社会主义公有制为主体的多种经济成分并存的所有制结构，发挥个体经济、私营经济和其他经济成分对公有制经济有益补充作用，并对它们加强正确管理引导"。[②] 明确深化经济体制改革主要任务，就是"继续坚持以公有制为主体，适当发展其他经济成分，形成适合我国现阶段生产力水平的所有制结构"。[③]

1992 年春天，邓小平同志发表具有重要历史意义的南巡重要讲话，提出把是否有利于生产力发展、是否有利于国家综合国力提高、是否有利于人民生活水平提高，作为衡量工作好坏、判断是非的重要标准。1992 年秋季，召开的党的十四大明确提出我国经济体制改革目标是建立社会主义市场经济体制，这种经济体制"在所有制结构上，以公有制包括全民所有制和集体所有制经济为主体，个体经济、私营经济、外资经济为补充，多种经济成分长期共同发展，不同经济成分可以自愿实行多种形式的联合经营"，"国

① 《十三大以来重要文献选编（中）》，人民出版社，1991 年出版，第 621–622 页。

② 《十三大以来重要文献选编（中）》，人民出版社，1991 年出版，第 1378 页。

③ 《十三大以来重要文献选编（中）》，人民出版社，1991 年出版，第 1405 页。

有企业、集体企业和其他企业都进入市场，通过平等竞争发挥国有企业的主导作用”。党的代表大会关于非公有制经济认识基本上奠定了中国共产党关于中国基本经济制度总体判断和基本观点，为不断深化对非公有制经济作用与地位判断打下基础。

1993 年 11 月，党的十四届三中全会提出：“在积极促进国有经济和集体经济发展的同时，鼓励个体、私营、外资经济发展，并依法加强管理。”决定对私营经济与公有制经济长期共同发展的方针作说明，一是“就全国而言，公有制在国民经济中应占主体地位，有的地方、有的产业可以有所差别”。根据生产力发展状况和人民生活需要，有些地方、有些行业私营经济甚至可以占优势。二是“国家要为各种所有制平等参与市场竞争创造条件，对各类企业一视同仁”，对私营经济发展有重要意义。1995 年，党的十四届五中全会决定提出“允许和鼓励个体、私营、外资等非公有制经济的发展，并正确引导、加强监督、依法管理，使它们成为社会主义经济的必要补充”。我国个体私营经济快速发展，1996 年底全国登记的个体工商户 2703.7 万户，私营企业 81.9 万户，从业人员 6188.2 万人。

1997 年 9 月，党的十五大第一次系统阐述了社会主义初级阶段所有制结构，把对非公有制经济理论政策推向新阶段。党的十五大明确指出“以公有制为主体、多种所有制经济共同发展，是我国社会主义初级阶段的一项基本经济制度”。“十五”大指出“非公有制经济是我国社会主义市场经济的重要组成部分”。“对个体、私营等非公有制要继续鼓励引导，使之健康发展。这对满足人们多样化需要，增加就业，促进国民经济发展有重要作用”。强调“一切符合‘三个有利于’的所有制形式都可以而且应该用来为社会主义服务”。这些科学论断揭示我国社会主义初级阶段生产关系内在本质特征，标志着党对非公有制经济认识升华到新高度。

2002 年 11 月，党的十六大对发展非公有制经济在理论方面有新突破。第一，强调坚持完善基本经济制度。提出两个“必须毫不动摇”和一个“统一于”；第二，肯定非公有制经济人士是中国特色社会主义事业建设者，把非公有制经济人士定位为“中国特色社会主义事业的建设者”；第三，深化对马克思主义劳动和劳动价值论新认识。党的十六大报告第一次明确指出要“必须尊重劳动、尊重知识、尊重人才、尊重创造，这要作为党和国家的一项重大方针在全社会认真贯彻。要尊重和保护一切有益于人民和社会的劳动。不论是体力劳动还是脑力劳动，不论是简单劳动还是复杂劳动，一切为我国社会主义现代化建设作出贡献的劳动，都是光荣的，都应该得到承认和尊重”；第四，强调深化分配制度改革。切实保护劳动者和非公有制经济人士切身利益和积极性，党的十六大报告明确提出要“确立劳动、资本、技术和管理等生产要素按贡献参与分配原则，完善按劳分配为主体、多种分配方式并存的分配制度”；第五，规范经济秩序，改善投资环境。党的十六大报告明确提出要“放宽国内民间资本的市场准入领域，在投融资、税收、土地使用和对外贸易等方面采取措施，实现公平竞争”；第六，坚持“引进来”和“走出去”相结合，全面提高对外开放水平。党的十六大报告提出“要进一步吸引外商直接投资，提高利用外资的质量和水平。把利用外资与国内经济结构调整、国有企业改组改造结合起来，鼓励跨国公司投资农业、制造业和高新技术产业。大力引进海外各类专业人才和智力。改善投资环境，对外商投资实行国民待遇，提高法规和政策透明度”。并且强调要实施“走出去”战略，“鼓励支持有比较优势的各种所有制对外投资，带动商品和劳务出口，形成一批有实力跨国企业和著名品牌”；第七，加强教育引导，帮助非公有制经济人士健康成长。2000年，时任中共中央总书记的江泽民同志向非公有制经济人士提出“致富思源，富而思进”的要求，引导他们坚定走中国特色社会主义道路信念。明确提出“三结合”要求，引导非公有制经济人士“把自身企业的发展与国家发展结合起来，把个人富裕与全体人民共同富裕结合起来，把遵循市场法则与发扬社会主义道德结合起来”；第八，强调完善保护私人财产法律制度。

党的十六大报告明确指出，劳动、知识、技术、管理和资本都是创造社会财富的源泉，要保护合法劳动收入和合法非劳动收入，第一次提出“完善和保护私人财产的法律制度”。

党的十六届三中全会通过的《中共中央关于完善社会主义市场经济体制若干问题的决定》，把“非公有制经济发展”作为专章论述，在非公有制经济理论和政策方面有许多重大突破。第一，在指导思想上有重大突破，明确提出大力发展，这是在党的十四大、党的十五大对非公有制经济定位后，在发展非公有制经济指导思想上的新变化；第二，在生产力标准上把非公有制经济作为先进生产力的重要力量来评价。明确指出“个体、私营等非公有制经济是促进生产力发展的重要力量”；第三，在立法思路上专门提出清理修订限制非公有制经济发展的法律法规和政策，在完善私有财产法律制度方面加大力度，从体制上彻底消除限制非公有制经济发展障碍；第四，在改革开放理论上有新进展。明确提出放宽市场准入，允许非公有制资本进入法律、法规未禁入的基础设施、公共事业及其他行业和领域，解放对非公有资本的束缚；第五，在市场主体地位上消除对非公有制经济所有制歧视。明确指出非公有制企业在投融资、税收、土地使用和对外贸易方面，与其他企业享受同等待遇。各类企业市场主体地位平等，是生产要素资源配置真正实现市场机制配置的前提条件；第六，在完善基本经济制度方面有重大突破。明确指出大力发展国有资本、集体资本和非公有制等参股的混合所有制经济，实现投资主体多元化，使股份制成为公有制的主要实现形式；第七，在政府经济职能转变上赋予新内涵。明确指出要改进政府对非公有制企业的服务监督。要求深化行政审批制度，切实把政府经济管理职能转到主要为市场主体服务和创造良好环境上来。明确提出按照市场化原则规范和发展各类行业协会、商会等自律性组织。党的十六大关于非公有制经济论述，对于全国个体私营企业主及从业人员是一个极大的鼓励鞭策，从此我国私营经济进入稳定发展阶段。

2005年2月，国务院下发《关于鼓励支持和引导个体私营等非公有制经济发展的若干意见》。这是新中国成立以来首部以促进非公有制经济发展为主题的中央政府文件，是一部全面促进非公有制经济发展的重要政策文件，对于认真贯彻中央确定的方针政策，解放思想，深化改革，消除影响非公有制经济发展体制性障碍，确立平等市场主体地位，实现公平竞争；完善国家法律法规和政策，依法保护非公有制企业和职工合法权益；加强改进政府监督管理服务，为非公有制经济发展创造良好环境；引导非公有制企业依法经营、诚实守信、健全管理，提高自身素质，促进非公有制经济持续健康发展；对于推动非公有制经济跨入历史发展的新阶段，实现更快更好地发展，具有重要现实意义和深远的历史影响。

2007年，党的十七大报告对鼓励发展非公有制经济在理论政策方面又有许多新突破。指出完善基本经济制度，健全现代市场体系。坚持完善公有制为主体、多种所有制经济共同发展的基本经济制度，毫不动摇巩固发展公有制经济，毫不动摇鼓励支持引导非公有制经济发展，坚持平等保护物权，形成所有制经济平等竞争、相互促进新格局。深化国有企业公司制股份制改革，健全现代企业制度，优化国有经济布局结构，增强国有经济活力、控制力、影响力。深化垄断行业改革，引入竞争机制，加强政府监管和社会监督，加快建设国有资本经营预算制度，完善国有资产管理体制制度。推进集体企业改革，发展多种形式集体经济、合作经济。推进公平准入，改善融资条件，破除体制障碍，促进个体、私营经济和中小企业发展。以现代产权制度为基础，发展混合经济。形成统一开放竞争有序现代市场体系，发展各类生产要素市场，完善反映市场供求关系、资源稀缺程度、环境损害成本的生产要素和资源价格形成机制，规范发展行业协会和市场中介组织，健全社会信用体系。

2009年，《国务院关于进一步促进中小企业发展的若干意见》从营造有利于中小企业发展良好环境、切实缓解中小企业融资困难、加大对中小企业财税扶持力度、加快中小企业技术进步和结构调整、支持中小企业开拓市场、改进对中小企业服务、提高中小企业经营管理水平、加强对中小企业工作领导方面。从完善中小企业政策法律体系、完善政府采购支持中小企业有关制度、加强对中小企业权益保护、构建和谐劳动关系、全面落实支持小企业发展金融政策、加强改善对中小企业金融服务、拓宽中小企业融资渠道、完善中小企业信用担保体系、发挥信用信息服务在中小企业融资中的作用、加大财政资金支持力度、落实和完善税收优惠政策、减轻中小企业社会负担、支持中小企业提高技术创新能力和产品质量、支持中小企业加快技术改造、推进中小企业节能减排和清洁生产、提高企业协作配套水平、引导中小企业集聚发展、加快发展生产性服务业、支持引导中小企业开拓国内市场、支持中小企业开拓国际市场、支持中小企业提高自身市场开拓能力、加快推进中小企业服务体系建设、加快中小企业公共服务基础设施建设、完善政府对中小企业服务、支持中小企业加强管理、大力开展对中小企业各类人员培训、加快推进中小企业信息化、加强指导协调、建立中小企业统计监测制度等二十九条详细阐述以非公有制经济为主的中小企业的发展蓝图，为以非公有制经济为主体的中小企业应对全球性金融危机，实现可持续、健康发展指明了方向。

根据党中央精神，全国人大和国务院在具体政策与制度层面做出努力。2010 年 5 月 13 日，国务院发布《国务院关于鼓励和引导民间投资健康发展的若干意见》被称为“新 36 条”，提出民间资本可以进入行业领域，比如金融、交通、基础设施、保障住房等。对比“新旧 36 条”，最大区别有三个：一是范围不同。2005 年出台的 36 条是针对非公有制经济，2010 年的“新 36 条”落脚点在拉动民间投资，后者范围小一些；二是“新 36 条”更加突出执行性和操作性，提出细化到二级科目的领域。由非公有制经济 36 条中提出的 7 个方面，具体化到交通、电信、能源、基础设施、市政公用事业、国防科技工业等 6 大领域 16 个方面。三是投资方式不同。“新 36 条”

不仅是鼓励两个字，而是有具体方式。此外“新36条”明确提出鼓励引导非公有制企业通过参股、控股、资产收购等多种方式参与国有企业改制重组，支持有条件非公有制企业通过联合重组壮大和推动非公有制企业“走出去”，参与国际竞争，拓宽民间投资方式。非公有制经济进入前所未有大发展时期。2012年国务院下发鼓励民间投资发展政策及各部门42项实施细则。

二、党的十八大后

党的十八大以来，以习近平同志为核心的党中央高度重视西藏工作、关心西藏各族群众，把西藏工作提升到前所未有的新高度，在党的西藏工作历史上树立新的里程碑，开辟了稳藏兴藏的新纪元。2012年11月，党的十八大报告明确指出：“毫不动摇鼓励、支持、引导非公有制经济发展，保证各种所有制经济依法平等使用生产要素、公平参与市场竞争、同等受到法律保护。加大非公有制企业、社会组织党建工作力度，全面推进各领域基层党建工作，扩大党组织和党的工作覆盖面，充分发挥推动发展、服务群众、凝聚人心、促进和谐作用，以党的基层组织建设带动各类基层组织建设。为新时代非公有制经济发展绘制光辉蓝图。”党的十八届三中全会提出，公有制经济和非公有制经济都是社会主义市场经济重要组成部分，都是我国经济社会发展的重要基础；公有制经济财产权不可侵犯，非公有制经济财产权同样不可侵犯；国家保护各种所有制经济产权和合法利益，坚持权利平等、机会平等、规则平等，废除对非公有制经济各种形式不合理规定，消除各种隐性壁垒，激发非公有制经济活力和创造力。2013年3月9日，习近平总书记在参加十二届全国人大一次会议西藏代表团审议时，首次明确提出“治国必治边、治边先稳藏”的重要战略思想；2015年8月，在中央召开的第六次西藏工作座谈会上习近平总书记系统总结和创造性继承了党的治藏方略，深刻阐述和回答了新的历史阶段做好西藏工作的一系列重大理论和实践问题，绘就了西藏稳定发展宏伟蓝图；西藏自治区成立50周年前夕，习近平总书记作出“加强民族团结、建设美丽西藏”的重要指示。

党的十八届四中全会提出要“健全以公平为核心原则的产权保护制度，加强对各种所有制企业和自然人财产权保护，清理有违公平的法律法规条款”。党的十八届五中全会强调要“鼓励民营企业依法进入更多领域，引入非国有资本参与国有企业改革，更好激发非公有制经济活力和创造力”。2016年，国务院颁发关于做好民间投资有关工作通知。2017年9月，全国人大常委会颁布新修订中小企业促进法；同年9月国务院办公厅下发关于激发民间有效投资活力促进经济持续发展、健康发展和高质量发展的指导意见。

2017年10月，党的十九大明确指出，必须坚持和完善我国社会主义基本经济制度和分配制度，毫不动摇巩固和发展公有制经济，毫不动摇鼓励、支持、引导非公有制经济发展，使市场在资源配置中起决定性作用，更好发挥政府作用，推动新型工业化、信息化、城镇化、农业现代化同步发展，主动参与和推动经济全球化进程，发展更高层次开放型经济，不断壮大我国经济实力和综合国力。构建亲清新型政商关系，促进非公有制经济高质量发展和非公有制经济人士健康成长。从产业工人、青年农民、高知识群体中和在非公有制企业、社会组织中发展党员。

2017年，中央经济工作会议指出五年来中央坚持观大势、谋全局、干实事，成功驾驭我国经济发展大局，在实践中形成以新发展理念为主要内容的习近平新时代中国特色社会主义经济思想，最终通过深化供给侧改革、激发市场主体活力、实施区域协调发展战略、推动形成全面开放新格局、提高保障和改善民生水平、加快建立多主体供应、多渠道保障、租购并举住房制度、加快推进生态文明建设，推动中国经济从高速增长转向高质量发展阶段。其框架脉络如下：一是党对经济工作集中统一领导的体制机制。

经济工作是党中央治国理政的重要工作，必须加强完善党对经济工作领导。二是以新发展理念为指导经济政策体系。习近平总书记指出，实现“十三五”发展目标，破解发展难题，厚植发展优势，牢固树立创新发展、协调发展、绿色发展、开放发展、共享发展的理念。三是以供给侧结构性改革为主线的经济发展思路。习近平总书记指出，我国经济运行面临突出矛盾问题，虽然有周期性、总量性因素，但根源是重大结构性失衡，导致经济循环不畅，必须从供给侧结构性改革上想办法，实现供求关系新均衡。供给侧结构性改革，最终目的是满足需求，深入研究市场变化，理解现实和潜在的需求，在解放发展生产力中满足人民日益增长的美好生活需求。四是提出稳中求进经济工作方法论，强调问题导向和底线思维。习近平总书记指出，稳中求进总基调是治国理政的重要原则，也是做好经济工作的方法论。

2018 年 11 月 1 日，中央在北京召开民营企业座谈会，习近平总书记发表重要讲话，他在讲话中回顾了改革开放以来民营经济发展的不平凡历程，充分肯定了我国民营经济的重要地位和作用，宣示党坚持基本经济制度、坚持“两个毫不动摇”的坚定立场，并提出支持民营企业发展壮大的一些具体措施，体现党中央对民营企业始终如一的重视、关心、支持。本研究将运用习近平总书记的讲话精神，聚焦西藏民营经济（非公有制经济）发展路径与对策探索。习近平总书记讲话中指出“我国非公有制经济，是改革开放以来在党的方针政策指引下发展起来的。公有制为主体、多种所有制经济共同发展的基本经济制度，是中国特色社会主义制度的重要组成部分，也是完善社会主义市场经济体制的必然要求。党的十九大把‘两个毫不动摇’写入新时代坚持和发展中国特色社会主义的基本方略，作为党和国家一项大政方针确定下来”。“民营经济已成为推动我国发展不可或缺的力量，成为创业就业的主要领域、技术创新的重要主体、国家税收的重要来源，为我国社会主义市场经济发展、政府职能转变、农村富余劳动力转移、国际市场开拓等发挥重要作用。长期以来，广大民营企业家以敢为人先的创新意识、锲而不舍的奋斗精神，组织带领千百万劳动者奋发努力、艰苦创业、不断创新。我国经济发展能够创造中国奇迹，民营经济功不可没！”

“在这里，我要再次强调，非公有制经济在我国经济社会发展中的地位作用没有变！我们毫不动摇鼓励、支持、引导非公有制经济发展的方针政策没有变！我们致力于为非公有制经济发展营造良好环境和提供更多机会的方针政策没有变！我国基本经济制度写入了宪法、党章，这是不会变的，也是不能变的。任何否定、怀疑、动摇我国基本经济制度的言行都不符合党和国家方针政策，都不要听、不要信！所有民营企业和民营企业家完全可以吃下定心丸、安心谋发展！”

习近平总书记代表中央发表的这个重要讲话，是党执政近70多年来站在新时代坐标上对非公有制经济在中国的地位、作用等的最新认识，精准把握了中国国情和社会主义市场经济发展规律，必将为非公有制经济在社会主义中国的充分发展营造出日趋完善的制度条件和环境氛围。

2021年，《中华人民共和国国民经济和社会发展第十四个五年规划和2035年远景目标纲要》强调指出，毫不动摇巩固和发展公有制经济，毫不动摇鼓励、支持、引导非公有制经济发展，培育更有活力、创造力和竞争力的市场主体。健全支持非公有制企业发展的法治环境、政策环境和市场环境，依法平等保护非公有制企业产权和企业家权益。保障非公有制企业依法平等使用资源要素、公开公平公正参与竞争、同等受到法律保护。放宽非公有制企业市场准入，破除招投标等领域各种壁垒。创新金融支持非公有制企业政策工具，健全融资增信支持体系，对非公有制企业信用评级、发债一视同仁，降低综合融资成本。完善促进中小微企业和个体工商户发展的政策体系，加大税费优惠和信贷支持力度。构建亲清政商关系，建立规范化政企沟通渠道。健全防范和化解拖欠中小企业账款长效机制。鼓励非公有制企业改革创新，提升经营能力和管理水平。引导有条件的非公有制企业建立现代企业制度。支持非公有制企业开展基础研究和科技创新、参与关键核心技术研发和国家重大科技项目攻关。完善非公有制企业参与国家重大战略实施机制。推动非公有制企业守法合规经营，鼓励非公有制企业履行社会责任、参与社会公益和慈善事业。弘扬企业家精神，实施年轻一代非公有制企业家健康成长促进计划。

本研究回顾总结了新中国成立、尤其是在改革开放40多年来，从实践过程到思想和理论上廓清了我国基本经济制度认识，日益坚定对非公有制经济的作用与地位定位，制定日渐成熟的政策法规，为非公有制经济高质量发展营造良好的政策制度环境，推动非公有制经济高质量发展，使非公有制经济成为我国经济高质量发展的重要推动力量。被世界誉为中国“新四大发明”的高铁、移动支付、共享单车和网购，除高铁外，其他三项都是由非公有制企业发展起来的。实践证明有“两个毫不动摇”思想保驾护航，我国非公有制经济（民营经济）才发展成为强国经济、富民经济、创新经济、活力经济和开放经济，成为我国社会主义市场经济重要组成部分和经济高质量发展的重要基础。

第二节　我国理论界对非公有制经济研究

一、非公有制经济发展研究

在党对我国基本经济制度探索过程中，学界和实际工作者，也进行着对社会主义社会各种所有制经济成分地位作用等问题的研究，不仅丰富了社会主义社会发展的经济理论，也为中国共产党制定有关政策发挥了重要推动作用。本研究将就我国学者关于建国后70多年来非公有制经济发展的理论研究作简要汇总。

我国对非公有制经济的研究归纳起来包括六方面：一是非公有制经济

发展阶段研究；二是非公有制经济地位作用研究；三是非公有制经济必要性研究；四是非公有经济发展面临问题研究；五是非公有经济发展制度研究；六是非公有经济高质量发展研究。

（一）非公有制经济发展阶段研究。对于非公有制在我国演变及发展阶段问题研究。萧栋梁在《建国以来我国非公有制经济政策的变迁与思考》一文中，把党的非公有制经济政策划分为两个阶段，即“从建国初至党的十一届三中全会前”和“党的十一届三中全会到党的十五大”。[8] 阎志国把非公有制经济发展划分为六个阶段：第一阶段为“发挥五种经济成分的积极作用”阶段；第二阶段为“改造生产资料私有制解放生产力”阶段；第三阶段为“确立‘三个主体’和‘三个补充”’阶段；第四阶段为“拨乱反正”阶段；第五阶段为“历史性的突破与创新”阶段（1997 年党的十五大召开）；第六阶段为“坚持和完善我国社会主义基本经济制度”。[9] 除把非公有制经济发展分为两个阶段和六个阶段之外，大部分文献根据非公有经济在我国发展过程中的性质特征、地位等内容把非公有制经济政策划分为三个阶段和四个阶段，概括起来可分为“三段论”和“四段论”两种观点。

主张“三段论”者主要有：董明从马克思主义在中国传播发展入手，分析我国非公有制经济发展历程，从“异类”到“同盟”，科学定位之所依，“同盟”论，切实到位之所靠，让“同盟军”健康成长等方面深入分析。[10] 白永秀从理论认识和实践两方面总结改革开放来我国非公有制经济发展阶段，在理论认识方面，经历“利用论”→“补充论”→“重要组成论”，与之相对应的实践发展阶段是“高压下艰难起步→夹缝中求生存→新时期高速发展”等三个阶段。[11] 辜胜阻从党的十七大报告指出的“毫不动摇地巩固和发展公有制经济，毫不动摇地鼓励、支持、引导非公有制经济发展，坚持平等保护物权，形成各种所有制经济平等竞争、相互促进新格局”所表述的关于非公有经济的两个“平等权”的保护和利用着手，分析改革开放以来我国对非公有制经济理论认识的三大飞跃，第一次大飞跃是从“资本主义尾巴”到“必要有益补充”；第二次大飞跃是从“必要有益补充”到社会主义市场经济“重要组成部分”；第三次大飞跃从社会主义市场经济“重要组成部分”到平等享受“国民待遇”的市场主体。[12]

“四段论”者主要有：仲德涛认为，我国改革开放来，非公有制经济发展经历恢复发展阶段（1979—1986），期间个体经济得到恢复发展，到1986年底，个体工商户发展到1211.1万户，从业人员达到1845.9万人；徘徊发展阶段（1987—1991），在对私营经济是否存在剥削问题争论中，在中央“等一等，看一看”的模糊政策边缘中，私营经济取得一定发展；高速发展阶段（1992—1996），在明确非公有制经济是“社会主义市场经济的组成部分”认识后，各地非公有制经济取得高速发展；持续快速发展阶段（1997-），在非公有制经济是“社会主义市场经济的重要组成部分”思想指导下，个体经济、私营经济、外资经济形成持续快速发展局面。[13]江良高、葛鸣珏认为，改革开放以来非公有制经济发展经历“先富论”阶段（1979—1986），为个体经济恢复发展提供理论依据；“鼓励发展”阶段（1987—1991）期间，私营经济在全国各地兴起；“长期共同发展”阶段（1992—1996），在“三个有利于”标准指导下，个体私营经济进入蓬勃发展阶段；“全方位支持”阶段(1997至现在)，全国各地在突破旧思想观念束缚后，纷纷出台鼓励非公有制经济的相关文件，全方位支持推动非公有制经济又好又快地发展。[14]

（二）非公有制经济地位作用研究。学者除对非公有制经济发展阶段进行研究外，还有学者对非公有制经济在我国的地位作用进行探索。从顾兆贵、曲朝福分别从改革、发展和稳定角度分析非公有制经济的地位作用，认为发展非公有制经济是改革产物，也是推动改革和发展重要力量，它有利于经济社会稳定。[15]王礼全、殷福保等在总结非公有制经济发展历程，西部地区非公有制经济发展现状基础上，分析非公有制经济地位作用，并对其发展趋势做预判。认为发展非公有制经济是我国西部地区最具活力的增长点；是增加社会资本和财政收入重要来源；在创造就业、增加人民收入和社会稳定等作出重要贡献；加快社会主义市场经济体制建立，实施国有经济战略性调整起重要作用。[16] 凌小萍提出，发展非公有制经济有利于我国西部地区产业结构调整与升级，有利于解决资金和投入不足，有利于拓宽就业渠道和脱贫致富。[17] 杨伟英、孔卫红（2007）概括非公有制经济基本内容、发展现状，分析发展非公有制经济对提高我国生产力、综合国力和人民生活水平的重要意义。[18] 尤其是十八大以后，理论界对非公有制经济研究进入空前活跃状态。

（三）非公有制经济发展客观必然性研究。改革开放 40 多年来，理论界在持续探讨关于非公有制经济发展的客观必然性。主要观点包括：

第一，发展非公有制经济是大力发展社会主义经济现实需要，是提高社会经济资源配置效率的重要途径。李太淼、张文认为大力发展非公有制经济必然性，并不仅仅是因为我国生产力发展水平低、多层次、不平衡，其更深层原因是在生产力尚未发展到财富充分涌流、劳动成为生活第一需要的条件下人们对个人利益的追求。其必要性并不是首先来自理论需要，而是来自我国实行"一大二公"的公有制的经验教训，来自非公有制经济独特功能及其实践成就。[19] 仲德涛指出，非公有制经济因为不存在"所有者缺位"问题，而且目标相对单一，所以单纯就资源配置效率而言，非公有制经济要比公有制经济高。所要提高社会资源总体配置效率，实现经济增长方式从"粗放式"到"集约化"转变，一个切实可行的路径是在一般性竞争领域重点发展非公有制经济。[20]

第二，发展非公有制经济是完善社会主义市场经济体制的必然要求，是缓解就业压力的必然选择。王树杞认为，邓小平说"有计划利用外资，发展一部分个体经济，都是服从于社会主义经济这个总要求的"，发展非公有制经济就是从发展社会主义经济总要求出发，在党的方针政策引导下，推动个体私营经济发展，就是有利于发展和解放生产力，加强和完善公有制为主体、多种经济成分共同发展的社会主义基本经济制度。[21] 刘明定、李哲认为，如果没有非公有制经济参与，单一公有制经济就不可能建立起真正意义上的社会主义市场经济；非公有制经济发展事实上已为我国增加就业做出突出贡献，发展它就成为缓解就业压力的一种必然选择。[22] 刘迎秋、赵三英、余慧倩认为，“十一五”时期我国非公有制经济（个体、私营经济）获得长足发展，是我国经济发展重要支撑力量、吸纳劳动就业重要渠道、我国税收重要来源、产权制度改革重要推动力、推动技术创新重要生力军，总之非公有制经济已经成为中国特色社会主义建设事业一个不可或缺的重要组成部分。[23]

从以上论述可以得出如下结论，党的十一届三中全会以来，我国生产力、人民生活水平、综合国力都上升到一个新台阶，非公有制经济发展功不可没，在以后我国经济社会发展中，继续加强非公有制经济高质量发展是一种必然选择。

（四）非公有制经济面临困境与问题研究。非公有制经济发展面临困境与问题。张隆华认为，我国非公有制经济正处于发展转折点，面临六大转折：第二次创业转折，这是由于资本规模扩大和竞争程度提高造成的；非公有制企业新旧模式转折，即从家族式模式转向科学现代化企业制度及相应公司治理结构；人员新老接替的转折，面临如何打开“家门”，让更多“外人”“能人”进来；参与世界经济循环，面临向国际化发展机遇和风险，如何实现国民待遇；此外还有经营竞争升级转折和经济转变增长模式转折。这些都是我国非公有制企业普遍存在的，关系影响到非公有制企业发展，影响改革开放进程和社会经济发展。[24]

白永秀等总结我国非公有制经济发展障碍问题时强调指出，我国非公有制经济发展障碍既包括思想认识障碍、又包括非公有制经济自身发展障碍、还包括政府服务方面的障碍。而政府方面的原因可以归纳为：一是对非公有制经济发展认识不到位；二是管理角色错位；三是政府支持与引导意识、服务意识、协调与控制意识、监督意识淡薄，使政府与非公有制经济关系不顺，宏观调控乏力；四是政府对非公有制经济法律、财产保护、政治地位等方面的制度安排滞后；五是服务监督体系不健全。部分官员不作为增加企业负担。[25]李树超、夏美翠、吴光玲和仲德涛也都提出相似观点。除以上所说的障碍外，非公有有制经济发展还面临着外部环境的多重约束。一是资源约束，不少地方出现资源紧缺；二是生态约束，生态环境已不容非公有制企业延续高污染生产方式；三是市场约束，国际反倾销、反补贴案例高居前列；四是国内营商环境问题。另外，非公有制经济面临自身发展瓶颈，企业产权单一、法人治理结构不健全、管理水平低下、科技人才力量薄弱、缺乏特色企业文化、缺乏核心技术和自主知识产权等成为企业发展软肋。[26]

促进非公有制经济发展政策建议。李树超等人认为，“促进非公有制经济发展，首先要提高认识，树立同非公有制经济发展趋势相适应的新观念。[27] 辜胜阻认为要形成各种所有制经济平等竞争、相互促进新格局。取消在市场准入、资源配置、价格税收融资方面的差别待遇，改变一切束缚非公有制经济发展做法和规定，清除舆论环境歧视，冲破一切妨碍非公有制经济发展思想观念。[28] 李怀、赵万里提出，非公有制经济在中国社会主义市场经济的发展过程中起到重要作用，但在发展中却碰到各种障碍，走出这一困境的出路在于深化改革创新，实施机制创新、监管创新、制度创新、文化创新、技术创新和管理创新”。[29]

（五）非公有制经济发展制度研究。道格拉斯·诺思研究认为制度是决定经济增长的重要因素，制度变迁是经济增长的根本原因，这一研究开启制度研究的先河。与国际学界对于制度因素重要性强调一样，包括林毅夫等多数学者在内的国内学者普遍认为制度创新是我国经济发展至关重要的因素。[①] 邓宏图研究表明，科学合理的制度创新是我国非公有经济发展制度性保证，是非公有经济效率和效益的重要源泉，这一结论彰显制度因素在非公有经济发展领域的重要性。[②] 刘怀山研究认为，我国不同区域非公有经济之所以形成内涵迥异、运用方式不同、运行效果不同的发展模式，主要是因为各地促进非公有经济发展的制度环境不尽相同，由此决定不同的制度环境造就不同的非公有经济发展模式，为此可以认定的事实是：充分肯定制度、制度创新以及制度变迁对非公有经济发展起重要作用是解读我国非公有经济发展的重要突破口。[③] 刘现伟和文丰安研究认为，国家出台不少缓解非公有企业融资难的特殊优惠政策，但并未解决好制约非公有经济加快发展的根本问题。[④]

通过对上述文献分析可以认定：推动我国非公有经济高质量发展，既要破除融资这座高山，又要越过降低实体经济成本这一险滩，助力非公有经济摆脱高质量发展困境。我国学界已认识到非公有经济发展的重要性，党的十九大以来中央和地方频繁出台精准创新性政策措施，鼓励支持引导非公有经济高质量发展。

（六）非公有制经济高质量发展研究。刘司可研究表明，在市场经济转型升级大背景下要实现非公有制经济高质量发展并在不同类型市场下脱颖而出必须加大技术创新资金投入。[⑤] 敖明认为我国非公有制经济是顺应时代发展而产生的产物，只有不断更新、提升生产管理模式，提高科学技术水平，大力发展非公有制核心科技，不断吸收优秀管理人才，注重非公有

---

① [美]道格拉斯·C·诺斯 . 制度、制度变迁与经济绩效 [M]. 上海 : 上海格致出版社 , 上海三联书店 , 上海人民出版社 ,2008.

② 邓宏图 . 转轨期中国制度变迁的演进论解释—以民营经济的演化过程为例 [J]. 中国社会科学 ,2004,(5):130–140.

③ 刘怀山 . 中国民营经济发展模式的制度经济学分析 [D]. 西北大学 ,2009:21–24.

④ 刘现伟，文丰安 . 新时代民营经济高质量发展的难点与策略 [J]. 改革 ,2018(9):5.

⑤ 刘司可 . 转型升级背景下实现民营经济高质量发展 [J]. 省情与战略 ,2019(2):26–27.

制企业文化建设和优势培养，才可以在新时代背景下实现非公有制经济高质量发展。[①]隆国强研究证实非公有制经济提升在实现我国经济高质量发展过程中的重要性，并认为未来我国经济高质量发展中如果没有非公有制经济全面提升，经济高质量发展就不可能真正实现。[②]孙宇以黑龙江省伊春市非公有制经济为例，分析改革开放40多年来伊春市非公有制经济的发展概况，结合淡市存在的融资难、融资贵，资金短缺问题，为实现非公有经济高质量发展，助推伊春市高质量转型发展提出更新发展观念，完善政策制定和落实，拓宽融资渠道，强化服务意识等对策措施。[③]黄少安认为在非公有制经济高质量发展中不能把非公有制经济发展困境都归因于客观环境，非公有制企业和企业家需要从自身找主观原因，客观环境和主观努力很重要，既有主观努力，同时又有客观环境改善，非公有制经济才能在数量和质量上实现全面提升。[④]代新玲研究表明由于新冠肺炎疫情给我国经济发展带来巨大冲击，使非公有制经济转型升级面临不可忽视的新挑战，并提出我国非公有制企业必须从疫情中捕捉发展的新机遇。[⑤]骆沙鸣研究表明我国非公有制企业面临复杂的国际经济环境和“三期叠加”影响，受新冠肺炎疫情的巨大冲击，认为从系统论出发优化我国经济治理方式，将制度优势转化为治理效能，深化金融供给侧结构性改革，解决非公有制企业融资难、融资贵问题，促进非公有制经济转型升级和高质量发展。[⑥]

根据上述文献分析可见，我国非公有制经济受新冠疫情冲击以来，危机与机遇并存的实践，非公有制经济遭遇到的实际困难必然影响到我国经

① 敖明．新时代背景下民营经济高质量发展的困难与路径探讨 [J]. 管理纵横 ,2019(14):119–120.

② 孙宇．推动民营经济高质量发展对策研究 --- 以黑龙江省伊春市民营经济发展为例 [J]. 山东行政学院学报 ,2020,(2):105–110.

③ 隆国强．在高质量发展中提升民营经济 [J]. 中国品牌 ,2019,(2):64–65.

④ 黄少安．民营经济高质量发展：客观环境和主观努力都很重要 [J]. 广西财经学院学报，2020（1）：1–5.

⑤ 代新玲．推动民营经济高质量发展 [J]. 人民论坛 ,2020,(5):168–169.

⑥ 骆沙鸣．加强和改进金融服务 推进民营经济高质量发展 [J]. 中国政协 ,2020,(5):20–21.

济整体和全面转型。为此要提升非公有制经济数量质量，实现非公有制经济高质量发展，能够在社会主义市场经济中脱颖而出，有效推动市场经济结构转型升级、优化升级，同时通过文献分析明确我国非公有制经济高质量发展在经济社会高质量发展中具有的重要性，但融资问题仍然是非公有制经济高质量发展中的主要绊脚石，解决非公有制经济融资难、融资贵问题必须充分发挥市场和政府作用，利用政策优势，调动社会资本投身到高质量发展中。

二、不同区域非公有制经济发展研究

（一）东中部非公有制经济发展研究

1. 东中部非公有制经济发展水平研究。在非公有制经济区域发展上，根据 1986 年全国人大六届四次会议通过的“七五”计划，我国将经济区域划分为东部、中部、西部。1997 年全国人大八届五次会议决定设立重庆直辖市，并将其划入西部地区后。由于内蒙古和广西壮族自治区人均国内生产总值水平正好相当于上述西部 10 省的（区、市）平均状况，2000 年国家制定西部大开发中享受优惠政策范围又增加内蒙古和广西。西部地区的省级行政区 12 个，分别是四川、重庆、贵州、云南、西藏、陕西、甘肃、青海、宁夏、新疆、广西、内蒙古；中部地区有 8 个省级行政区，分别是山西、吉林、黑龙江、安徽、江西、河南、湖北、湖南；东部地区包括 11 个省级行政区没变。

根据《中国非公有制经济年鉴·2020》提供数据，近年来非公有制经济规模不断扩大，无论户数还是注册资本金，占整个国民经济比重都在增加。就地域分布而言，非公有制经济发展并不均衡，表现为地区分布不均和城乡分布不均两方面；东部非公有制经济发展最优，中部其次，西部最落后，但差距有缩小趋势。东部非公有制经济在对东部工业总产值、税收和吸收就业的贡献越来越大，所占比重达到 56%、36%、20%，成为国民经济不可或缺的组成部分。

许经勇提出我国经济体制改革以后东部地区非公有企业发展迅猛，在市场经济的作用日益明显，无论是规模、数量上，还是它在国民经济所占比重，都凸显不可代替性，而非公有企业融资难问题已成为阻碍发展的重要原因。[30] 王建香认为我国现阶段东部地区非公有制经济有两个特点：一是非公有制经济在国民经济的比重不断提高，对国民经济发展和社会进步发挥重要作用。二是非公有制经济管理模式、增长方式、组织形式逐步转变。[31] 黄艳从新制度经济学角度，在分析影响非公有经济制度因素基础上，提出非公有经济绩效理论及测度模型，以浙江省为样本进行测度，表明政策对浙江省非公有制经济发展发挥明显作用。[32]

2. 东中部非公有制经济发展模式研究。非公有制经济发展中，不同地方形成不同政策组合和推进方法，自然形成不同发展模式。如苏南模式、温州模式、珠江模式、闽南模式、沪郊模式、民权模式、湛江模式、浦东模式，其中温州模式的特点是以家庭工业为基础的社会化生产，由供销员为骨干，以农村集镇为依托的新型产销基地，以专业化市场为纽带的市场调解运行机制。温州模式被经济学家们看好。有经济学家对温州模式作出概括，如：多元产权 + 特色产业 + 专业市场 + 城镇集聚 + 政府引导。[33] 浙江省是我国东部沿海省份，经济位居全国各省、市、自治区前列。浙江模式是一种自下而上的创业型、市场导向型模式，是一种成功的中国特色社会主义非公有制经济发展模式。浙江实践证明，个体经济快速发展，是浙江以市场为取向的渐进式改革主要推进因素。[34—36] 上海在发展经济中，破除制约非公有制经济发展制度障碍，营造各种所有制经济依法平等使用生产要素、公平参与市场竞争、同等制度环境，取得显著效果。“十一五”以来上海非公有制经济保持持续平稳增长，与公有制经济形成有效互补、共同发展良好格局。上海非公有制经济在工业、建筑业、交通运输业、批发零售业、房地产业等传统产业领域形成规模效应，在科技服务、信息服务、新型商务服务、文化创意和公共服务等新兴行业发展迅猛。

配合辽宁老工业基地振兴规划实施，辽宁省大力发展非公有制经济，非公有制经济发展，既构成市场经济重要组成部分，又为国有企业改制、改造提供新投资者，提供替代性财政收入，解决老基地市场化程度低、所有制结构单一问题。[37]河南、河北和北京等省市在发展非公有制经济总体上的内生动力没有浙江等沿海省份强烈，基本上属于政策驱动型。[38]

3. 东中部非公有制经济发展问题研究。李凤梅认为对市场主体应予平等保护，是社会主义市场经济条件下宪法精神具体体现与社会主义法治体系协调化的必然要求，也是诉讼便宜化的重要途径，而刑事立法缺失、观念性歧视及立法技术障碍是导致非公有制经济非平等刑法保障的制度根源。[31]刘迎秋和赵三英认为我国非公有制经济发展已经取得一系列重大成就，但在非公有制经济理论研究、政策环境及非公企业融资、家族企业治理等方面仍面临一些矛盾。[32]在非公有制经济实践和理论研究中，仍存在以下问题：非公有制经济发展除浙江、广东等沿海省份外，基本上属于政策驱动型，发展规模和力度受政策影响大，提高这些省份非公有制经济内生动力是关键，因为政府在经济发展过程中仅仅起到引导作用，也就是说政策红利将会越来越小，转变非公有制经济发展方式十分紧迫，过去依靠劳动密集型和资本密集型，要逐步转向依靠创新和技术进步驱动型；非公有制经济发展法律法规和金融支持模式需要完善。

（二）西部非公有制经济发展研究。非公有制经济是改革开放以来迅速发展起来的经济成分，西部地区非公有制经济由于历史、地理、自然、体制改革等原因与东部地区存在一定差距，随着经济发展特别是西部大开发，西部非公有制经济在国家政策支持下蓬勃发展，在国民经济的比重越来越大，已成为市场经济重要组成部分。随着西部非公有制经济发展，学界关于西部非公有制经济的理论研究越来越多，不同学者从不同视角进行研究，主要涉及对西部非公有制经济发展历史阶段划分、发展现状、在国民经济中的地位作用、非公有制经济存在问题及对策。

1. 西部非公有制经济发展阶段研究。西部非公有制经济历史阶段划分，王礼全、殷福保提出三阶段论。第一阶段（1978—1988 年）为恢复和发展阶段。从改革开放初期到 1988 年，个体经济主要是个体工商户逐步恢复发展，私营经济及境外投资经济开始出现并逐步发展。第二阶段（1988—1992 年）为调整阶段。这一阶段国民经济进入治理环境、整顿秩序时期，对个体和私营经济清理、整顿是治理整顿内容之一，加上随后出现市场疲软和经济增长急剧下降，使西部刚刚发展起来的个体、私营经济进入徘徊、观望状况。外商投资、港澳台投资规模和增长速度也受到影响。第三阶段（1992 年以后）为加速发展阶段。1992 年初邓小平同志南巡讲话以后，全国掀起思想解放的新高潮，西部各级政府对发展个体、私营经济以及引进外资方面有新认识，并以“三个有利于”为根本标准，逐渐消除对发展非公有制经济的顾虑，使西部地区非公有制经济发展步伐明显加快，尤其是个体、私营经济在投资、规模、技术、结构、效益等方面，出现较大调整和升级。[39]

纵观不同学者对非公有制经济历史阶段划分，“三阶段论”是王礼全、殷福保在二十一世纪初对西部地区非公有制经济发展阶段划分，这种划分全面反映改革开放以来西部非公有制经济的曲折发展历程。2000 年开始国家实施西部大开发政策，在国家政策、资金、资本、技术等向西部地区大范围转移的同时，借鉴东部地区成功经验，西部非公有制经济进入高速发展时期。本研究认为随着时间推移、国家经济政策调整，西部非公有制经济发展阶段应该在三阶段论基础上从 2000 年以后再划分为四阶段，这一阶段为实践中高速发展阶段。

2. 西部非公有制经济发展现状研究。西部非公有制经济发展现状论述中，学者们从发展规模、发展速度、产业结构和行业分布、经济效益、社会效益等方面进行阐述。王礼全、殷福保指出从发展规模看，随着时间推移，西部非公有制经济在国民经济中所占比重逐年上升，发展速度逐年加快。从产业结构看，西部地区个体、私营经济产业结构比重依次为“三、二、一”，即以第三产业为主，第二产业次之，第一产业较弱；外商投资经济产业结构比重依次为“二、三、一”排序，即以第二产业为主，第三产业居中，第一产业较弱；与全国产业结构状况趋同，但与东部和全国平均水平相比，差异表现在经济总量小、企业数量少、经济效益低、人员素质差、地区分布发展不平衡等方面。[40] 冯等田认为在一些新兴产业中个体经济发展较快，个体经济集中度趋于提高，存在资金对劳动力替代趋势；私营经济在一些垄断特征较为明显的行业发展很快。[41] 从行业分布看，由于受投资及市场准入制约，西部非公有制经济最先进入投资少、见效快的社会服务业，其次是具有矿产资源富集、电力充沛而廉价、劳动力富余而廉价等优势行业，如原材料开采业、加工制造业。[42] 一个地区经济发展水平主要是通过工业经济效益反映的。方时姣、苗艳青指出，从工业经济效益看，通过对西部国有及国有控股企业和三资企业工业效益比较，无论是总资产贡献率，还是全员劳动生产率，非公有制经济对西部实现工业化的贡献要大于公有制经济。[43] 非公有制经济以它灵活经营机制、明晰产权制度和先进生产技术在市场中赢得绝对优势，已成为国民经济和市场经济重要组成部分和新生经济力量。随着投资环境不断改善，西部非公有制经济总量增长、经济规模扩大，社会贡献越来越大，非公有制经济纳税数额占西部税收总量的比重逐年上升。事实表明，非公有制经济已成为西部财政收入主要来源。

3. 非公有制经济在西部地位作用研究。改革开放以来，在我国非公有制经济发展中，西部非公有制经济经历从小到大、从少到多、从补充地位上升为重要组成部分的不断深化过程，在国民经济地位作用加强，成为推动国民经济增长重要力量。

詹华庆指出，西部地区发展非公有制经济，是改善地方财政状况，增加地方财政收入，实现民富国强有效选择。在中央和地方现有财力有限情况下，政府只能将资金投入到大型基础设施和重大项目建设上，绝不可能顾及生产各个领域，采取平均分配办法求其发展。西部经济快速发展必须依靠民间大量蕴藏着的人力、物力、财力资源，鼓励这些资源充分发挥作用，投入到生产领域、变成现实生产力、扩大经济规模、增强经济实力，不断提高政府财政收入。[44]

张一帆、郑垂勇认为大力发展非公有制经济是西部开发一项重要战略，发展非公有制经济可以有效提高西部人民收入水平，创造稳定社会环境；发展非公有制经济有利于启动西部民间资金。非公有制经济作为市场经济组成部分，在转移大量剩余劳动力方面成绩有目共睹。发展非公有制经济不仅能加速经济发展，还是创造大量就业机会的有效途径，对国有企业改革发展起推动作用。[45] 就非公有制经济产权性质说，极大促进民间资本投资积极性，非公有制经济投资弥补政府部门在某些领域的资金不足，使投资结构更为合理。[46]

从全面发展和可持续发展视域考察，非公有制经济是加速西部经济增长的重要途径，是促进西部经济腾飞的客观要求。苗艳青同志把西部非公有制经济与公有制经济在就业水平、工业经济效益和纳税效益方面进行比较，认为非公有制经济已经成为西部国民经济重要组成部分，它不仅为西部安置就业、实现西部工业化和缩小东西差距作出贡献，而且非公有制经济发展还能产生一定自动效应，即为西部国有企业营造竞争性环境，从而促使国有经济生产效率提高。[47]

陶全军、肖维品、马桂才通过对东部、中部、西部“三大地带”非公有工业产值占工业总产值的比重分析得出，非公有制经济发展是推动地区经济高速增长的重要力量，非公有制经济活跃区域也是经济发展相对较快区域。[48] 他们认为：非公有制经济发展将促进西部市场经济体系形成发展；有利于西部产业结构调整改革，进而改变西部产业结构单一、应变能力差、结构转换能力弱的不良局面；随着西部非公有制经济发展，必将引进国内外先进技术和管理经验，促进西部对外开放，推动西部国有企业改革发展；非公有制经济发展还将促进西部第三产业飞速发展；非公有制经济将是西部各省市经济发展重要支柱和新经济增长点，必将为西部改善经济布局，协调区域经济发展，缩短经济差距，巩固边境安定作出贡献。[49]

4. 西部非公有制经济发展问题研究。在西部非公有制经济社会地位逐渐认可的同时，由于自然、地理、历史、人文等因素差异，同东部和中部地区相比，西部非公有制经济发展存在许多制约因素，束缚着其发展，国内众多学者对其进行深入分析。

黄新平、魏金先认为，由于西部所有制结构不合理，国有经济比重高，非公有制经济没有充分发展，导致西部经济发展活力不足，增长乏力，与东部差距越拉越大，引起区域经济发展不协调，从而影响国民经济持续、快速、健康发展。[50] 国家社科规划基金 2003 年度课题“鼓励、引导西部边疆少数民族地区非公有制经济健康发展的对策研究”的研究成果得出，西部边疆少数民族地区非公有制经济发展存在如下问题和制约因素：传统的历史文化观念影响和束缚西部人积极参与市场；区位劣势对非公有制经济发展形成较大约束；制度供给短缺恶化非公有制经济生存发展环境；资金短缺成为西部边疆民族地区发展非公有制经济瓶颈；劳动力素质低，人才缺乏使西部非公有制经济得不到足够人力资本支持；基础设施的薄弱削弱西部非公有制经济竞争力；企业经营管理方式、手段与理念落后成为西部非公有制经济发展壮大内在约束。[51] 宁薛平认为，西北地区非公有经济发展缓慢的主要制约因素是资金供给机制不畅。表现为：传统信贷资金供给观念束缚，过多信贷资金投放壁垒，缺失信用环境制约，单一狭窄融资渠道，过高投融资成本费用。[52] 张伟认为良好的法律环境是非公有制经济持续稳定发展的重要保障。近年西部各省在改善非公有制经济发展软环境方面做出很多努力，制定支持引导非公有制经济发展政策文件和配套措施，为非公有制经济发展提供法律保障。但与沿海发达地区和中部地区相比，西部省份发展非公有制经济法制环境仍然存在地方立法不完善，引导鼓励非公有经济发展中政府出台的一些政策措施未能真正落实、经营环境不理想，缺乏公平竞争政策环境、一些非公有企业法律意识淡薄等问题。

如何通过西部非公有制经济发展带动西部地区经济腾飞是西部学术界研究经济热点问题之一，专家学者仁者见仁、智者见智，为西部非公有制经济发展献计献策。呼志慧认为非公有制经济要通过参股、兼并、承包、租赁、收购等形式参与国企改革，促进生产要素合理流动和优化重组，实现低成本扩张；通过农业产业化扩大发展非公有经济，大力引导非公有制经济向农业领域扩展，延伸产业链；充分利用国家扶持中、西部地区发展机遇，不断加强基础设施建设，改善投资环境，通过扩大对外开放发展非公有制经济；同时，各级党委、政府要把发展非公有制经济列入重要议事日程，纳入国民经济和社会发展总体规划，各职能部门共同为发展非公有制经济搞好协调服务。做到法律上保护，政策上引导，资金上扶持，技术上帮助，管理上指导，为非公有制企业提供项目申报、产品鉴定、出国审批、职称评定、统计信息等方面服务。[53] 郭新明、孙炜提出当前西部欠发达地区发展非公有制经济需要从以下方面着手：加快一般竞争性领域国有企业非国有化改革进程，尽快增强西部欠发达地区非公有制经济基础；提高经营者整体素质，更新非公有制企业经营理念；引进和留住人才，提高经营管理水平；利用高等院校和科研单位优势，提升企业科技含量；拓宽融资渠道，提高资金配置效率。秦璐认为西部地区发展非公有制经济要借鉴东部地区经济发展成功经验。一要从经济体制改革实行制度创新入手，实行制度创新；二要因地制宜，发展优势产业和特色经济；三要政府扶持，政策到位。只有这样才能推进西部地区非公有制经济发展，使之成为西部开发新增长点。顾华详认为，西部要加快非公有制经济发展，必须在以下几方面加大力度：全力营造出让非公有企业放心、安心、舒心的发展环境；大胆让非公有制经济唱主角；放宽非公有制经济市场准入领域，并给予“国民待遇”；拓宽民间资本投资领域；建立社会化服务体系；扶持非公有制经济实现超常规发展；重点扶持大型、科技型、外向型、就业型、农副产品加工型非公有企业快速发展；各级政府要适应发展非公有制经济需要，加快建立服务型政府；重视引导非公有制经济走可持续发展道路。曾庆芬提出，促进民族地区非公有制经济发展要将鼓励、支持非公有制经济发展作为一项长期基本国策；要引导个体私营企业进行制度创新和管理创新，指导它们实施名牌战略，培育知名商标、著名商标和驰名商标；要加大技术支持力度，提高产品科技含量；切实提高个体私营劳动者素质。田晓波同志在国家社科基金项目“西部民族地区经济发展问题研究”阶段性成果中指出，西部民族地区非公有制经济发展要：更新观念，统一、提高认识；建立健全地方政府依法行政约束机制；引导扶持有利于非公有制经济发展中介组织；拓宽非公有制经济发展融资渠道；营造维护公平市场竞争环境；引导非公有制企业建立自我积累、自我发展的自组织机制。方时姣、苗艳青指出，发展西部非公有制经济是促进西部经济可持续发展的客观需要。西部非公有制经济发展不仅要保证自身物质资本存量非减性，而且还要保持人力资本和生态资本存量非减性，这是非公有制经济实现可持续发展的必要条件。[54]她们认为非公有制经济发展必须促进社会全面发展、促进人全面发展、促进人与自然和谐发展。张伟从西部发展非公有制经济法制环境方面提出相应措施，认为改善西部非公有制经济发展法制环境，成为当务之急，应当营造公平公正政策环境；切实加快地方经济立法步伐；坚持严格执法、依法行政；为经济发展提供司法保障；非公企业应增强法律意识，依法管理企业；发挥工商联和行业协会作用，创造条件做好非公有制经济维权服务和法律服务工作。

不同专家学者全面分析西部地区发展非公有制经济面临问题并提出建

议，涉及到基础设施建设、政府宏观政策、国有企业改革、企业管理体制、非公有制企业经营理念、产品科技含量、非公有制经济发展法制环境等。说到底西部地区非公有制经济发展就是要给予非公有制企业一个宽松的环境，使其同公有制企业享受同等待遇。西部地区要解放思想，充分利用市场机制对推进西部非公有制经济发展积极效应，引进外资、技术、人才，吸收借鉴中东部地区先进的管理经验，充分发挥市场机制优化资源配置作用，推动要素跨区域流动和资产重组。但是，西部地区在采取各种措施发展非公有制经济时，既要发展西部省区之间的横向联合，又要争取与东部地区合作；也要注意眼前利益与长远利益相结合；要把发展非公有制经济同增加农民和牧民收入相结合；要把充分利用有利条件和优惠政策同自力更生、自我发展结合起来；要把大力发展劳动密集型产业和发展技术密集型产业结合起来。只有这样西部地区非公有制经济才能在西部大开发背景下健康快速地发展。

5. 西部各省非公有制经济发展研究。西部地区包括宁夏、陕西、贵州、云南、青海、内蒙古、广西、四川、甘肃、新疆、重庆等省区市，由于各省地理位置、气候条件、生态环境、历史渊源等因素的不同，国内学者还根据自身研究范围和重点的不同，从不同角度分析西部各个省份发展非公有制经济制约因素及存在的主要问题，并提出解决措施。吴素芳提出宁夏非公有制经济发展环境存在的主要问题：政策环境不够宽松，办事难问题没有从根本上解决；政府对非公有制经济的管理体制不规范，缺乏有效服务；非公有制经济发展法制环境不理想；融资渠道不畅，融资难已成为制约非公有制经济发展的最大“瓶颈”；非公有制经济发展的市场环境不平等。应当营造一个良好政策环境、市场环境、融资环境、服务环境、法制环境、舆论环境来解决宁夏非公有制经济发展的环境问题。

李惠庆认为西部大开发为甘肃非公有制经济提供良好发展机遇。非公有制经济不仅能够聚集要素增大甘肃经济发展投资规模，而且能够增加就业岗位，解决农业发展中产生的过剩人口问题，加快甘肃城镇化发展。所以，应当更新观念，解放思想；健全法制，提供公平市场竞争环境，保证非公有制经济顺利发展；承认非公有制经济的经济地位，给予其国民待遇；提高管理效率，加强监督管理，保证非公有制经济健康发展；认真落实非公有制经济税收优惠政策，建立非公有制经济信贷担保基金制度，加大财政、金融支持力度。赵羽翔指出随着市场经济体制改革加快推进，甘肃省非公有制经济发展活力逐步显现，规模不断扩张，素质不断提升。在一些地方非公有制经济已成为县域经济主体。非公有制经济发展呈现四个亮点：一是非公有制经济总量快速增长。二是非公有制经济对全省经济社会发展贡献率继续提高。三是非公有制企业成为对外开放重要力量。四是非公有制企业成为推动甘肃农业产业化发展重要力量。[55]

石海城对青海省非公有制经济发展特点进行总结：非公有制经济总量占比接近全省三分之一，非公有制经济已成为青海省推进改革开放重要力量，非公有制经济已成为青海省构建和谐社会重要载体。青海省非公有制经济发展态势总体较好，但制约因素依然不少；外部宏观环境趋好，但面临挑战逐步增多。他从金融机构层面、非公有制企业层面、宏观经济环境层面，深入思考金融促进青海非公有制经济科学发展的对策建议：要及时更新信贷经营观念，为扩大内需提供资金基础，创新金融产品和服务，非公有制企业自身要加强资产风险管理，提高企业竞争力，完善融资社会服务体系，为非公有制经济融资提供便利。

罗辑指出，新疆非公有制经济健康发展，速度高于全国平均水平；非公有制经济发展促进新疆经济结构调整，为建立市场经济新体制作出贡献。由于有许多政策没有执行到位，一些问题还没有政策规范，造成非公有制企业在经营活动中出现许多难点问题，阻碍非公有制经济快速发展。他认为制约新疆非公有制经济发展的主要因素有以下几方面：思想认识不清、政策环境不完善、管理体制不规范、农村市场启动缓慢，消费需求不足、缺乏龙头企业带动，难以形成产业链，对以资源为基础的特色产业开发仍然十分不足、走内引外联道路意识不强。所以，必须从宏观上解决好以下三个关键性问题：必须给非公有制企业以政治平等，必须给非公有制企业以均等的发展机会，给非公有制企业提供平等的服务，为非公有制经济营造更为宽松的发展空间。[56]温春华分析得出：改革开放以来，新疆非公有制经济得到快速发展。特别是随着西部大开发战略实施、产业结构的战略性调整及国有企业逐步从一些竞争领域退出，新疆非公有制经济获得前所未有的发展。新疆非公有制经济与其他任何经济形式一样，既有自身优势，也有制约其发展的瓶颈软肋。表现在人员素质和管理水平低，政府对非公有制经济服务意识淡薄，管理和技术落后，信息不灵、资金短缺、规模偏小、融资渠道不畅，这些因素制约着新疆非公有制经济快速发展。

陕西外商投资企业会计学会认为，党的十七大以来，中央及地方财政都加大对非公有制企业扶持力度，金融环境改善缓解陕西非公有制企业融资难问题；国家出台的东部产业西移产业调整政策，给陕西承接东部产业转移、加快发展带来新机遇；陕西民办高校及教育机构迅速发展，为非公有制经济发展培养大批人才，为非公有制经济企业提高科技含量提供保障；陕西省相继出台一系列扶持和加快非公有制经济发展政策，为非公有制经济发展营造良好环境。陕西各级各部门要统一思想和认识，依托陕西自然、科技资源优势，大力发展技术创新型、劳动密集型、资源节约型和农产品深加工业。加快建立以非公有制企业为主体、市场为导向、产学研相结合技术创新体系，推动创新要素向企业聚集，促进科技成果向现实生产力转化，引导企业从主要依靠增加投资和资源消耗性加工向依靠科技、高效使用生产要素、实现低耗优质的转变，从初级加工、传统加工向精深加工转变，增强发展后劲。[57]

胡丁、陈国先在肯定四川非公有制企业近年来取得成绩的同时，指出其在转变经济发展方式中面临总体格局不适应“转”、传统竞争优势减弱、缺乏产业主导权、动力不足和公共服务不足等问题。提出制定在转变经济发展方式中抢占产业主导权战略；重点培育，增强带动效应；以现代科技推动产业与企业转型升级；实施品牌战略工程以提高四川省非公有企业产业主导权；加强对非公有企业转变发展方式政策咨询与技术服务平台建设；制定专门政策扶持小微企业发展。

邓涛认为重庆非公有制经济在统筹城乡发展中发挥重要作用。他指出非公有制经济发展涉及各个行业、各个领域，既有城市非公有制经济，又有农村非公有制经济，解决大量农民工就业，成为城乡居民收入增加重要途径，推动重庆经济快速发展。做精做强非公有制经济，提高“以工促农、以城带乡”的能力，非公有制企业大力实施理念创新、科技创新、管理创新、文化创新、制度创新工程，强化内功，增强发展后劲。

查兰建认为，贵州非公有制经济变化巨大、成绩显著。但是与全国大多省区横向比，差距大。经营规模偏小、发展层次低，整体实力不强。[58]贵州非公有制经济大多集中劳动密集型产业以及医药、食品、采矿等优势资源的初级产品生产，产业结构不合理，产品技术含量低，发展层次低。由于制度不完善、经营理念陈旧、管理水平低等内因和对非公有制经济发展重视不够、投资环境不佳、服务体系不完善等外在因素影响造成贵州非公有制经济整体比较落后。李锦宏、周蓓蓓指出，贵州省发展非公有制经济应以科学发展观为指导，坚持走新型工业化道路，立足特色和优势，坚定不移地把发展非公有制经济作为做精做强贵州经济突破口，坚持平等准入、公平待遇原则，以发展为主题，以市场为导向，以开放促改革为背景，以招商引资为主线，以科技创新和体制创新为动力，以环境建设和多种政策工具为手段，以“扶优扶强”“促优促大”为发展观念，以培育和发展优势产业群为重点，突出核心企业、重点园区、重大项目、公共服务平台、知名产品品牌和区域品牌建设，大力改善非公有制经济发展的经济环境、社会环境和政策环境，全面推动贵州省非公有制经济健康持续发展。[59]

冯利英使用灰色关联分析法，对内蒙古非公有制经济与地区经济增长相关性进行分析得出，内蒙古非公有制经济固定资产投资和从业人员在一定程度上推动地区 GDP 增长，非公有制经济发展带动内蒙古国民经济发展。相对于人力资本投入，拉动经济增长的主要因素是资本投入。[60] 指出要充分发挥政府宏观调控作用，采取信息引导、技术引导和资金引导等一系列措施，帮助非公有制经济摆脱盲目投资倾向，引导投资向现代化、专业化、特色化、规模化和科技化方向发展。

黄毅指出云南非公有制经济发展中存在如下问题：对非公有制经济发展重要性认识不足；发展总体仍然滞后；地区之间发展不平衡；优惠政策没有完全落实；非公有制企业融资困难；非公企业整体素质不高。尤石和针对云南非公有制经济发展中存在的问题提出，提高认识、狠抓政策落实，优化发展环境，建立健全与非公有制经济发展相适应的融资体系，加快结构调整步伐，提高非公有制企业创新能力，加强对非公有制企业管理力度。

何成学把广西非公有制经济发展历程分为五个时期：第一个时期从广西解放到社会主义三大改造基本完成 (1949 年 12 月至 1956 年 9 月)，为广西个体、私营经济第一个恢复发展时期；第二个时期从社会主义改造基本完成以后到党的十一届三中全会召开前 (1956 年 9 月至 1978 年 12 月)，是广西非公有制经济曲折发展时期；第三个时期从 1978 年 12 月党的十一届三中全会召开到 1992 年初邓小平南方谈话前夕，为广西非公有制经济第二个恢复发展时期；第四个时期从 1992 年初南方谈话到 1997 年 9 月党的十五大召开前夕，为广西非公有制经济稳步发展时期；第五个时期从 1997 年 9 月党的十五大到 2002 年 11 月党的十六大召开前夕，为广西非公有制经济快速发展时期。[61] 陈鲁认为由于宏观指导思想上对发展非公有制经济重视不够，各级各类经济管理职能支持部门缺乏系统互通关系，使广西非公有制经济发展速度慢、企业规模太小，产品缺乏竞争力，可持续发展能力差。因此，要创造良好政治环境、政策环境，加强宏观调控和引导，通过经济、法律、政策等手段引导非公有制经济顺应国家和广西产业政策获得发展。

在我国经济高质量背景下，西部非公有制经济高质量发展面临巨大机遇和严峻挑战。在回顾审视西部非公有制经济发展历程及西部各省市发展非公有制经济面临问题后，应清醒认识到西部与东部沿海省市客观存在的差距与不足，深化对社会主义市场经济规律认识把握。西部地区非公有制经济得到长足发展，只要善于把握机遇，应对挑战，在西部大开发和国家着力推进“一带一路”倡议前提下，以地方政府为主导确保市场在资源配置中的基础作用，加大非公有制经济扶持力度，西部非公有制经济将迎来大发展，为实现西部经济高质量发展作出应有贡献。

三、西藏非公有制经济发展研究

非公有制经济作为西藏国民经济重要组成部分，已成为西藏市场经济最具活力的成分和西藏经济高质量发展不可或缺的重要力量。实践证明，西藏非公有制经济在扩大就业、繁荣城乡市场、方便群众生活、保持社会稳定、增加地方财政收入等方面发挥着无可替代的作用。新时代西藏非公有制经济面临挑战和机遇，分析这些挑战和机遇对促进西藏非公有制经济高质量发展有重要意义。学界关于西藏非公有制经济理论研究集中在西藏非公有制经济发展历程、地位和作用、存在问题和制约因素、发展思路和对策建议。虽然与西部其他地区及全国非公有制经济理论研究相比要少的多，但这些研究为西藏决策和非公有制经济高质量发展提供有力支持。

（一）西藏非公有制经济发展历程及特点研究。回顾西藏和平解放 70 年来的历史，非公有制经济与全国其他地区同样走过曲折发展历程。改革开放以来非公有制经济开始恢复并得到长足发展，在认识上经历从社会主义经济“必要补充”到社会主义市场经济“重要组成部分”过程；在发展上经历由单一的个体工商户发展成为以个体工商户为主，私营企业、三资企业等多种类型非公有制经济并存过程。孙英敏将改革开放西藏非公有制经济发展划分为四个发展阶段：恢复发展阶段（1980 年以前），迅速发展阶段（1981 年至 1989 年），稳步发展阶段（1990 年至 2000 年），快速发展阶段（2001 年至今）。西藏由于自身特殊性，所有制结构调整经历从公有制“一统天下”到多种所有制并存的一元化到多元化变迁。1978 年在整个国民生产总值中西藏公有制经济占 99%，而在工业总产值中非公有制经济完全消失。党的十一届三中全会纠正“左”的错误认识，在所有制结构上放弃追求“一大二公”不切实际理论，制定一系列鼓励非公有制经济发展政策措施，逐步形成以非公有制经济为主体、多种所有制形式共同发展的所有制结构。西藏非公有制经济就是以党十的一届三中全会为契机，随着改革开放不断深入而发展起来的；党的十五大为西藏非公有制经济发展开辟广阔空间；西部大开发为西藏非公有制经济发展提供前所未有的机遇。因此，西藏非公有制经济发展应当划分为：恢复发展阶段（1980 年以前）、快速增长阶段（1981—2000 年）和高速发展阶段（2001 年至今）。

（二）西藏非公有制经济的地位作用研究。改革开放以来西藏非公有制经济从小到大、从少到多、从补充地位上升为重要组成部分，在国民经济中的地位和作用日益显著，已成为推动国民经济增长的重要力量。德吉通过分析得出西藏非公有制经济呈现出总量和规模持续快速发展、行业结构趋于多样化、投资主体多元化、规模不断扩大等特征。认为非公有制经济为西藏创造就业机会、增加人民收入、稳定社会作出重要贡献；非公有制经济发展加快西藏市场经济体制完善；非公有制经济发展为西藏实现国有经济战略性调整提供有利环境。多庆指出西藏个体、私营等非公有制经济主要分布在工矿、基本建设施工、农牧产品加工及贸易、运输、医疗、餐饮、文化领域。非公有制经济特别是个体私营经济对西藏经济增长、扩大就业、活跃市场、增加农牧民收入、脱贫致富和增加地方财政收入等起到重要作用。[62] 她认为在新历史阶段大力发展非公有制经济是解放和发展生产力的必然要求，是调动和发挥人民群众创业热情重大举措，更是推进西藏经济社会持续、快速、协调发展必经之路。[63]张春燕认为，西藏作为一个生产力发展水平相对较低、经济基础薄弱、各产业不发达地区，非公有制经济获得长足发展，已成为财政、税收收入新的重要增长点。党的十五大精神指引下，西藏非公有制经济已逐渐成为西藏市场经济重要组成部分和新的经济增长点。在加快西藏产业结构调整，促进市场体系形成、拓宽税收渠道、增加地方财政收入、扩大就业门路、加强民族团结、促进各民族间的经济交流等方面发挥着积极作用，西藏非公有制经济已成为带动国民经济增长的、不可或缺的重要力量。[64]

（三）西藏非公有制经济发展制约因素研究。罗桑尼玛将西藏非公有制经济发展制约因素分为外部环境存在问题和企业自身发展存在问题。外部环境存在问题主要是思想解放得还不够、非公有制企业贷款难、政策得不到落实及待遇不平等；企业自身发展存在问题是企业素质及管理水平低、行业结构和产品结构不尽合理、劳动安全意识淡薄，劳动安全隐患诸多、企业内部保护劳动者合法权益工作落实得不够等。米地、蔡海斌、刘伟兵认为，由于历史背景、外部环境等因素的制约，比较祖国内地各省市特别是沿海商贸发达地区，西藏非公有制经济步伐仍然滞后。从其产业和行业结构来看，从事第一、二产业占比仍然偏低，规模偏小、产业结构不合理现象十分突出。[65]王清江、凌寒认为短缺经济已逐渐被剩余经济所取代，市场主体多元化，市场竞争加剧，传统市场空间变小，宏观经济面发生变化，西藏非公有制经济发展面临严峻挑战。西藏生产力水平低，经济基础薄弱，非公有制经济参与市场竞争和抵御市场风险能力低，非公有制经济自身素质亟待提高。刘毅通过大量资料分析得出西藏非公有制经济面临根本问题是发展资金不足。[66]他认为由于西藏独特的政治地位，经济发展以中央政府投入为主，且主要集中在国有经济，非公有制经济占比相当小。尼玛拉姆、潘明清指出，思想、观念造成西藏市场经济意识淡薄，思想观念陈旧，长期封闭，人们习惯按部就班和墨守成规，较难接受新生事物，使得非公有制经济发展难以有效推进。[67] 旺堆研究显示，不少个体、私营业主对各种优惠政策落实表示不满意或很不满意。认为基础薄弱、政策落实不到位是制约西藏非公有制经济发展的因素之一。旺堆研究发现非公有制经济发展中的资金缺口更多是靠自我盈余积累或原始资本聚集形式解决的，这种“滚雪球”式资本积累方式与新时期西藏推进非公有制经济发展要求有较大差距，融资难依然是制约西藏非公有制经济发展的一大瓶颈。[68] 以上分析不难看出影响西藏非公有制经济高质量发展的因素可以分为思想方面、企业自身和外部环境。这些因素使西藏非公有制经济高质量发展存在着思想不够开放、政策不够优惠、工作不够大胆、对非公有制经济发展不够放心。面对这些问题，专家学者们提出加快发展西藏非公有制经济发高质量发展的思路对策。

（四）西藏非公有制经济发展思路对策研究。郭东彬提出，在西藏非公有制经济发展中还必须注意要从认识上、制度上、具体操作上严格区分政府行为和企业行为，区分政府作用和市场作用界限和范围，确定各级政府间，政府与企业间的行为边界，这样才能促进非公有制经济发展。[69] 周莉蓉认为西藏要大力发展非公有制经济，在很大程度上就是要创造一个平等、宽松法律环境。要在宪法和相关法律范围内，依法建设。[70] 具体措施包括：制订与非公制经济发展相适应的法律、法规，以费改税为突破口，依法杜绝“三乱”，运用国家政策、法规引导非公有制经济自身发展。王清江、凌寒指出，进入新世纪，西藏要实现经济社会高质量发展，必须发挥非公有制经济优势和支撑作用，率先实现非公有制经济高质量发展，赋予非公有制经济新内容，坚持“扬弃”态度，扬非公有制经济发展经验，弃非公有制经济发展不足，推进创新活动，按照非公有制经济优势与发展趋势要求，结合发展中存在的制约因素，把非公有制经济培育成新的经济增长点，特别是西藏农牧区新经济增长点，就必须坚持“大力倡导，积极扶持，突出重点，加快发展”的总体思路。[71] 做到观念创新、思路创新、政策创新、组织创新。米地、蔡海斌、刘伟兵提出加快西藏非公有制经济发展建议：实行多路并举，扩张非公有制经济总量。引导非公有制经济发展与国有经济布局结构调整相结合；引导非公有制经济发展与加快农牧业产业化相结合；引导非公有制经济发展与第三产业发展相结合；突出抓好小城镇建设。小城镇建设是沟通城市与农牧区桥梁，是农牧区信息、技术、资金、人才聚集地，是非公有制经济发展必不可少的载体和依托。加大银行业对非公有制经济支持力度；搞好服务扶持，优化非公有制经济发展环境。一是优化政策环境；二是优化社会环境。[72] 德吉提出西藏非公有制经济发展思路必须是解放思想、提高认识；放宽政策、优化环境、加快西藏个体私营经济发展步伐；理顺体制、强化服务。刘毅认为应当解放思想，营造宽松环境，在给予西藏金融政策支持的同时，应着手建立与西藏经济发展特点相适应的多元化金融组织体系，借鉴国内外经验，制定包括减免税、贴息贷款和投资补贴等投资诱导政策。培育完善西藏资本市场。张春燕提出发展西藏非公有制经济财政对策，在资金方面加大财政资金扶持力度，强化服务意识，为非公有制经济发展做好促进工作，完善税收征管措施，做到合理公平税负，加快市场体系建设，为非公有制经济提供舞台。孙英敏指出，与祖国内地相比，西藏非公有制经济不发达。西藏相关单位部门要采取措施，引导非公有制企业超越自我，转变增长方式，着重于体制机制创新。非公有制经济企业要依靠自己，克服小生产观念，增强现代市场经济意识，重视企业发展战略研究，搞好长远规划，克服短期行为。[73] 旺堆从包容性发展视角提出西藏银行业支持非公有制经济发展建议。为非公有制经济提供更公平、更宽松的信贷融资环境，解决非公有制经济融资瓶颈，促进西藏非公有制经济包容性发展，大力完善金融组织体系，发展微小金融机构，增强货币信贷政策引导作用，创新金融产品和服务方式，加大信贷支持力度，搭建信息服务平台，推动担保体系建设。罗科运用制度经济学理论，结合当时西藏尤其是拉萨非公有经济发展情况，对非公有经济发展内涵、模式、特性、地位和作用进行系统研究，提出拉萨非公有经济发展对策。[①]

站在新时代历史坐标上，应以党的十九大精神为指导，将西藏非公有制经济定位于经济高质量发展主力军地位，肩负着促进西藏非公有制经济高质量发展光荣使命。虽然与兄弟省区市特别是与东部经济发达相比，西藏非公有制经济起步晚、总量小、实力弱、区域不均衡、投融资渠道不畅、经营粗放、管理理念落后、自主创新不够、发展后劲不足。西藏非公有制经济高质量发展面临重大机遇。必须紧抓历史机遇，在习近平新时代中国特色社会主义思想指引下，切实加快西藏非公有制经济高质量发展，缩小与兄弟省区市发展差距，为建设团结富裕文明和谐美丽的社会主义现代化新西藏作出非公有制经济应有的新的更大的贡献。

① 罗科．西藏民营经济发展研究——以拉萨市民营经济发展为例 [M]. 北京：民族出版社，2015 年 1 月出版。

第三章　西藏非公有制经济发展历程与现状

第一节　发展历程与作用

一、发展历程

和平解放70年来，西藏非公有制经济发展与全国非公有制经济一样，经历改革开放前的有限发展阶段、限制发展阶段、停滞阶段，改革开放后个体经济恢复发展阶段、允许私营经济存在和发展阶段、个体私营经济快速发展阶段、非公有制经济稳定健康发展等若干具体阶段。受特殊区情影响使西藏非公有制经济在发展历程划分上表现出特殊性。

（一）改革开放以前。改革开放前，西藏非公有制经济发展先后经历恢复发展阶段和停滞发展阶段两个时期。

第一，恢复发展阶段（1950—1965年）。和平解放前，受外国殖民主义者掠夺原料、倾销商品影响，西藏城镇手工业纷纷倒闭。到1950年底，拉萨有商户1020家，其中，藏族商户920家，外国商户90家，汉族商户10家。1951年和平解放之初至1959年民主改革之前，国家在西藏建立金融、贸易、邮电等国有经济，为个体私营工商业发展尽可能地创造条件，使当地个体私营经济有一定发展。民主改革后西藏个体工商户不断涌现。1961年拉萨市商户1309家，其中，藏族商户1090家，外国商户114家，汉族商户39家，回族及蒙古族商户共66家。

第二，停滞发展阶段（1965—1978年）。受“文化大革命”冲击，西藏个体经济等非公有制经济受到严重打击。到1978年底，西藏注册登记从事民族手工业、服务业的个体经营者仅53户。

（二）改革开放以来。改革开放以来，西藏非公有制经济发展先后经历起步发展阶段、稳定发展阶段、快速发展阶段和高速发展四个时期。

第一，起步发展阶段（1979—1983 年）。党的十一届三中全会以后，西藏非公有制经济步入新发展阶段。1980 年，党中央召开第一次西藏工作座谈会，中央对西藏经济实行休养生息政策，恢复和发展集体、个体商业和民族手工业。允许小商小贩和各种工匠开店或串乡经营，允许国有商业将部分商品批发给集体商业和小商贩经营，免征集体、个体民族手工业、小商小贩工商税两年。通过实行特殊政策，个体工商业较快发展。1980年底，西藏个体工商业恢复到 498 户，从业人员 525 人；1983 年底，西藏注册登记个体工商户 2402 户，从业人员 3000 人，分别比 1980 年增长 3.82 倍和 4.73 倍。

第二，稳步发展阶段（1984—1991 年）。1984 年春，党中央召开第二次西藏工作座谈会，出台了一些进西藏经济发展的优惠政策，西藏根据中央提出的“应少搞国有经营工商企业，主要发展个体和集体经济，大力扶持各种专业户。除国家调拨的商品外，西藏产品可以全部实行市场调节”精神，下发《关于加强工商业和市场管理的暂行规定》，放宽经济政策，扩大市场开放，大力建设市场设施，方便自由交易，规定农畜产品除麝香、贝母、虫草外，一律实行市场调节，许多工业品价格相继放开，放手发展集体和个体经营，鼓励农牧民进入城镇务工经商，鼓励长途贩运，让利于民。鼓励其他省市区人员到西藏从事各种形式商饮、服务业和从事集市贸易。1987 年 11 月，党的十三大提出鼓励发展个体经营、私营经济方针。1988 年 4 月，全国七届人大 ·次会议通过宪法修正案，确定私营经济的法律地位，西藏个体经济获得较快发展。1987 年，西藏个体工商户 2.68 万户、从业人员 2.99 万人，比 1983 年增长 10.1 倍、8.9 倍。1991 年，西藏个体工商户 3.93 万户、从业人员 5.43 万人，注册资金 1.62 亿元。私营企业应运而生，1991 年底，西藏私营企业 8 家；个体私营经济成为西藏国民经济重要组成部分。

第三，快速发展阶段（1992—1999年）。在党的十四大“以公有制为主体，个体经济、私营经济、外资经济为补充，多种经济成分长期共同发展”的方针指引下，1994年，西藏自治区政府根据中央第三次西藏工作座谈会精神，颁布《关于加快个体私营经济发展的若干规定》，适时将发展个体私营经济重点由城镇转移到农牧区，放宽从业人员资格、经济范围和经营方式，在农牧区实行“先经营后登记、免收费”政策，鼓励支持农牧民从事个体经营，促进农牧区经济发展，1997年西藏个体工商户4.12万户、从业人员5.79万人，注册资金2.4亿元，销售总额20.92亿元，比1992年增长36%、50%和1.4倍、8.6倍；私营企业208户，雇佣员工2742人，注册资金8259万元，比1992年分别增长20倍、15倍和23倍多。西藏个体私营经济走上规模化经营道路。1997年9月，党的十五大提出“以公有制为主体，多种所有制经济共同发展，是我国社会主义初级阶段的一项基本经济制度”。1999年3月，全国人大九届二次会议通过《中华人民共和国宪法修正案》明确规定“在宪法规定范围内的个体经济、私营经济等非公有制经济，是社会主义市场经济的重要组成部分”，充分肯定个体私营经济法律地位。这些重大方针政策为西藏非公有制经济合法、高速发展提供保障，推动西藏非公有制经济发展。

第四，高速发展阶段（1999至今）。1999年西藏出台《关于大力发展非公有制经济的决定》指出，西藏非公有制经济发展要以“三个有利于”为标准，放宽市场准入，简化审批手续，创造宽松环境。在国家规定范围内，降低注册资本最低限额。对国有企业下岗职工从事个体经营和创办私营企业，以及党政机关工作人员自愿辞职从事个体经营和创办私营企业，实行信贷、工商、税收优惠政策。对农牧民开办个体、私营企业，坚持“先开放、后规范”原则，继续执行农牧区各项优惠政策。区外人员可申请在西藏从事个体经营和创办私营企业，各方面待遇与区内人员相同。保护非公有制经济的合法经营活动及效益，支持非公有制企业通过参股、控股、租赁、兼并、收购等方式参与国有、集体企业改革、改组，并与国有企业同样享有国家和西藏自治区规定的优惠政策。放宽用地政策。建立涵盖非公有制经济社会保障体系。西藏相继出台《西藏自治区关于招商引资的若干规定》和《西藏自治区关于招商引资的补充规定》，在税收、金融、土地等方面对到西藏投资的国内外投资客商给予扶持，各地市根据实际出台一些招商引资优惠政策。根据中央第四次西藏工作座谈会精神，西藏坚定支持非公有制经济发展。采取有效措施，重点扶持就业多、纳税多、市场前景好、发展潜力大的个体私营企业。自治区党委提出，营造公平政策环境和市场环境，让非公有制企业在投融资、税收、土地使用和对外贸易等方面与其他企业享有同等待遇，允许非公有资本进入法律法规未禁入的基础设施、公用事业及其他行业和领域。建立非公有制经济贷款担保体系，创建更有利融资条件，促进非公有制经济上规模、上档次。发挥行业协会、商会自律作用。引导非公有制企业进行组织创新和管理创新，重视自身信誉塑造。改进对非公有制企业服务和监管，促进其依法经营、照章纳税，保障职工合法权益。2005 年西藏颁布《关于贯彻〈国务院关于鼓励支持和引导个体私营等非公有制经济发展的若干意见〉的实施意见》，从加快西藏非公有制经济发展重要意义、总体思路及发展目标、放宽市场准入条件、加大扶持力度、突出发展重点、营造良好环境、维护合法权益、加强组织领导等方面，全面规范西藏非公有制经济发展，为西藏非公有制经济发展铺平道路。2013 年西藏第一次非公有制经济工作会召开，2016 年西藏第二次非公有制经济工作会召开，为西藏非公有制经济加快发展指明方向。非公有制经济已经成为推动西藏经济社会发展重要力量、增加地方财政收入重要来源、扩大社会就业重要载体。西藏非公有制经济发展呈现出总量扩张，质量提升的良好态势。

二、重要作用

改革开放以来西藏非公有制经济已成为西藏国民经济重要的组成部分、社会就业的主要渠道、地方财政收入的重要来源、招商引资的主要领域、繁荣城乡市场的主导力量、对外贸易的骨干力量、改革开放的推动力量和转变发展方式的中坚力量，在繁荣城乡经济、缩小区域发展差距、改善民生、维护社会和谐稳定等方面作出重要贡献。优化西藏非公有制经济发展环境，依靠体制创新，发展非公有制经济，是建设和实施“七个重要”的重要保障（我国重要的边疆民族地区、重要的国家安全屏障、重要的生态安全屏障、重要的战略资源储备基地、重要的高原特色农产品基地、重要的中华民族特色文化保护地、重要的世界旅游目的地），是推动农村面貌大改善、基础设施大建设、特色产业大发展、生态文明大推进、改革开放大深化的重要途径。对于推动西藏经济科学发展、转变发展方式、调整经济结构、增加财税收入、保障改善民生、维护社会稳定，具有重要意义。

（一）加快非公有制经济高质量发展是建立社会主义市场经济体制的客观要求。社会主义基本制度问题实际是所有制结构问题，是微观市场主体再造。非公有制经济生于市场，长于市场，贴近市场，活跃在市场竞争最激烈领域，与市场有着本质联系，是构造市场经济体制微观基础，发展为社会主义市场经济创造多元竞争和充满活力的环境。改革开放以来的实践证明，哪里的非公有制经济活跃，哪里的经济就发达，改革开放环境就宽松；公有制经济与非公有制经济不是相互对立、此消彼长的关系，两类不同性质经济成分可以共同发展，统一于社会主义现代化。

（二）加快非公有制经济高质量发展是实现西藏全面建设小康社会奋斗目标举措。非公有制经济是富有活力的经济细胞，是推动社会生产力发展的有效组织方式，是人民群众共同富裕的重要领域。加快非公有制经济高质量发展，能够将分散的、小量的、闲置的、多元的生产要素聚集起来，充分调动社会各方面积极性，使创造财富源泉充分涌流，使广大人民群众成为创业主体、市场主体、投资主体、创新主体，形成推动经济增长的现实力量。未来相当长的时期，非公有制经济将实现高质量发展，这是实现全面建设现代化目标不可或缺的重要力量。

（三）加快非公有制经济高质量发展是深化改革开放的重要动力。非公有制企业发展推动市场竞争机制形成，促进社会主义市场经济体制确立完善。非公有制企业在参与国有企业改制改组、构建利益多元市场竞争主体格局中发挥积极作用，活跃各类商品市场和要素市场，显现市场经济活力。非公有制企业发展推动对外开放扩大，促进西藏非公有制经济整体水平不断提高。调查显示，从 2012–2020 年平均情况看，西藏非公有制经济进出口总额占西藏进出口总额 80% 左右，尤其是在边境贸易中非公有制经济占据贸易总额 95% 以上。许多非公有制企业在保持现有出口产品原产地特色优势的同时，注重培育以技术、品牌、质量、服务为核心竞争力的新优势，涌现出一批像奇正药业、宏绩建筑、宁算科技集团等优秀企业，为提升西藏经济竞争力发挥着重要作用。

（四）加快非公有制经济高质量发展是解决西藏就业、改善民生不可或缺的重要途径。以非公有制经济为主体的西藏中小企业，其市场应变能力强、就业弹性高，具有大企业无法比拟的优势。近年来西藏非公有制企业在吸纳就业和再就业中的蓄水池作用明显，尤其是西藏非公有制企业已成为吸引大学生就业的重要平台。政府营造鼓励人们干事业、支持人们干成事业的社会氛围，鼓励各类社会群体从自己擅长的技术专长开始，从创办个体、私营企业开始，从创办中小企业开始，以创业促就业，是缓解西藏就业压力重要途径，是解决西藏就业问题和改善民生的出路。

（五）加快非公有制经济高质量发展是促进科技进步的重要保障。从国内非公有制经济发展情况较好的浙江省、广东省、江苏省看，非公有制经济发展的40多年已经成为促进科技进步的重要保障。在激烈市场竞争中图存求变、做强做精，众多非公有制企业对科技进步具有不竭动力和内在冲动。他们在促进科技进步方面的种种努力对于加快转变经济发展方式、建成创新型国家具有积少成多、由量变到质变具有奠基性作用。西藏非公有制企业已成为挺近战略性新兴产业生力军，像奇正药业、宏绩建筑、宁算科技集团等企业在特色藏药和特色建材，以及软件和信息技术等科技进步促发展领域已取得显著成就。

（六）加快非公有制经济高质量发展是壮大县域经济的必然选择。解决西藏城乡发展不平衡问题、实现城镇化和建设社会主义新农村，关键在于壮大县域经济。以劳动密集型产业为主，从事加工制造业为主和非公有制经济为主是西藏县域经济的显著特征。实践表明，非公有制企业大量活跃在县城和中心镇，是县域财税收入主要来源。哪个县非公有制企业发展越快、越集中，哪个县经济就搞得活。拉萨市城关区、堆龙德庆区、达孜区，日喀则市桑珠孜区、白朗县、江孜县、吉隆县等非公有制经济活跃，这不仅推动经济发展，也成为财政收入的主要来源。

第二节 发展基础

一、特殊区情

西藏非公有制经济发展的基础条件，就是西藏特殊区情，概括地说就是“八个重要”的“三大三多三特殊”。其中“八个重要”，是指西藏是我国重要的边疆民族地区、重要的国家安全屏障、重要的生态安全屏障、重要的战略资源储备基地、重要的高原特色农产品基地、重要的中华民族特色文化保护地、重要的世界旅游目的地、重要的西电东送接续地。“三大”是指面积大、山川大、草场大。西藏总面积120多万平方公里，占全国1/8，边境线长度约4000公里。西藏海拔7000米以上高峰50多座，其中8000米以上11座。西藏是全国传统的五大牧区之一，草场面积12.44亿亩，占全国草场总面积1/4。“三多”是指林多、水多、矿多。西藏森林面积1462.65万公顷，活立木蓄积量22.73亿立方米，居全国第一。水能资源2亿千瓦，可开发利用1.25亿千瓦，居全国第一。已发现矿种102种，有12种居全国前5位，发现矿床、矿点及矿化点3000处，铜矿储量居全国第一。“三特殊”是指中央特殊关照、全国特殊支援、西藏特殊区情。西藏这种特殊区情是严重缺氧和低气压自然环境，由封建农奴制社会直接走上社会主义道路特殊发展历程的特别历史原因，各族人民同分裂势力之间的特殊矛盾。概况地讲，“三大三多三特殊”的特殊区情，是西藏非公有制经济高质量发展的背景、环境、条件、基础、前提，是其发展的客观条件。

二、经济环境

2005年至2020年，西藏综合实力显著增强，城乡居民生产生活条件明显改善，经济快速健康发展，社会事业全面进步，生态文明建设取得新进展，社会主义民主法制稳步推进，社会局势基本稳定，社会经济发展水平、发展质量、发展基础、自我发展能力显著提升。经济社会发展成为西藏非公有制经济未来高质量发展的基础和前提。

（一）经济建设取得重大进展。2005年以来，西藏经济总量不断扩大，生产总值连续保持两位数增长速度。2012年至2020年，西藏地区生产总值由710亿元增长到1,903亿元，地区生产总值占全国比重由0.13%上升到0.19%，累计提高0.06个百分点。按可比价格计算，2012年至2020年，西藏地区生产总值增长111.9%，年均增长9.8%，比全国平均水平高3.4个百分点，在全国31个省（区、市）中居首位。

表 3-1 2012-2020 西藏地区生产总值

（单位：亿元）

年份	地区生产总值	第一产业	第二产业	工业	建筑业	第三产业	人均地区生产走总值（元）
2012	710.16	75.25	226.13	57.44	168.69	408.78	22,762
2013	828.20	81.21	270.78	63.85	206.93	476.21	26,209
2014	939.74	88.11	31034	69.66	240.68	541.29	29,275
2015	1,043.00	93.61	341.81	73.49	268.32	607.58	31,847
2016	1,173.00	110.52	390.41	91.62	298.79	672.07	35,015
2017	1,349.00	118.15	469.61	110.06	359.55	761.24	39,158
2018	1,548.39	128.34	582.72	126.97	455.75	837.33	44,051
2019	1,697.82	138.19	635.62	131.72	503.90	924.01	47,491
2020	1,902.74	150.65	798.25	145.16	653.09	953.84	52,345

伴随青藏铁路胜利通车，拉萨至日喀则铁路、川藏铁路、拉萨至林芝高速公路相继建成并投入使用，拉萨林芝铁路和墨脱公路建成通车。林芝米林机场、阿里昆莎机场、日喀则机场通航。进藏干线公路实现路面黑色化。县通油路、乡镇和行政村通公路水平提高，西藏综合交通运输体系完善。实践表明，这些巨大建设成就的取得一方面凝聚了西藏非公有制企业及非公有制经济人士的贡献，同时为西藏非公有制经济高质量发展和非公有制经济人士队伍壮大，提供物质条件支撑和重要保障。

（二）经济结构优化。2005 年以来，西藏围绕“一产上水平、二产抓重点、三产大发展”（又称提升一产、壮大二产、做强三产）的发展战略，不断加快经济结构和产业结构调整步伐，三次产业结构不断优化，西藏产业结构由以往的以一产就业为主逐步转向第二、三产业就业为主，产业关联度提升。特别是党的十八大以来，按照适应把握引领经济发展新常态要求，西藏大力优化产业结构，加快转变发展方式。不断优化产业结构，不断改善需求结构，着力推动供给侧结构性改革，推进新型城镇化，着力促进区域协调发展，使全区经济结构调整加快，经济持续保持良好态势，转型升级成效明显，经济发展向中高端水平不断迈进。2020 年底，西藏第一、二、三产业增加值的占比重为7.9%、42.0%、50.1%。与2019年相比，第一产业比重下降0.3个百分点，第二产业提高4.6个百分点，第三产业下降4.3个百分点，三大产业占全区生产总值如表3–2所示。从经济结构来看，2012年以来，第二产业开始发力，比重明显上升，2020年首次超过40%，三次产业占比优化为7.9:42.0:50.1，与2012年相比，第二产业占比提高10.2个百分点，第一产业、第三产业分别下降2.7个、7.5个百分点，形成第二三产业发力、齐头并进格局，三大产业增加值占地区生产总值比重如表2–3所示。从协调发展方面来看，生态文明建设以及城乡区域协调发展取得显著成效，污染防治攻坚战考核获得全国“优秀”，重点江河湖泊水质全部达到III类以上标准，地级以上城市空气质量优良天数比率99.4。

表3–2 三大产业占西藏地区生产总值情况

（单位：亿元）

年份	第一产业	第二产业	其中		第三产业
			工业	建筑业	
2012	75.25	226.13	57.44	168.69	408.78
2013	81.21	270.78	63.85	206.93	476.21
2014	88.11	310.34	69.66	240.68	541.29
2015	93.61	341.81	73.49	268.32	607.58
2016	110.52	390.41	91.62	298.79	672.07
2017	118.15	469.61	110.06	359.55	761.24
2018	128.34	582.72	126.97	455.75	837.33
2019	138.19	635.62	131.72	503.90	924.01
2020	150.65	798.25	145.16	653.09	953.84

西藏第二产业不断壮大，规模效益明显提高，优势产品市场半径不断扩展，产业产品竞争力不断提升，国内外贸易规模不断壮大，对外贸易结构不断优化，一批特色产品远销海内外，进出口额、边境贸易以及旅游业快速增长。西藏第三产业快速发展，对国民经济发展的带动作用不断增强。

投资结构不断改善，民间投资快速增长，以非公有制经济为代表的民间投资占全社会固定资产投资比重达到30%以上，比2005年提高11.2个百分点。西藏金融系统服务质量和服务层次加快提升，金融形势投融资环境优化，银行证券保险业对西藏经济社会发展的促进力、影响力不断增强，为西藏非公有制经济高质量发展创造良好环境。

（三）民生状况加速改善。2005至2020年，西藏城乡居民收入持续增加，城乡居民生活水平稳步提高。教育、卫生、文化、科技等各项社会事业经费投入逐年增长，社会事业稳步发展，学有所教、病有所医的社会服务体系逐步建立。政府公共服务保障能力显著提高。西藏就业人数逐年增加，就业形势稳定，社会保障体系建设全面推进，统筹能力明显增强，实现农村新型养老保险制度层面全覆盖，全面惠及城乡社保体系形成。为西藏非公有制经济高质量发展创造良好社会基础和条件。

（四）可持续发展能力显著提升。2005年以来西藏坚持发展和保护并重，大力实施西藏生态安全屏障保护与建设，加大对环境保护和生态建设投入。天然林保护、天然草地退牧还草、野生动植物资源保护、自然保护区建设、水土流失治理、地质灾害防治、植树造林、防沙治沙取得显著成效。农村薪柴替代工程和"绿色拉萨"工程成效显著，青藏铁路、重点公路沿线绿化不断加强。森林生态效益补偿全面实施，草原、湿地等其他生态补偿研究和试点稳步推进。严格的环境准入条件，加大执法监管力度，节能减排成效明显。垃圾污水处理设施建设全覆盖，主要污染物排放得到有效控制，大力淘汰落后产能，实施节能节电重点工程，单位生产总值能耗持续下降。生态环境保护与建设进入科学规划、协调推进、持续发展新阶段。生态改善和环境改善为西藏非公有制经济发展既创造良好环境，又为非公有制经济高质量发展开拓新空间。

（五）体制活力激活。西藏行政机构改革初显成效，政府职能转变，投资、财税、金融、粮食流通体制改革继续深化，宏观调控体系逐步健全。

农牧区基本经济制度不断完善，继续巩固“三个长期不变”政策，土地、草场等产权及其流转领域改革取得新进展。社会事业改革成效明显，医药卫生体制改革顺利实施，文化、教育体制改革稳步推进。国有企业集团改革重组取得重大进展，国有资产整体运营水平显著提高。资本、土地、人才等要素市场建设加快，非公有制经济税收占西藏税收比重超过国有和集体企业。全国支援西藏力度加大，招商引资成效明显，与其他省份经济文化交流深入推进，为西藏非公有制经济高质量发展提供强大外部推动力。

（六）社会局势持续稳定。2005 至 2020 年间，西藏各族人民在自治区党委、政府领导下严厉打击分裂破坏活动方面取得重大胜利。平安西藏创建扎实有效，社会局势持续稳定。反分裂斗争深入开展，军、警、民联防机制建立，政法队伍建设和基层基础工作加强，维稳能力不断提高，社会局势从基本稳定向长治久安迈进。寺庙管理教育扎实推进，社会治安综合治理深入开展，流动人口服务、管理加强，人民内部矛盾排查调处机制完善，法律援助、司法调解、行政调解、劳动监察等深入开展，群众合法诉求得以及时解决。安全生产形势良好，应急体系逐步完善，应急队伍不断充实，应急处突能力全面提升，为非公有制经济高质量发展创造稳定的社会环境。

概况地讲，西藏经济建设取得重大进展意味着为非公有制经济高质量发展提供扎实的物质基础；经济结构优化意味着非公有制经济高质量发展既是经济结构优化的重要组成部分，又为经济结构优化作出重大贡献；民生状况加速改善意味着非公有制经济高质量发展拥有良好购买力背景；持续发展能力显著提升、体制活力激活、社会局势持续稳定意味着为非公有制经济高质量发展创造优良内生动力和外在条件。

三、政策环境

西藏各级政府高度重视非公有制经济高质量发展，围绕国家一系列鼓励促进非公有制经济高质量发展的方针政策，出台一系列符合西藏区情的配套措施，这些政策促进西藏非公有制经济高质量发展。包括以下几个方面：

（一）工商政策。为支持西藏非公有制经济高质量发展，西藏相关部门出台许多工商优惠措施：放宽非公有制经济市场准入限制，保证私营企业与其他市场主体在市场准入上机会均等；放宽注册资本限制；放宽注册资本出资方式；放宽集团公司登记设立条件；鼓励引导非公有制经济投资支柱产业、高新技术产业、环保产业和现代服务业，参与水利、交通、能源等基础设施和公用事业建设；鼓励非公有制经济进入金融、保险业；支持推动私营企业、个体工商户进入电信、公共信息网络、教育、卫生、体育、文化、旅游、社区服务等领域；放开外资企业准入的限制；放宽私营企业年检条件；鼓励区内外私营企业及民间资金采取购买、承包、兼并、参股等方式，参与国有企业改制、改组和改造，发展混合型经济；支持国有企业下岗职工、城市低收入居民、残疾人员、复退军人、大中专毕业生申办个体工商户，凭有效证明、证件三年内免收工商管理费；鼓励广大农牧民从事个体、私营经营，鼓励发展从事居间活动农牧民经纪人；工商费用减免、工商登记手续办理等方面全面规范促进非公有制经济发展工商优惠政策。

（二）财税政策。西藏财税部门按照“一视同仁”原则，落实个体私营经济发展平等待遇。出台促进非公有经济高质量发展的财税政策，包括：认真清理取消各种不适应个体私营经济发展的歧视、限制性政策和不合理规定。除国家另有规定外，现行对国有经济相关政策，适用个体私营经济。规范税收优惠，对以国家规定的鼓励类产业项目为主营业务的企业新办交通、电力、水利等基础产业实行税收优惠。减轻企业负担，已经削减各项行政收费项目落实；继续清理减少各种收费项目。取消个体私营经济带有歧视收费项目，切实减轻个体私营经济负担。

（三）外贸政策。为加速西藏非公有制经济高质量发展，西藏相关部门出台促进非公有制经济高质量发展的外贸优惠政策，包括加大招商引资力度和招才引智力度，创新利用外资方式吸引更多国内外和知名企业来藏投资兴业。区内企业结合自身实际，突出比较优势，主动寻找区外战略伙伴，以便实现招商方式、引资来源和出口方式多元化；加强沿海地区资本、劳务、商务合作，优势互补共同发展。加大私营企业申请进出口的经营权力度，简化申办程序，让更多私营企业进入外经贸队伍。开展加工贸易建立营销体系，进行资源开发。

（四）土地政策。为加速西藏非公有制经济高质量发展，相关部门出台促进非公有制经济发展的土地政策，包括对国有荒山、荒地等未利用土地依法出让给私营企业、个体工商户进行造林、种草等生态建设的，可减免土地出让金；对取得土地使用权从事生态环境建设的，土地使用年限可延长 70 年。各级政府和土地管理部门把非公有制企业所需生产经营用地纳入年度土地使用计划和城镇建设规划，实行建设用地指标置换、农用地管理指标折抵，保证非公有制经济发展土地需要。农用地转用指标、新增用地指标分配向非公有制经济发展较快地方倾斜；非公有制企业高新技术项目及公益性项目用地，采取划拨方式；生产经营用地，采取出让、租赁方式，费用按国家规定下限标准收取。因国家建设和城市改造需要提前收回土地使用权的，或拆迁属于非公有制企业所有生产经营场所的，建设单位或有关部门要解决好新用地并给予合理补偿。

（五）金融政策。为加速西藏非公有制经济高质量发展，相关部门出台促进非公有制经济发展的金融优惠政策，包括开发适应非公有制企业发展的信贷服务项目和信贷品种，增加非公有制企业融资渠道。允许非公有制企业以房屋、设备、土地使用权、有价证券作为抵押申请贷款，抵押率和贷款条件与国有企业保持一致。探索以经营者个人或第三人财产抵押担保贷款、私营科技型企业专利权质押贷款等业务品种。合理确定非公有制经济贷款期限额度。根据非公有制经济不同生产周期、经营特点、市场特征，合理确定贷款期限。防止脱离非公有制经济生产和流通实际需要，人为缩短贷款期限，给非公有制经济增加贷款困难。适应非公有制经济贷款额度小、频率高特点，不设置最低贷款限制。比如，在2017年西藏自治区工商联召开小微企业发展高峰论坛，搭建银企对接平台；多次开展民间投资专项及联合调研，与人行拉萨中心支行等部门多方协调，共同组织举办“2017年西藏自治区金融促进非公有制经济发展推介会”，在藏的10家银行业金融机构与39家非公企业现场签订39份授信协议，金额达26亿元；与中国银行西藏分行开展“融资贷款对接活动”，与7家商会200多家非公企业对接，打造非公企业融资服务平台。这些活动和举措，为解决西藏非公有制经济融资难问题提供多种途径。

（六）户籍政策。为加速非公有制经济发展，西藏相关部门出台促进非公有制经济发展的户籍优惠政策。包括西藏非公有制企业聘用国家承认大专以上学历毕业生，这一些毕业生凭毕业证、户口迁移证、就业单位劳动合同书，可办理常住户口；非公有制企业或个人在城镇购买城市新建商品房、二手房，并具有稳定生活来源，可在西藏城镇办理登记常住户口；非公有制企业或个人在西藏任何城镇投资、兴办实业资产规模达到5万元以上，并在西藏城镇居住5年以上，本人、配偶及直系亲属可在西藏城镇办理登记常住户口；放宽非公有企业集体户口立户标准。凡非公有企业单位有房产，已经编制门牌号，可以设立集体户口。

（七）权益保障。为加速非公有制经济高质量发展，相关部门出台促进非公有制经济发展的权益保障政策，主要包括非公有制企业对其合法财产享有占用、使用、收益和处分权，任何单位和个人不得侵占、哄抢、破坏或非法查封、扣押、冻结、没收；任何单位和个人不得侵犯非公有制企业依法登记注册字号、名称、商标专有权、去专利权和商业秘密。非公有制商户和企业有权依法决定自己的生产经营策略、生产计划、利润分配、产品销售、内部管理等制度；有权依法决定用工条件、形式、数量、期限；

有权依法制定其产品或服务价格，获取合法利润；大力整顿规范市场秩序，打击制售假冒伪劣产品行为，查处取缔无照经营。鼓励保护私营企业、个体工商户依法平等地参与市场竞争；引导私营企业、个体工商户增强法治观念，依法经营，照章纳税，诚实守信，公平竞争，抵制假冒伪劣产品，维护消费者权益。鼓励私营企业加快建立规范化内部信用管理制度。私营企业、个体工商户依法与从业人员签订劳动合同，按时足额支付工资，依法缴纳社会保险费，维护从业人员合法权益，加强安全和劳动保护，确保安全生产。引导私营企业、个体工商户致富思源、富而思进，参加光彩事业，自觉把企业发展与国家发展结合起来，把个人富裕与全体人民共同富裕结合起来，把遵循市场法则与发扬社会主义道德结合起来，为经济发展和社会进步多作贡献。

（八）服务体系。为加速非公有制经济高质量发展，西藏相关部门出台促进非公有制经济发展的服务措施，主要包括：按照“自发组建、自愿入会、自主办会”的市场化原则，加快培育和发展各类行业协会和中介机构，突出民办性质和独立地位，提高社会化组织程度，强化服务功能和自律协调作用。规范中介机构的服务行为，加快建立执业标准和监督机制。切实减轻企业负担。已经消减的各项行政收费项目必须落实，绝不能再收费；要继续清理、减少各种收费项目。除国家规定外，西藏不再出台新的收费项目。

（九）其他支持措施。为加速非公有制经济发展，西藏相关部门出台促进非公有制经济发展的其他优惠政策，主要包括下岗失业人员从事个体经营的，应享受相应税费优惠政策；私营企业吸纳下岗失业人员达到一定数额的应享受相关再就业扶持政策。支持个体工商户创办私营企业；支持公司制私营企业健全法人治理结构，改进内部组织结构和管理结构，逐步实现所有权与经营权分离。鼓励私营企业通过相互参股、职工持股、吸引外资等多种形式，建立多元和开放的产权结构，允许以管理、技术等形式资产作为资本投入，推行期权制，形成有利于吸引社会资金和高层次人才制度保障。鼓励支持私营企业、个体工商户以市场为导向，整合资本、技术等生产要素，推进制度创新、管理创新和技术创新。在私营企业开展党的工作、发展党员，有条件的建立党组织，发挥党组织在贯彻党的方针政策、引导和监督企业遵守国家法律法规方面的作用。引导督促私营企业建立工会组织，加强企业党组织对工会、共青团等群众组织领导，团结凝聚职工群众，维护各方合法权益，促进企业发展。各级劳动保障要对现有政策进行全面清理，按规定废止有碍私营经济发展和对私营经济单位不合理限制文件。切实抓好促进私营经济发展政策落实，通过加强宏观调控和政策引导，切实改善私营经济发展环境。按照国家公布环保产业设备目录，凡符合条件的私营企业，环保部门要配合有关部门做好引导搞好服务。鼓励引导民意资金投入城市环保基础建设，鼓励引导民间资金投入环保产业。

1. 加大财政支持力度。逐步扩大西藏设立的产业与企业改革发展资金、中小企业发展专项资金、中小企业国际市场开拓资金、中小企业品牌推广资金、科技孵化资金、商贸流通发展资金、外经贸区域协调发展促进资金等财政资金规模，用于支持非公有制经济发展不低于资金总量50%，重点支持培育具有西藏地方特色以及比较优势的藏医药业、高原特色生物产业、高原绿色食（饮）品加工业、特色农畜产品加工业、民族手工业以及现代服务业。设立城乡妇女小额担保贷款财政贴息资金、中小企业发展创业资金要全部用于支持个人和个体工商户及微型企业创业项目。为发挥财政资金引导杠杆作用，设立非公有制创业种子资金。各地市县要结合实际设立非公有制经济发展专项资金。各级财政部门要会同工商联负责引导组织非公有制经济扶持项目申报、评估。落实完善税收优惠政策，按照“税制一致，适当变通”原则，落实好非公有制经济税收优惠政策。

2. 加大信贷支持力度。鼓励引进创新适应西藏非公有制企业信贷产品和服务项目，建立健全对非公有制企业提供信贷服务专业机构，建立差异化信贷管理办法，完善授信制度，简化审贷程序。鼓励金融机构在风险可控前提下，对基本面比较好、信用记录较好、有竞争力、有市场但暂时出现经营或财务困难非公有制企业和个体工商户给予信贷倾斜。金融机构要确保非公有制企业贷款增速不低于全部贷款的增速。鼓励在藏无分支机构商业银行和政策性银行对注册地在西藏的非公有制企业提供信贷，其年贷款平均余额同等享受中央西藏工作座谈会确定的金融补贴政策。完善银政、银企、银担信息交流和融资对接机制，加快非公有制企业征信体系建设，完善信用评级机制，适当放宽对非公有制企业授信额度。建立金融机构中小企业贷款风险补贴机制和担保机构中小企业贷款担保补助机制，对金融机构发放非公有制经济贷款增量给予风险补贴，加大担保机构奖励、补贴力度，提高中小企业融资能力。建立健全违约惩罚机制，严厉惩处恶意逃废银行债务不良行为。拓宽融资渠道，鼓励支持符合条件的非公有制企业改制上市，支持上市非公有制企业再融资。注重对优质非公有制企业上市培育，建立非公有制企业上市后备资源库。支持产业基金、风险投资基金参与特色优势资源开发。培育规范产权交易市场。鼓励支持非公有制企业以信托融资、租赁融资、股权融资、知识产权融资、企业联户担保等新型融资方式筹集资金。规范民间借贷，严厉打击各种地下“钱庄”和“高利贷”行为。建立健全以政府出资担保机构为引导，商业性和互助性担保机构为补充的多层次非公有制企业信用担保体系。

3. 保障土地供给。各级政府在土地利用总规和年度土地利用计划中统筹安排非公有制资本投资项目用地，按照非公有制经济占西藏 GDP 比重提高 3 个百分点为发展目标，同比例增加非公有制经济在开发区、产业园区项目用地指标，依法及时审批保障重点非公有制企业的发展用地，并降低其用地成本。对符合国家和西藏产业政策、用地节约集约工业项目实行优惠地价政策；对符合国家产业政策、产业结构调整方向、投资强度达到一定标准的生产性新建或技改项目实行财政奖励；对符合规划、不改变用途，利用自有土地建设、提高土地利用率和增加容积率，不再增收土地价款。鼓励非公有制资本参与土地整理复垦，通过招拍挂的市场运作方式，确定非公有制企业土地治理权和一定年限内的土地使用权。

概况地讲，以上政策环境要素对于西藏非公有制经济高质量发展而言则意味着，作为我国重要的经济欠发达地区，离开优惠政策扶持意欲获得非公有制经济高质量发展几乎是不可能的，由此就表现出一个饶有意义的关系，即西藏非公有制经济发展离不开优惠政策的扶持支撑，未来西藏非公有制经济高质量发展更是离不开优惠政策持续扶持支撑，这也是本研究的应有之义。

第三节　发展现状

2005 年以来，在中央高度关注、全国人民大力支持和西藏党委坚强领导下，西藏非公有制经济主管部门围绕“两个健康”指导思想，在政策落实上下功夫，在改革创新上出点子，与非公有制经济人士一道，齐心协力推动非公有制企业各项事业快速健康发展，取得巨大成就，推动西藏非公有制经济高质量发展迈上新台阶。

一、实体经济全面发展

（一）非公有制经济成为社会经济发展生力军。研究表明，2005 年以来西藏非公有制经济获得飞速发展，越来越多的个体户发展为私营企业，越来越多的非公有制经济市场主体成立时即以私营企业形式成立，西藏非公有制经济已经占第二产业中的工业和矿产业、建筑建材业以及第三产业中的旅游业、餐饮业、零售业、社会服务业的 90% 以上，已经成为西藏国民经济重要组成部分。2021 年底，西藏非公有制经济市场主体 39.52 万户，注册资本 12469.71 亿元，同比增长 21.36%、28.33%，非公有制经济市场主体占西藏市场主体总量的 97.18%。非公有制经济完成税收 308.17 亿元，占税收总收入的 85.53%[①]。非公有制经济已经成为推动西藏经济社会发展的重要力量、增加地方财政收入的重要来源、扩大社会就业的重要载体。

（二）非公有制经济是西藏社会就业的重要渠道。调研显示，很多非公有制企业扩大用工规模，为就业作贡献，有意识地将建筑、特色养殖、运输等适合农牧民从事工作的岗位留给农牧民，这种做法不仅缓解就业压力，也为农牧民致富奔小康创造条件。如我们于 2011 年 8 月在日喀则达热瓦集团调研时获知，该集团下属的建筑公司中，几乎全部一线工人都来自日喀则，每年仅工资一项就为群众带来 1000 万元收入。研究表明，西藏非公有制经济增加社会就业，增强群众谋生能力，提升劳动力素质，客观上维护社会稳定，增加人民群众收入水平。研究表明，发展非公有制经济对保障改善民生具有重要意义。我们在林芝市调研时获知，林芝市协调职能部门用好、用足、用活中央赋予西藏特殊金融财税政策，深入非公有制企业宣传高校毕业生就业创业优惠政策，鼓励更多非公有制企业提供就业岗位，让更多高校毕业生在非公有制企业就业，为高素质技术和管理人才提供生活工作便利，帮助企业转型升级。

为更好反映非公有制经济对西藏就业的贡献，本研究选择 1988 至 2020 年段 GDP 及分行业在岗职工人数数据，分析西藏经济增长对就业的影响情况。

1. 指标选择与描述性统计分析

第一，指标选择。从数据可得性以及研究目的出发，本研究选取西藏自治区生产总值（GDP）作为衡量西藏经济增长指标，即用在岗职工人数作为衡量西藏就业情况的指标。相关数据均引自《西藏统计年鉴》，其统计国有经济单位在岗职工人数、集体经济单位在岗职工人数和其他经济单

① 芮怡星 . 西藏非公有制经济市场主体超 39 万户，成绩可喜 [N]. 西藏商报，2022 年 02 月 22 日。

位在岗职工人数三类。按照统计年鉴的分类，其他经济应该是除国有经济、集体经济以外的其他多种所有制经济统称，包含私营经济、港澳台投资、外商投资等。

第二，统计分析。选择 1991 至 2020 年段以来西藏自治区的 GDP 及分行业在岗职工人数数据，如表 3–3 所示。从经济增长来看，西藏地区生产总值增长速度较快，从 1988 年增长到 2020 年，总量增长超过 45 倍，年均增长率 13.6%。

表 3–3 1991–2020 年西藏自治区 GDP 及分行业在岗职工人数

年份	GDP（单位：亿元）	在岗职工人数合计（单位：人）	国有经济单位（单位：人）	集体经济单位（单位：人）	其他单位（单位：人）
1991	20.25	160038	148718	10746	574
1992	21.86	161385	150657	10125	603
1993	27.7	157841	149144	8557	140
1994	30.53	163863	152573	10522	768
1995	33.29	167790	155940	11043	807
1996	37.42	169018	157263	11194	561
1997	45.99	160143	151134	8318	691
1998	56.11	162896	151971	10021	904
1999	64.98	167496	155488	10818	1190
2000	77.24	166960	154262	11348	1350
2001	91.5	163342	149057	11752	2533
2002	105.98	161451	147146	10076	4229
2003	117.8	162438	149690	8187	4561
2004	139.16	159691	144592	8512	6587
2005	162.04	148025	137940	5580	4505
2006	185.09	144777	136646	3688	4443
2007	220.34	144924	136732	2940	5252
2008	248.8	162831	154473	3226	5132
2009	290.76	170141	160669	4709	4763
2010	341.43	177690	167465	4873	5352

年份	GDP（单位：亿元）	在岗职工人数合计（单位：人）	国有经济单位（单位：人）	集体经济单位（单位：人）	其他单位（单位：人）
2011	394.85	180700	170748	4983	4969
2012	441.36	188881	178593	4648	5640
2013	507.46	194553	184151	4754	5648
2014	606.13	198029	187335	3788	6906
2015	701.65	215020	207167	2780	5073
2016	816.57	264807	228325	3582	32900
2017	921.73	277015	229119	2973	44923
2018	1027.43	284628	234804	2641	47183
2019	1151.41	286316	242007	2356	41953
2020	1310.92	302424	253614	2018	46792

数据来源：《西藏统计年鉴》

从西藏在岗职工人数总量来看，1991–2020年的30年间，从16万增加到30万，增长接近1倍。从在岗职工人数结构看，国有经济所占比重最大，1991至2012年，比重均超过90%，其中2012年最高，达到96%。从2013年开始，国有经济在岗职工人数比重有所下降，近五年平均比重84%（如表3–4所示）。正因为国有经济就业人数占据西藏就业人数的绝大部分，所以西藏总的在岗职工人数发展趋势与国有经济就业人数一致，1988–2005年基本稳定略有下降，从2006年开始稳步上升。

表3–4 1991–2020年西藏分行业在岗职工人数所占比重

年份	国有单位在岗职工人数所占比重	集体单位在岗职工人数所占比重	其他单位在岗职工人数所占比重
1991	92.9%	6.7%	0.4%
1992	93.4%	6.3%	0.4%
1993	94.5%	5.4%	0.1%
1994	93.1%	6.4%	0.5%
1995	92.9%	6.6%	0.5%
1996	93.0%	6.6%	0.3%

年份	国有单位在岗职工人数所占比重	集体单位在岗职工人数所占比重	其他单位在岗职工人数所占比重
1997	94.4%	5.2%	0.4%
1998	93.3%	6.2%	0.6%
1999	92.8%	6.5%	0.7%
2000	92.4%	6.8%	0.8%
2001	91.3%	7.2%	1.6%
2002	91.1%	6.2%	2.6%
2003	92.2%	5.0%	2.8%
2004	90.5%	5.3%	4.1%
2005	93.2%	3.8%	3.0%
2006	94.4%	2.5%	3.1%
2007	94.3%	2.0%	3.6%
2008	94.9%	2.0%	3.2%
2009	94.4%	2.8%	2.8%
2010	94.2%	2.7%	3.0%
2011	94.5%	2.8%	2.7%
2012	94.6%	2.5%	3.0%
2013	94.7%	2.4%	2.9%
2014	94.6%	1.9%	3.5%
2015	96.3%	1.3%	2.4%
2016	86.2%	1.4%	12.4%
2017	82.7%	1.1%	16.2%
2018	82.5%	0.9%	16.6%
2019	84.5%	0.8%	14.7%
2020	83.9%	0.7%	15.5%

数据来源：《西藏统计年鉴》

西藏集体单位在岗职工人数逐年下降，总就业人数中所占比重逐年降低。这可能原因有，西藏集体经济发展越来越差，吸纳就业能力有限；可能在西藏集体经济改制后，原计入集体经济的就业人数变为其他经济类型中的就业人数。除国有经济、集体经济的就业人数外，其他经济类型的就业人数逐年增长。在西藏就业人数中所占的比重也从 0.4% 增加到 15.5%，说明西藏除国有集体外的其他经济取得一定发展。这一变化可能与西藏促进其他类型经济发展利好政策有关。

实证分析过程。为方便分析经济增长与西藏就业之间的关系，先对后续使用的符号作一个说明，用Y代表西藏在岗职工人数，X代表GDP，其中：Y_t：第t期西藏自治区在岗人数合计；Y_{1t}第t期国有经济单位在岗职工人数；Y_{2t}：第t期集体经济单位在岗职工人数；Y_{3t}：第t期其他经济单位（非公有制经济单位）在岗职工人数。X_t：第t期GDP的值（单位：亿元）。

2. 西藏经济增长对就业总量影响。分析时间序列数据时为避免伪回归，首先要检验变量平稳性，使用stata15软件，采用ADF检验方法对变量进行单位根检验，结果如表3–5所示。

表3–5 ADF检验结果

变量	滞后阶数	检验形式	t–统计值	1%临界值	5%临界值	Prob.
Xt	0	(C,T,0)	9.522	–4.343	–3.584	1.0000
Xt	1	(C,0,0)	1.959	–3.730	–2.992	0.9986
Xt	2	(C,0,0)	–4.160	–3.736	–2.994	0.0008
Yt	0	(C,T,0)	0.040	–4.343	–3.584	0.9946
Yt	1	(C,0,0)	–3.222	–3.730	–2.992	0.0187
Y1t	0	(C,T,0)	0.040	–4.343	–3.584	0.9946
Y1t	1	(C,0,0)	–3.222	–3.730	–2.992	0.0187
Y2t	0	(C,T,0)	–2.147	–4.343	–3.584	0.5197
Y2t	1	(C,0,0)	–4.053	–3.730	–2.992	0.0012
Y3t	0	(C,T,0)	–0.929	–4.343	–3.584	0.9529
Y3t	1	(C,0,0)	–4.053	–3.730	–2.992	0.0012

注：检验形式（C,T,P）分别代表单位根方程中是否含有常数项、趋势项和滞后项

通过对表3–5分析发现，GDP序列是非平稳的，二阶差分后是平稳的，分经济类型在岗职工人数序列均是非平稳的，一阶差分后均是平稳的。因此可以认为在岗职工人数和ΔGDP_t均是一阶单整的，可以通过回归来分析二者之间的关系。故建立模型：$Y_{it}=B_{i0}+B_{i1}\Delta X_t+\mu_{it}$

其中 $\Delta X_t=X_t-X_{t-1}$：为 GDP 的增量，Y_{0t}：总的职工人数，Y_{1t}：国有单位的职工人数，Y_{2t}：集体单位的职工人数，Y_{3t}：其他经济单位的职工人数。根据单位根的检验结果显示，在岗职工人数与西藏 GDP 增量可能存在稳定的长期关系，故以 GDP 的增量为自变量，建立三个模型：

$Y_{0t=}B_{00}+B_{01}\Delta X_t+\mu_{0t}$

$Y_{1t=}B_{10}+B_{11}\Delta X_t+\mu_{1t}$

$Y_{2t=}B_{20}+B_{21}\Delta X_t+\mu_{2t}$

$Y_{3t=}B_{30}+B_{31}\Delta X_t+\mu_{3t}$

回归结果如表 3–6 所示。

表 3–6 回归分析结果

变量	（0）	（1）	（2）	（3）
	Y_{0t}	Y_{1t}	Y_{2t}	Y_{3t}
截距	145912	139482.7	9238.074	–2808.752
ΔGDP_t	955.8023	723.4271	–60.3502	292.7253
se	（81.7151）	(51.8696)	(8.8539)	(35.0199)
Prob.	（0.0000）	(0.0000)	(0.0000)	(0.0000)
R2	0.8352	0.8781	0.6325	0.7213

对于模型的适用性，需要检验两个变量之间是否存在协整关系，如果 $\{\mu_1=Y_{it}-B_0-B_1\Delta X_t\}$ 为平稳过程，则认为 $\{Y_{it},X_t\}$ 存在协整关系，代表两个变量之间长期的均衡关系，反之，则说明两个变量之间不存在稳定的长期关系。因此对上述四个回归模型的残差序列进行 ADF 检验。用 e_{it} 代表第 i 个模型的残差（i=0,1,2,3），对残差序列进行 (0,0,1) 形式的检验。检验结果如下表（表 3–7）所示：

表 3–7 残差序列的 ADF 检验

变量	t– 统计值	1% 临界值	5% 临界值	10% 临界值
e_{0t}	–2.707	–2.657	–1.950	–1.601

e_{1t}	−2.166	−2.657	−1.950	−1.601
e_{2t}	−1.615	−2.657	−1.950	−1.601
e_{3t}	−4.079	−2.657	−1.950	−1.601

在 5% 的显著性水平下，除 e_{2t} 之外，其他三个残差序列是平稳的，说明在岗职工总数、国有单位职工数和其他单位在岗职工数与西藏 GDP 增量之间存在稳定的长期关系，集体单位在岗职工数与西藏 GDP 增量之间没有稳定的长期关系。$Y_{2t=}B_{20}+B_{21}\Delta X_t+\mu_{2t}$ 之外，其余三个模型衡量格子变量之间的真实关系。

从回归结果可以看出：长期来看，在 1% 显著水平下，西藏 GDP 增量对在岗职工人数（总人数、国有经济单位、集体经济单位、其他经济单位在岗职工人数）的影响是显著的，且回归模型拟合优度较高，对在岗职工人数总量拟合达到 83.52%。说明西藏地区产值增量对就业有明显促进作用。具体来说，GDP 增量每增加一亿元，平均来看，在岗职工总数会增加 955.8 人，其中，国有经济单位在岗职工人数增加 723.4 人，其他单位在岗职工人数增加 292.7 人，集体单位在岗职工人数下降 60.3 人。从这个结果来看，经济增长对西藏就业的作用，国有经济单位最大，其他经济单位次之。

3. 西藏经济增长对就业增长速度的影响。考虑到西藏在岗职工人数中国有经济、集体经济和其他经济单位就业人数的量级不同，国有经济单位是十万的量级，其他经济单位是千级别的，总量分析不能全面反映经济增长对就业的影响，故建立双对数模型，分析经济增长率对在岗职工人数增长率的影响。

首先，我们对取对数之后的变量进行单位根检验，判断其平稳性，结果如表 3–8 所示。由结果可知，所有的变量均是一阶单整的。

由于变量都是一阶单整的，因此可以得出它们之间长期稳定的关系，结果如表 3–9 所示。四个模型解释变量在 1% 的显著性水平上均是显著的，其他经济单位回归方程拟合优度最高，达到 86.25%。具体来看，西藏地区生产总值每增长 1%，平均来看，总在岗职工人数增长 0.12%，国有经济单位在岗职工人数增长 0.11%，集体经济单位在岗职工人数下降 0.39%，其他经济单位在岗职工人数增长 1.07%。总的来看，西藏经济增长对就业拉动作用不明显，这与西藏经济模式和产业结构相关。

表 3–8 ADF 单位根检验结果

变量	滞后阶数	t– 统计值	1% 临界值	5% 临界值	Prob.
log（GDP）	0				
log（GDP）	1	–6.232	–4.352	–3.588	0.000
log（Y_t）	0				
log（Y_t）	1	–3.359	–3.370	–2.992	0.0124
log（Y_{1t}）	0				
log（Y_{1t}）	1	–3.342	–3.370	–2.992	0.0131
log（Y_{2t}）	0				
log（Y_{2t}）	1	–4.395	–3.730	–2.992	0.0003
log（Y_{3t}）	0				
log（Y_{3t}）	1	–6.939	–3.3730	–2.992	0.0000

表 3–9 回归结果

变量	（0）	（1）	（2）	（3）
	log(Y_t)	log(Y_{1t})	log(Y_{2t})	log(Y_{3t})
截距	11.4760	11.4748	10.6846	2.7193
log(GDP)	0.1249	0.1086	–0.3943	1.0671
se	（0.0208）	(0.0169)	(0.0372)	(0.0805)
Prob.	（0.0000）	(0.0000)	(0.0000)	(0.0000)
R^2	0.5632	0.5964	0.8002	0.8625

（三）非公有制经济是西藏富民惠民的重要力量。研究表明，西藏非公有制企业在增加农牧民收入，成为富民惠民重要途径，为提高人民群众收入水平、实现社会和谐稳定作出了突出贡献。很多非公有制企业既是解决就业的生力军，也是带领群众致富奔小康的领路人。调研走访部分非公有制企业中了解到有的非公有制企业通过投身光彩事业，为西藏农牧民配

备农机，增加其致富能力助推农牧民增收奔小康，日喀则亚美集团在2011年前后，每年就拿出三四十万元为村子每家配备一辆拖拉机，改变过去购买生活用品扶贫办法，使整村农牧民在外出务工时实现带机械竞争，通过机械入伙增加外出务工收入，实现整村致富，避免扶贫的返贫现象，发挥扶贫资金规模效应。有的通过兴办合作社，吸引农牧民入社，组建经济实体，引导产业发展，带领群众致富，阿里地区羌美村经济合作组织就是带动农牧民致富奔小康的典型。

专栏1

带动农牧民致富型的非公有制企业

——阿里羌美村经济合作组织

阿里羌美村经济合作组织起初是在原阿里地区盐湖乡羌麦村扶贫招待所基础上组建发展、后又发展扩大扶贫加油站、万村千乡综合商店和采石场等企业经营实体，经过成长发展，业务领域扩大，组织规模壮大，不仅为剩余劳动力提供较为广阔就业机会，成为带动农牧民群众脱贫致富的一条重要途径。阿里羌美村经济合作组织采取吸收农牧民群众自愿入股方式加入，由股民民主选举产生经济合作组织法人代表、监管员、会计员和各经营实体及部门负责人，保证监督整个经济合作组织正常运营和维护股民合法权益。已吸纳80户农牧民入股，从业人员发展到275人，每年平均返利50万元给入股农牧民群众分红。

增加农牧民群众经济收入始终是他们的经营理念与发展宗旨，能够带领全村群众共同脱贫致富是他们的奋斗目标。自阿里羌美村经济合作组织成立以来，先后帮助29户、116人走上富裕路，筹资156万元资金帮助部分贫困群众偿还贷款和度过难关。他们所经营的各类生产资料和商品价格公平公道，对维持西藏市场价格平稳和促进商品有效流通创造条件，也为农牧民群众生活质量和降低生产支出奠定基础，成为阿里羌美村经济社会发展中不可缺少的力量。

（四）非公有制经济是繁荣城乡市场和招商引资的主要领域。围绕搞活市场各项优惠政策，西藏非公有制企业在繁荣城乡市场领域的作用不断加强，招商引资，成为西藏招商引资主要领域。西藏唐蕃实业有限公司与全国500强企业—深圳研祥集团结为战略合作伙伴关系。2009年北京、上海、天津、江苏、浙江、广东、山东、辽宁、吉林、湖北、四川等11个省市工商联及30家著名非公有制企业负责人在藏考察，实地了解西藏经济社会和非公有企业发展，洽谈合作，集中举行项目对接洽谈和招商引资项目推介会，企业家会外对接洽谈60多人次，签订意向性协议金额11亿元。天津2009年开始援藏，两次工商联赴藏考察，先后捐赠287万元。上海2001年始援藏，非公有制企业捐赠510万元，开展沪藏两地企业家联谊、座谈。江苏1984年以来，援藏资金11.9亿元，非公有制企业占相当比重。山东在藏设立13家非公有制企业。四川宏达在藏设立天仁矿业公司。2010年瑞吉酒店、华泰龙矿业集团、娃哈哈绿色食饮品公司等一批非公有制企业落户西藏。2012年9月西藏财政厅下达8229万元扶持项目资金，邀请全国156家非公有企业开展“全国民营企业家拉萨行活动”。活动期间与28家企业签订28个项目，总投资312亿多元。开发区开工项目投资200亿元，投资总额600亿元。2013年西藏非公有制经济迎来新一轮发展，8月初西藏投资活动规模大，引进企业多，签约项目多，涵盖产业全国600多名企业家参加“中国光彩事业西藏行”活动取得丰硕成果，签约项目150个，总投资1086.42亿元。一些知名企业如中广核太阳能开发公司、新希望集团、科创控股有限公司、杭州娃哈哈集团等数百家企业纷纷抢滩西藏，千亿大单纷纷投向雪域高原，使西藏逐步成为企业逐财生利的“价值洼地”。签约项目涵盖西藏高原绿色饮品，文化旅游、民族手工业、新能源、建筑建材业、藏医药业等支柱产业。2017年我们暑期调研了解到，2016年是西藏投资热潮年，越来越多的企业、商家正把目光投向西藏，寻找新的商机和增长点，西藏不仅获得项目资金，而且获得先进理念，对西藏非公有制经济发展开拓了思路，转变了观念，拓宽了视野，增长了管理才干。与此同时，商业通行规则进入西藏，使之与其他省市更好对接，这是给西藏社会经济带来的最大变化。

本研究在 2017 年暑期开展的调研了解到，西藏非公有制企业融资渠道拓宽主要表现在：一是西藏商业银行快速发展。2015 年金融支持西藏地方经济社会发展作用凸显，有关部门先后与国家开发银行、建设银行等 10 家金融机构签订合作框架协议，民生银行、太平洋保险等金融企业在西藏设立分支机构，商业银行面向中小微企业信贷投入 436 亿元，“三农”信贷投入 163 亿元，民族手工业、藏药业等特色产业信贷投入 25 亿元。年末扶贫贴息贷款余额 70 多亿元；二是资本市场稳步发展，直接融资规模扩大；三是融资政策支持力度增强。经国务院批准，中国人民银行决定，2016 年 7 月 20 日，全面放开金融机构贷款利率管制。西藏同步全面放开贷款利率管制后，金融机构与客户自主协商定价空间将扩大。这一决定助力西藏非公有制经济实现“做精做强”梦想。一方面有利于促进金融机构采取差异化定价策略，降低企业融资成本，不断提高自主定价能力，转变经营模式，提升服务水平，加大对企业、居民的金融支持力度。另一方面，将促使企业根据条件选择不同融资渠道，随着企业越来越多通过债券、股票等进行直接融资，有利于发展直接融资市场，促进社会融资的多元化；为金融机构增加小微企业贷款留出更大空间，提高小微企业信贷获得性。

（五）非公有制经济是对外贸易的主力、推进改革开放和转变发展方式的重要力量。西藏非公有制企业充分发挥西藏资源优势，打出特色牌、优势牌、地方牌，加大产品出口力度，已成为西藏对外贸易的生力军。根据 2015 年至 2019 年暑期我们在西藏边境口岸及相关管理部门调研走访获得的情况，吉隆口岸、普兰口岸、亚东口岸（边贸市场）、日屋－陈塘口岸以及其他一些传统边贸市场，常年一般贸易和边境贸易中，基本上是由非公有制企业进行。西藏非公有制企业顺应国际国内经济形势不断变化，在国家和西藏有关政策鼓励支持下，以多种形式参与国有和集体企业产权改革，促进国有企业产权流动和资产重组，加速所有制结构调整优化，加快增长方式由粗放型向集约型、资金投入型向技术引导型、家族管理型向现代集团型转变。西藏涌现出以阜康药业为代表的层次高、定位准、规模大、技术新、管理优、效益好的非公有制经济集团，西藏非公有制企业加快转变发展方式成效初步显现（见专栏 2）。

专栏 2

转换经营方式型的非公有制企业

——西藏阜康医院有限公司

西藏阜康医药发展有限公司前身是阜康中西大药房，随着经营规模扩大和社会影响力提升，2003 年正式增资成立西藏阜康医药发展有限公司，注册资金 500 万人民币，在西藏自治区政府各项优惠政策扶持下和全体阜康人不懈努力下，经过不断创业成长，公司已发展成为集“药品销售、医疗保健、综合医院、物业小区”为一体的多元化经营实体，下设有阜康医院、阜康妇产儿童医院、阜康大药房、拉萨大药房、阜康综合大楼、阜康物业小区等八家分公司，员工人数 600 人，年营业收入亿元，上缴税款收 500 余万元。

加快经济发展方式转变是医药有限公司健康成长主途径，作为一个扬帆起航非公有制企业，始终坚持创新和加快发展同步并进，不断深化企业体制改革和加快经营方式转变。一是以党支部活动带动公司发展，做到“两手抓、两不误”。自 2008 年成立公司党支部以来，把充分发挥党组织凝聚力、先进性和带动广大员工为公司发展建言献策作为党组织活动一部分，以发挥党组织战斗堡垒与核心作用；二是根据行业发展变化，不断加强政策与形势研究，把握市场趋势和竞争规律，强化提升公司战略，实现公司发展能够与时俱进；三是以人为本，尊重人才，做到人尽其才，不断实现其价值，与公司成长和发展结合起来。四是热心公益事业，实现企业与社会同发展、共进步。公司成立以来，先后投入逾大量资金用于医疗救助、扶贫助学等各种慈善事业和履行社会责任。

阜康人坚信只有以习近平中国特色社会主义思想为指导，以加快经营方式促转变才能推动高质量发展，在市场经济中求发展，在社会发展中求进步是他们坚持不懈的奋斗目标，建设团结富裕文明和谐美丽的社会主义现代化新西藏是阜康人应有的责任与贡献。

（六）非公有制经济是促进科技进步大平台。为在激烈市场竞争中图存求变、做精做强，西藏非公有制企业在促进科技进步方面对于西藏加快转变经济发展方式尽快建成西部创新型省区具有积少成多、由量变到质变的奠基性意义。调研显示，从 2005 年到 2020 年西藏非公有制企业对于科技投入重视程度普遍提高，企业科技投入逐年增加，尤其在藏药研发和生产领域，众多西藏藏药生产企业在保持藏药优秀特质基础上，应用新技术，在生产技术创新方面加大投入，通过搭建藏药外用技术平台、藏药固体制剂创平台、质量标准研究平台、药理研究平台及专利平台，实现传统藏药生产和现代先进制药技术的融合，在带动藏药规模化、产业化方面探索新思路、新方法，构建以传统藏医药为依托，以知识产权为先导，以天然药物研发为主体，传统药物创新与现代创新药开发并行的藏药创新模式。推动藏药标准与现代医药标准接轨，推动藏药产业现代化进程。在西藏非公有制企业科技进步推进企业发展、企业发展支持科技进步创新大潮中，奇正藏药已经成为西藏科技创新促发展的典型。

（七）品牌创建特色发展基础不断夯实。调研显示，以藏药、食品等具有高原特色的一大批非公有制经济知名品牌，如“奇正”“藏缘”“高原之宝”“宁算”等逐渐走向国内外市场，深受消费者青睐和好评。2009年奇正藏药登陆深交所，标志着“奇正”品牌走出西藏，奇正藏药走上一条现代化发展的新路；2010年“藏缘”品牌青稞酒成功走进上海世博会，并成为西藏首家入选世博的特许产品；2013年9月28日，西藏“高原之宝”品牌企业成功入围“全国6家婴幼儿乳粉企业”，使西藏又一非公有制经济品牌得到其他省市消费者认可。以上这些企业仅仅是西藏非公有制经济品牌发展的一个缩影。在西藏的著名商标中，医药类商标占比最大，包括自治区藏药厂的甘露、西藏奇正藏药股份有限公司的宇妥·元丹贡布、西藏雄巴拉曲神水藏药厂的雪王山、西藏藏医学院藏药厂的彩伦、西藏昌都利民藏药厂的冈底斯峰、西藏藏药集团股份有限公司的卓攀林等。现代经济竞争是知识产权竞争，而商标又是知识产权和企业竞争力、区域竞争力重要组成部分。西藏开展中国驰名商标申报工作和西藏著名商标认定，商标作用日益凸显。在做好申报和认定工作的同时，西藏支持支柱产业的商标培育，利用西藏特色资源、有市场竞争力产品加大服务力度。

二、非公人士成长与组织建设

（一）代表人士成长。西藏非公有制经济代表人士成长主要表现为思想政治素质不断提升、科学管理能力不断加强与参政议政水平不断提高等三个方面。

1. 非公有制经济代表人思想政治素质不断提升。调研显示，2005年以来，西藏非公有制经济代表人士在推进非公有制经济发展壮大的同时，自觉加强学习中国特色社会主义理论体系，践行社会主义核心价值观，全面贯彻执行党的路线方针政策，自觉遵守国家法律法规，把自己和企业命运与党和国家紧密联系在一起，坚定不移走中国特色、西藏特点发展路子，涌现出一批政治上成熟、经济上有实力的优秀企业家。面对国际金融危机、“新冠疫情”、国内经济转型调整和经济增速明显放缓等不利环境，非公有制经济人士表现出勇于担当，坚持不裁员、不减薪、不欠薪，主动为人民分忧、为党和国家分忧。

2. 非公有制经济代表人科学管理能力不断加强。调研显示，2005 年以来，非公有制经济代表人士适应新形势要求，在非公有制企业发展过程中，加快企业改制步伐，建立现代企业制度，通过科学的管理制度，用制度管权、管事、管人，建立计划、财务、质量、成本、技术考核、劳动人事、原材料供给等企业内控制度，提高非公有制的企业运营效率和质量，非公有制企业已经成为西藏企业上市以及控股上市主力军。那些没有取得上市资格和没有实现控股的非公有制企业纷纷成立董事局，按照建立规范现代企业制度标准开展再造。

3. 非公有制经济代表人参政议政水平不断提高。调研显示，2005 年以来，西藏非公有经济代表人士在健全机制、创新方法、提高能力和水平上下功夫、做文章，在参与国家政治和社会事务中建言献策，紧紧围绕党和国家中心工作提出意见建议，不断提高参政议政水平。

（二）组织建设不断加强。西藏非公有制企业建设不断加强主要表现为工商联基层组织不断健全、非公有制经济党组织不断加强与非公有制经济工会组织不断完善等三个方面。

1. 工商联基层组织不断健全。西藏各级工商联自成立后，始终把自身建设当作一项重要工作任务来抓。工商联的自身建设紧紧跟随时代步伐，与时俱进，不断适应各级党委、政府对工商联工作的新要求，适应客观上不断变化着的会员和广大非公有制经济人士的实际。工商联自身建设不但在主动适应这种变化中逐步得到加强，而且促进工商联工作职能和服务意识不断开拓创新。特别是 2005 年以来，西藏工商联在区党委、政府领导下，自身组织建设取得巨大成就。

2. 非公有制经济党组织不断加强。2005 年以来西藏非公有制经济人士充分认识到非公有制企业党建工作与国有企业党建工作的巨大差异，确立只有理顺党组织的领导与各基层组织工作的关系、扩大党组织的覆盖面，才能实现党对非公有制企业的领导作用的理念，形成党建工作促进企业发展，企业发展促进党建工作的“两促进，两发展”的大好局面，创造性地开展党建工作，充分发挥党支部的战斗堡垒作用和共产党员的先锋模范作用，坚定不移地和非公有制经济人士、投资人同舟共济，全力促进企业健康稳定发展。

3. 非公有制经济工会组织不断完善。2005 年以来西藏非公有制企业适应改革开放历史大潮，转变理念，抢抓体制改革机遇，在工会工作中锐意进取，精于探索，在程序、方法、体制等方面不拘一格、创新务实，经费问题、组织形式问题、工会活动方式与开展活动时间问题，在坚持原则的同时表现出更大灵活性。

三、经验与问题

（一）主要经验。研究表明，西藏非公有制经济高质量发展积累和形成了以下经验。

1. 坚持习近平新时代中国特色社会主义思想为指引，充分发挥资源优势，把党中央关于发展非公有制经济高质量发展方针政策与西藏实际结合起来，解放思想，实事求是，创新发展，探索符合西藏区情的非公有制经济高质量发展之路，是西藏非公有制经济高质量发展的保障。

2. 坚定不移以促进非公有制经济高质量发展为核心，紧抓中央第五次、第六次、第七次西藏工作座谈会精神，西部大开发和“一带一路”倡议等重大机遇，调整非公有制经济产业结构，培育新增长点，充分发挥非公有制经济自主经营、机制灵活和市场竞争力强的优势，夯实非公有制经济高质量发展基础。

3. 坚定不移深化改革、扩大开放，充分发挥非公有制行业协会职能作用，优化投资环境，加大招商引资力度，加强区域合作，吸纳其他省市资金、拓展发展空间，是西藏非公有制经济高质量发展的前提。

4. 充分利用国家西部大开发和“一带一路”倡议的优惠政策，借助对口援助优惠措施，是促进西藏非公有制经济高质量发展的指南。

5. 非公有制企业重视社会公益事业，不断提升非公有制经济的社会责任意识，把实现好、维护好、发展好西藏人民根本利益作为非公有制经济高质量发展出发点和落脚点，千方百计扩大就业，多种渠道繁荣市场经济，使发展成果惠及广大人民群众，是营造非公有制经济高质量发展环境的关键。

6. 强化“以人为本，人才强企”理念，引进培养优秀管理人才和实用技能人才，建立积极向上人才竞争机制，提升非公有制企业员工素质，使其成为社会主义市场经济建设主力军与中坚力量，是提升西藏非公有制经济高质量发展实力和水平的基石。

（二）存在问题。研究认为西藏非公有制经济虽然取得了瞩目成就，也呈现出一系列阶段性问题：企业数量增长较快，但企业规模普遍较小；大型龙头企业的数量非常有限，对行业区域拉动作用不显著；非公有制经济总量不断扩大，但发展内生机制尚未形成；结构调整和转型升级意愿增强，但科技管理人才支撑基础不厚实；企业聚集效应初步显现，但企业区域分布不均衡；未来相当长一段时期，西藏非公有制经济要实现高质量发展，必须站在西藏发展全局和战略高度，着力解决困扰非公有制经济高质量发展的思想观念落后、规模不大、产业结构过度集中、基础设施不健全、资金约束大、总体素质不高、区域发展不平衡等突出问题。

1. 非公有制经济高质量发展思想观念有待更新。西藏非公有制经济高质量发展过程中，很多人士包括非公有制经济人士还受计划经济体制的影响，在行动中表现出思想不解放、观念陈旧，制约影响非公有制经济高质量发展。唯成分论、所有制关系的补充论、不同所有制成分机械数量论、所有制优越程度排座次论等论调影响着非公有制经济高质量发展，导致非公有制经济高质量发展存在体制内外两张皮现象。个别地方、个别部门对非公有制经济高质量发展不能一视同仁，对发展非公有制经济重要性认识有待提高。这些落后过时思想观念在一定程度和范围内束缚着西藏非公有制经济高质量发展和非公有制经济人士健康成长。

2. 非公有制企业规模不大、实力不强、地区发展不平衡。经过改革开放 40 多年尤其是 2005 年以来高速发展，西藏非公有制经济取得喜人成绩，对国民经济社会发展贡献增加，两个健康发展格局显现。但相对于兄弟省区市而言，尤其是与沿海省市非公有制经济发展较早、发达程度高的情况相比，西藏非公有制经济不仅总体规模不大，且单个企业规模体量普遍偏小。从行业分布看，西藏非公有制经济主要集中在第二产业中的工业和矿业、建筑建材业，以及第三产业中的旅游业、餐饮业、零售业、社会服务业，占西藏非公有制企业总数 90%，在能源、物流与仓储、通信、高科技、金融、市政公用、基础设施等领域涉入不够。这种行业分布特征既不利于西藏非公有制经济高质量发展和国有经济调整，也不利于西藏产业结构优化。

3. 制约非公有制经济高质量发展的基础设施瓶颈依然存在。近些年来西藏各级政府顺应经济社会发展，坚持规划先行，稳妥推进。道路、能源供应与基础设施建设均取得长足进步，为经济发展和社会进步创新环境、注入活力、夯实基础、搭建平台，也为非公有制经济高质量发展提供良好机遇。与此同时也要清醒地看到，基础设施建设与西藏经济社会发展需要之间仍然存在差距，能源供应实现总量平衡，但依然有较少区域还存在着不平衡和季节性。研究发现 2016 年之前的阿里和那曲市很多非公有企业在每年冬季和春季，河流进入枯水期后，都要因为断电而停产，停产期最长达 5–6 个月，能源短缺和季节性不平衡已成为非公有制经济高质量发展的重要障碍。

4. 非公有制经济发展融资难问题依然存在。西藏非公有制企业融资难是长期存在的老问题，非公有制企业融资渠道不畅，贷款困难，再加上服务企业发展的贷款公司、融资担保公司等金融机构尚不健全，资金短缺是制约非公有制企业高质量发展的瓶颈，主要表现在：第一，金融机构对非公有制经济发展融资支持力度有待加大。商业性金融机构作为西藏资金供给主渠道对非公有制企业融资还不够充分通畅。很多有效益的非公有制企业因无抵押担保，无法取得贷款。值得关注的是，国有商业银行在支持西藏地方经济发展过程中都曾受到不良信贷资产、甚至恶意逃废银行债务影响，金融部门判断企业信用履约意愿和还款能力最好依据是过去还款记录，西藏非公有制企业仍旧无法摆脱曾经的信用缺失或企业诚信瑕疵带来的负面效应，贷款管理权限上收或从严控制贷款发放，加大非公有制企业从国有商业银行获得贷款难度。区内国有商业银行对中小企业缺少有别于国有大中型企业差异化服务，难以满足非公有制企业以“短、小、频、急”为主要特点的融资需求，企业普遍存在“舍不得、用不起”的两难境地，村镇银行、小额贷款公司在西藏发展显得非常迫切。第二，担保机构不能有效缓解非公有制企业融资难题。2015 年西藏担保机构仅有 7 家。而财信担保公司不以盈利为目的，主要是为西藏中小企业融资、贷款提供担保服务。资本金缺口很大，急需增资扩股和区财政投入增大资本金，完善配套政策。第三，政府扶持非公有制企业发展力度有待提高。财政每年投入资金支持非公有制企业改制技改，政府扶持政策措施，一定程度上缓解部分非公有制企业融资难，但在具体融资过程中存在明显行业倾向性，而且主要扶持龙头型非公有制企业，对大多数非公有制企业辐射作用有待提高。第四，小型非公有制企业很难参与直接融资。小型非公有制企业本身特殊性决定其很难通过资本市场进行直接融资；由于现阶段证券市场发行制度不健全造成包括中小板和创业板在内的整个证券市场基本上与小型非公有制企业无缘，直接融资概率低。第五，民间借贷加重企业负担。由于银行贷款门槛高，加上有的企业没有资产作抵押，大多数非公企业很难从银行获得贷款，无奈之下只有另辟蹊径。企业融资渠道主要是民间借贷，月息基本在 1–3%，有时高达 5% 以上，其总量不小于当年从金融部门所取得贷款总额，这类融资方式存在三个方面明显缺陷。一是利息高，企业难以承受，加重负担；二是单笔融资额度小，杯水车薪，融资额难以达到企业急需资金量；三是企业发展过程受到挫折将面临借贷人反复催债压力，雪上加霜。

5. 政府服务非公有制经济高质量发展职能转变尚未完全到位。西藏非公有经济高质量发展中，部分鼓励支持引导非公有制经济高质量发展的政策还停留在宏观层面，一些决策层和执行部门在非公有制经济发展上还存在“热、冷、乱、狠”——决策招商者热、市场审批者冷、管理执行者乱、执法监督者狠等问题，重国企轻非公有制、重大轻小、重外轻内现象在一些职能部门广泛存在；已有很多优惠政策未能充分落实；政府多元化服务较少，对非公有经济制约比对公有制经济制约大，在处理公有制经济审批中出于需要放宽尺度、实行倾斜政策；服务功能不完善，履行经济管理职能中存在对经济活动的过度干涉，内资非公有制企业合法权益不时遭受侵犯；服务组织主要为国有企业、大中型企业服务，为中小企业服务的服务体系远未建立起来；非公有制经济没有形成完善的全方位的、多层次的监管体系，一些重要领域存在监管滞后和监管真空；现有服务非公有制企业的政府职能部门间协调机制不顺畅，信息不对称，资源难共享，非公有制经济部门作用发挥不充分，全社会支持帮助非公有制经济高质量发展力量尚未有效整合，存在职能交叉、管理多头、服务缺位等问题。

6. 扶持政策落实有待提升。各部门贯彻落实中央鼓励支持非公有制经济发展政策措施滞后，政策措施针对性不强，配套措施不具体，缺乏可操作性，有关部门执行中存在落实不够、工作不到位。配套措施不到位、财税支持力度不足、一些地方或部门规章滞后，在市场准入方面存在许多看得见、进不去，一进就碰壁的“玻璃门”现象，导致小型非公有制企业认为扶持政策是“看得见，摸不着”。主要表现在行政部门和行业、公用事业和基础设施领域。非公有企业土地征用、人才引进、信息获取、户籍管理等仍存在不公平待遇；政府前置审批项目设置过多、过滥，且缺乏监督协调；在执行环节存在准入审批程序不透明，标准不完备、不公开障碍。

7. 非公有制企业自身素质需提升。西藏非公有制企业由于在起步阶段普遍资金不足、人才缺乏、技术水平低、生产压力大，一般都无暇顾及规范管理，总处于低水平重复，难以有序实现经营规模扩张和飞跃；区内有相当一部分从事水泥、采矿、民用建筑、民族特需产品等行业的非公有制企业由于技术装备和工艺落后，存在严重资源利用率低、能耗高、环境污染重、经济效益差问题；西藏非公有制企业存在家族式管理，制度不健全不规范；不少小型非公有制企业账簿不健全，没有专业财会人员或分工不明确，有的甚至连生产成本、销售成本、财务成本都搞不清楚，潜在决策和管理风险大。研究显示，西藏非公有制企业普遍存在基础弱、起点低、科技含量低、产值低的一弱三低问题。

第四章　西藏非公有制经济发展的产业选择与定位

第一节　西藏非公有制经济组织与定位概况

西藏非公有制经济高质量发展必须坚持统筹推进“五位一体”的总体布局和协调推进“四个全面”的战略布局，贯彻落实好新发展理念，坚持市场作用和政府作用协同发力，坚持产业发展和生态保护和谐共生，全面提高发展质量和效益，推进供给侧结构性改革，强化创新驱动引领，加大改革开放，大力推动西藏非公有制经济高质量发展。

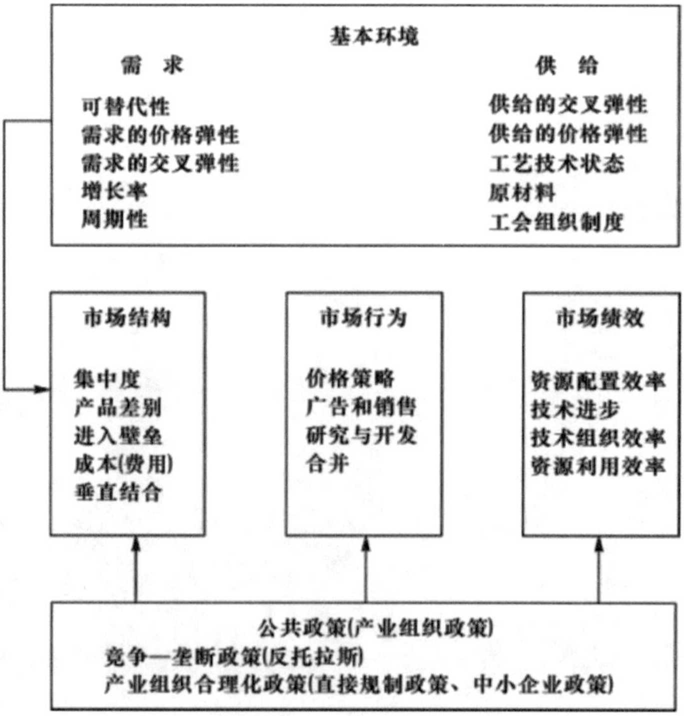

图 4-1 产业组织 SCP 分析方法

一、西藏非公有制经济组织与产业结构理论

（一）西藏非公有制经济组织理论。产业组织是指同一类产业内部各企业之间的关系。具体来说，就是市场交换关系、竞争和垄断关系、市场占有关系、资源占用关系。图4–1按照产业组织SCP分析方法，分市场结构、市场行为、市场绩效三方面对西藏非公有制经济组织进行简要理论分析。

1．西藏非公有制经济市场结构。市场结构的核心内容是壁垒问题，能够自由进入和退出市场是一个企业竞争力的源泉。这既是产业组织理论的内容，也是科学制定西藏产业组织引导政策的理论依据。第一，西藏非公有制组织进入市场方式分析。根据西藏特殊市场环境及西藏非公有制经济特殊经营方式，西藏非公有制经济进入市场系统通常有三种方式：一是模仿型进入，即全部或部分复制已有企业经营活动。面对西藏进入壁垒不高、相关产业生产技术比较成熟、消费者偏好基本稳定的市场环境，这种进入方式比较合适。然而从整个产业角度看，这种进入对西藏市场结构及演进不会产生太大影响。二是创新型进入，即进入者一开始就以产品差异为战略支撑与已有企业展开竞争。在西藏某些新型市场，对消费者而言产品差异比价格更重要，此时创新竞争优势明显。创新进入方式为市场引入新产品，拓展竞争空间，对未来市场发展方向、发展速度及市场结构演进和消费者选择都会产生积极影响。第二，西藏非公有制组织面临市场进入壁垒分析。西藏非公有制经济面临市场进入壁垒有结构性壁垒、策略性壁垒、政策性壁垒。其中，一是政策性壁垒由法律、制度和法规等原因引起，对非公有制经济布局影响大。为提高西藏非公有制经济规模和行业分布，结合国家产业政策，取消针对非公有制经济行业的发展限制，为西藏非公有制经济高质量发展创造广阔空间。近几年自治区出台一系列鼓励支持非公有制经济发展的政策措施，取消下放合并60%以上行政审批事项，出台改善经济发展软环境的意见，成立光彩招商领导小组，对外承诺凡是国内省区能够提供优惠条件，西藏提供且更加优惠；凡是国家法律法规规定的

投资权益，西藏依法保护；凡是需要各级政府解决困难问题，西藏都解决。切实做到全面放宽市场准入。

2．西藏非公有制经济市场行为。市场行为即企业在根据市场供求条件充分考虑与其他企业关系的基础上，为获取更大利润和更高市场采取的战略行动。以下分定价行为、非价格行为、企业组织调整行为三个方面分析西藏非公有制经济市场行为。第一，定价行为。进入阻止定价行为。西藏某些行业，因为技术、规模经济原因具有一定垄断因素，这些行业的企业会采取适度降低产品价格以阻止新企业进入，确保可以获得垄断利润。价格协调行为，即指企业之间在价格决定和调整过程中相互协调、共同行为。这种行为一般发生在没有政策限制但企业数量较少的某些行业。第二，非价格行为。企业非价格行为是通过研发 (R&D) 及产品促销使产品具有差异性，从而获得较高利润，除此之外还包括不合理排挤行为。西藏非公有制经济应加大研发力度，尽量利用产品差异化实现自己利润最大化。第三，组织调整行为。企业组织调整行为主要表现为企业合并，它是指两个或两个以上企业变成一个企业的组织调整行为。从合并过程看，合并可分为融合合并和吸收合并。从合并的产业领域看，企业合并分为水平合并、垂直合并和混合合并。我国推动产业升级大背景下，西藏非公有制经济要实现高质量发展，应加大垂直合并和混合合并，重点打造非公有制经济龙头企业，以龙头带动整个非公有制经济产业提升优化。

3．西藏非公有制经济市场绩效。第一，资源配置效率。资源配置是市场经济主要功能，产业资源配置效率是评价市场绩效最基本指标。西藏市场体制是我国社会主义市场经济体制不可分割的部分，通过考察市场竞争程度考察市场资源配置的效率。西藏独特地理、气候条件，特别是受交通条件和观念限制，很多偏远地区某些行业事实上已经出现一定程度垄断，竞争性因素受到限制，应大力改善交通条件，拓展非公有制经济空间布局，增强人民群众，特别是偏远地区农牧民市场意识，提高西藏通过市场经济配置资源的效率。第二，企业内部效率。企业内部效率即尽可能将成本保持在最低水平。应该说因为竞争不强、人才储备等原因，西藏非公有制经济组织内部管理水平低，特别是占比大的家族式企业，经营管理处于混乱状态。第三，产业技术效率。产业技术效率原则是一个产业所有产品必须由最具效率的规模厂商提供，产业技术效率不高的一个重要表现是生产能力过剩。西藏非公有制经济应从自身发展出发，参与国家节能减排，淘汰落后产能，进行供给侧改革，主动升级产业水平，增强企业科技创新能力。第四，技术进步。技术进步是经济增长的基本源泉，也是测量市场绩效的尺度之一。西藏非公有制经济技术水平相对落后，研发能力有限，但仍应尽可能加大对新技术使用，大厂商和小厂商作用经常是互相补充和联系的，小厂商常随着发明、革新出现诞生发展，之后成长为大厂商。

（二）西藏非公有制经济产业结构理论

1. 西藏非公有制经济产业结构类型。根据三次产业分类法分类，西藏非公有制经济主要集中在第二产业和第三产业。按照产业之间比例关系状况不同，产业结构可分为协调型和失衡型两类。西藏非公有制经济存在一定结构失衡问题，表现为产业之间数量比例失调、投入产出失衡，某些产品过剩或短缺或并存，对国民经济长期发展和效益提高产生不利影响。按照产业发展程度、技术水平、生产要素密集度、加工程度和附加值不同。西藏非公有制经济主要存在于技术落后产业、劳动密集型产业、加工度比较低和附加值比较小的产业，属于初级产业结构。

2. 西藏非公有制经济产业结构与经济发展。产业结构与经济发展关系密切，产业结构状况及演进对经济发展影响作用主要表现在：第一，西藏非公有制经济产业结构改善是经济发展重要组成部分，对经济总量增长、经济结构改善和人民生活质量提高有重大影响；第二，西藏非公有制经济产业结构状况是经济发展水平重要标志，产业结构优化程度高低是经济发展水平高低的主要标志；第三，西藏非公有制经济产业结构改进是西藏经济协调和高质量发展的必要条件；第四，西藏非公有制经济产业结构状况是其经济效益决定因素；第五，优化西藏非公有制经济产业结构是促进西藏经济高质量发展的强大动力。

二、西藏非公有制经济主导产业与产业发展趋势

（一）西藏非公有制经济所处发展阶段

1. 产业结构演进与工业化发展阶段。产业结构演进被分为五个阶段。西藏非公有制经济基本处于工业化初期，第一产业产值比重逐渐缩小，第二产业有较大发展，工业重心从轻工业主导型逐渐转向基础工业主导型；第三产业有一定发展，但在国民经济中比重比较小。参与整体产业提升，利用国家产业扶持政策，促进西藏非公有制经济实现高质量发展。

2. 从主导产业转换过程看。西藏非公有制经济处于以低度加工组装型工业为主导，同时原料工业和燃料动力工业占一定比重阶段。参考主导产业转换理论，西藏非公有制经济应加大高新技术应用，改造传统工业，大力发展第三产业，加快大数据、人工智能等信息产业发展，实现弯道超车。

3. 从三大产业依次替代特征看。在第一产业内部，西藏非公有制经济产业结构正从技术水平低下的粗放型农业向技术要求较高的集约型农业转变，应创造条件加快向生物、环境、生化生态等技术含量高的绿色农业、生态农业转变；在第二产业内部，非公有制经济产业结构正从劳动密集型向资本密集型转变，应加大支持力度加速非公有制经济向知识（技术）密集型转变；从市场导向角度看，西藏非公有制经济依然处于封闭型状态，应加强与其他省份的经济联系，参与“一带一路”倡议建设，尽快向出口导向型及市场全球化方向演进；在第三产业内部，产业结构由传统型服务业向多元化服务业、现代型服务业转变，应用新技术，提升创新能力，向信息产业知识产业方向演进。

（二）西藏非公有制经济产业结构高度化

产业结构高度化具有以下特征：高度加工化；高附加值化；技术集约化；知识化；服务化。产业结构合理化具有如下特征：各大类产业之间、各大类产业内部的具体产业部门之间数量比例平稳，投入产出均衡，生产能力能够充分发挥，社会扩大再生产能够顺利进行；产业结构与需求结构相适应；产业结构与资源结构相协调；产业类型构成恰当。除此之外，西藏非公有制经济在高度和合理性两方面都不尽如人意，还有很大的提升空间。

（三）西藏非公有制经济产业结构优化机制与措施

1．西藏非公有制经济产业结构优化机制。首先，以市场机制为基础。实践证明，在现有生产力水平下市场机制是比计划机制更为有效的资源配置方式。因此产业结构优化机制应以市场机制为基础。其次，提升政府对非公有制经济的服务和治理能力。由于市场机制存在事后性和盲目性，为弥补不足，产业结构优化需要政府辅之以必要的调节控制。为此应按照中央部署，全面提高西藏政府对非公有制经济的各项服务和治理能力。

2．西藏非公有制经济产业结构优化措施。根据以上分析，可得出西藏非公有制经济产业结构优化可采取措施：正确选择主导产业，以更好带动其他产业高质量发展、促进产业结构升级、合理调整产业结构、纠正比例失调结构失衡偏差，促进产业结构合理化；鼓励技术创新，推动技术进步，提高产业结构技术水平，促进产业结构高度化；实行制度创新，为市场机制充分发挥作用和产业发展奠定良好制度基础，保证产业结构优化；制定合理产业结构政策，区别对待主导产业、弱小产业、新兴产业、衰退产业。

（四）适合西藏的非公有制经济优势特色产业

选择适合西藏非公有制经济优势产业和特色产业需要遵循以下原则与方法。首先，全面深入调查研究。选择产业必须从实际出发，全面了解各产业发展情况。调查研究包括两方面：一是市场调查研究，以便了解各产业供求情况、变动趋势、市场前景；二是产业调查研究，以便了解各产业过去、现状和发展趋势。其次，以科学的产业经济理论作指导。如果不掌握产业发展规律，不知道产业演进趋势，就不能确定产业选择标准，无法判断什么是新兴产业、先导产业。再次，从西藏区情的特殊条件出发。产业选择必须从西藏区情条件出发，综合考虑资源禀赋、产业演进和经济发展阶段、技术水平、劳动力素质、市场需求、比较优势、后发优势等情况，选择更有条件、更适合西藏需要、效益更好、更有前景的产业。

第二节　西藏非公有制经济产业选择与定位

一、西藏非公有制经济产业选择与定位的优劣势

（一）西藏非公有制经济产业选择与定位的优势

1. 特色优势。如前所述，西藏面积大、山川大、草场大；林多、水多、矿多构成西藏非公有制经济发展的特殊自然条件。西藏面积大，是全国传统的五大牧区之一，草场面积大，森林面积大，活立木蓄积量居全国第一。水能资源 2 亿千瓦，可开发利用水能 1.25 亿千瓦，均居全国第一。已发现矿种 102 种，12 种居全国前 5 位，发现矿床、矿点及矿化点 3000 处，其中铜矿资源居全国第一。另外西藏拥有特殊文化，特殊的地理风光，特殊的物产。这些特色优势为西藏非公有制经济高质量发展奠定独特基础。

2. 政策优势。改革开放以来，中央先后召开七次西藏工作座谈会，确定西藏是重要的国家安全屏障、重要的生态安全屏障、重要的战略资源储备基地、重要的高原特色农产品基地、重要的中华民族特色文化保护地和世界旅游目的地，也是面向南亚开放的重要通道。西藏非公有制经济可以享受特别针对西藏制订的税收优惠政策、财政补贴政策和政府购买政策，以及兄弟省份援助政策。这些构成西藏非公有制经济产业选择和定位的政策优势。

3. 基础优势。经过多年发展西藏非公有制经济在产业布局、产业创新等方面和其他省份相比还有不足，但也取得很大成就，为加速推进西藏

非公有制经济高质量发展奠定了较好的基础。首先，三次产业结构从2010年的13.5:32.3:54.2调整为2019年的9.4:39.3:51.4，结构优化。农牧业综合生产能力稳步提升。农牧业生产基础不断夯实，全力推动青稞增产、牦牛育肥工作，粮食产量104.69万亩万吨，建设70万亩高标准农田，农产品自给率提高。农畜产品加工企业总产值48.91亿元。其次，工业经济持续发展。2019年，西藏第二产业增加值635.62亿元，比上年增长7.0%。其中，全部工业实现增加值131.72亿元，增长5.1%。工业品产销衔接良好，工业销售产值比上年增长2.4%。工业品产销率为100.9%。再次，服务业呈多元化发展态势。旅游产业龙头地位提升，2019年，西藏累计接待国内外游客4012.15万人次，实现旅游总收入559.28亿元，同比增长19.1%和14.1%。全年社会消费品零售总额649.33亿元，比上年增长8.7%。第三产业从业人员占西藏从业人员比重超过71%。

科技创新活力持续激发。2019年，落实国家、自治区的研发、“双创”、人才等方面经费2.71亿元，其中，自治区重点科技计划投入1.03亿元。科技对经济社会发展贡献率不断提升，为推动高质量发展，确保如期实现小康社会建设目标提供有力支撑。财政科技投入、高新技术企业研发投入分别增长23%和19%。重点科技计划项目深入实施。建成9个国家级企业技术中心和工程实验室，建立青稞、牦牛、绒山羊、藏药材等长期稳定支持农牧业科技成果转化和示范点70个，西藏科技成果展示平台（科技超市）建成开放。重组人脑利钠肽研制与产业化等5个项目提名2019年度国家科学技术进步奖，西藏专利授权量2995件。产业规模壮大，供给能力提升。农牧业产业化发展步伐加快，主要农畜产品基本自给，高原特色农畜产品加工基地基本建成。二产、三产继续保持较快增长，清洁能源体系初步建成，2019年底，西藏水电等清洁能源外送16.53亿千瓦时，是2018年1.96倍。藏药业标准化、集约化、规模化水平提升。民族手工业实现精品化、特色化发展。金融业服务带动能力提升，西藏年接待游客超过4000万人次、年增长19%以上，旅游总收入突破559亿元，社会消费品零售总额快速增长。优势品牌增加，市场影响力扩大。实施品牌发展战略，强化"世界第三极""人间圣地""西藏好水""绿色西藏"效应，加强品牌培育，开展价值评价，引导企业完善品牌管理，打造一批国内具有影响力的"藏"字头品牌。重点在天然饮用水、高原生物、旅游文化等领域培育1–2个全国知名品牌。

4. 西藏参与"一带一路"建设的地缘优势。西藏地处我国西南边疆，与印度、尼泊尔、缅甸、不丹等国接壤，有独特区位优势和地缘优势，历史上就是我国与南亚各国交往的重要门户。"一带一路"倡议提出以来，西藏面向南亚开放区位的优势凸显。设施联通方面，西藏近年推进口岸基础设施建设，联接中尼边境贸易的吉隆已建成国际公路口岸；中尼两国签署跨境铁路合作协议，"兰州号"南亚公铁联运国际货运列车和粤藏中南亚班列等累计开行十多列；中尼陆上跨境光缆开通，尼泊尔正式接入中国互联网服务；西藏航空企业在尼泊尔投资组建喜马拉雅航空公司，开通多条国际航线，打造一条跨喜马拉雅"空中走廊"。在贸易畅通建设方面，西藏成立南亚标准化（拉萨）研究中心，探索设立拉萨综合保税区，启动中尼跨境经济合作区建设，鼓励企业参与"一带一路"框架下的投资合作，累计投资额2.8亿美元；乃堆拉中印互市贸易迎来突破性增长，2018年西藏进出口贸易额48亿元，其中，边民互市贸易额突破1亿元，同比增长1.8倍。在民心相通方面，近年西藏已成功举办4届中国西藏旅游文化国际博览会、3届"中国西藏发展论坛"、2届环喜马拉雅"一带一路"合作论坛、南亚标准化论坛等国际交流活动，组织代表团参与中国西藏文化·加德满都论坛活动，拉紧西藏与"一带一路"参与国的友谊纽带。

（二）西藏非公有制经济产业选择与定位的劣势。

西藏非公有制经济产业选择与定位的劣势具体表现在以下几方面：

1. 受地理气候制约较大。西藏地广人稀，气候恶劣，交通条件差，空气稀薄，这给非公有制经济发展带来困难，导致非公有制经济产业分布在空间上主要集中在拉萨等人口稠密、经济发达中心城市；在行业上主要分布在第二产业的矿业、建筑建材业及第三产业中的旅游业、餐饮业、零售业、社会服务业，在能源、物流与仓储、金融、市政公用、基础设施等领域基本没有涉足或涉入不够。

2. 人才储备不足。首先，人才储备不足是制约西藏非公有制经济高质量发展的重要方面，主要表现在：人才匮乏，结构不合理。调查显示，西藏非公有制经济中有大学专科以上学历占 28.41%；具有职业资格仅占专业技术人才 20.51%。其次，中高级专业技术人才、职业经营管理人才缺乏，特别是既懂专业技术又善于经营管理的中高级人才缺乏。企业人才青黄不接压力凸显。区内非公有制经济企业 70% 以上的骨干人才是从改制国有、集体企业中挖过来的，以退休、下岗为主，平均年龄在 50 岁左右。再次，企业人才培养不得力。数据统计，企业主对人才非常渴求，但在自身开发培育人才方面则非常谨慎。80% 企业没有成立人力资源部门，或没有专人负责此项工作。除此之外，外流严重，队伍不稳。企业人才流出量大，流入量小，在人才建设上存在“三难”问题：缺乏吸引力，导致区外人才难引进；缺乏凝聚力，导致人才难留住；缺乏驱动力，导致现有人才难使劲。

3. 参与国内国际分工有限。由于地处内陆且海拔高，与国内其他省份和国外经济联系弱，导致不能广泛参与国内国际分工。对内对外开放程度低，出口市场单一，出口商品竞争力弱，对西藏经济增长拉动作用有限。这导致西藏非公有制经济初级性、依赖性、粗放性特征明显。产业总体层次低、规模小、初级特征明显。

4. 非公有制经济组织融资难。西藏非公有制经济组织的民间企业普遍存在因为管理不规范、制度不健全，手续繁琐、费用高、担保体系不健全等原因出现贷款难问题，90% 以上非公有制企业没有与银行打交道。2017 年 1 至 7 月拉萨市民间资金到位资金 52.3 亿元，自筹资金 45.5 亿元，占全部到位资金 86.9%，比 2016 年略有降低，仍然是最主要的资金来源。

其他地市存在类似现象，说明银行贷款增长对民间投资建设项目投资增长贡献有限。

5. 科技含量与科技贡献率低。因为市场经济不足、人才储备不足、以及所处产业特征原因，西藏非公有制经济组织普遍存在科技含量与科技贡献率低的实际问题，2014 年，西藏非公有制经济组织户均专利仅 1.67 项，户均商标 0.15 项，极大阻碍西藏非公有制经济产业升级和深入优化。

二、西藏非公有制经济产业选择与定位对策建议

（一）大力发展高质量民族特色产业。西藏特色是非公有制经济高质量发展优势之一。西藏非公有制经济高质量发展应聚焦优势，走特色发展之路，正确处理好发挥优势和补齐短板的关系，突出绿色健康和区域特色文化特色。围绕特色旅游资源，打响“世界第三极”“天上西藏”的品牌。围绕绿色独特优势，打造特色品牌。围绕民族手工业技术改造和新产品开发，西藏音乐、出版、影视、演艺开发，打造西藏文化品牌。

1. 发展高质量民族特色手工业。首先，应突出名、优、特、精、新等一些主要特点，巩固传统产业优势，以唐卡、藏香、藏毯、金属制品加工为重点，围绕提质升级、塑造品牌、改进工艺、规范标准、人才传承，打造一批民族手工业示范园区，加强传统工艺传承弘扬，推动民族手工业创新发展，推动民族手工业上档次、上水平。其次，推动民族手工业精品化、品牌化。提高民族手工业生产工艺和产品设计水平，适当引入现代化工业生产管理模式，稳步提高产品质量，打造精品。不断挖掘民族手工艺品文化内涵，打造民族特色品牌。鼓励发展手工业地理标志产品。完善传统工艺、技艺认定保护制度。再次，创新传统民族手工业商业模式。推广定制生产模式，采取电子商务营销模式，拓宽市场营销渠道，促进旅游、文化产业相融合，突出区域特色。加强对特色手工艺和传承艺人保护培养。充分发挥民族手工业行业协会作用，加强保护西藏特色手工艺传承艺人，提高手

工艺传承艺人奖励标准，制定手工艺传承艺人培养计划。

2. 发展高质量特色旅游文化产业。西藏非公有制经济可利用自身优势，重视淡季旅游产品开发，重点围绕特色民俗节庆、乡村旅游，开发冬季旅游产品，发展以农家乐、藏家乐、休闲度假、登山探险、藏医药康养等为代表的乡村旅游产品。针对游客旅游目的差异，打造一批定制化、个性化高端旅游产品，开发适合大众的消费旅游产品。打好特色牌、走好高端路、建好精品区，结合西藏优秀文化底蕴、核心要素，全面提升西藏旅游文化产品品位，延伸旅游文化产业链，提高旅游文化综合效益，扩大非公有制经济对外开放水平。中小非公有制旅游企业及业外非公有制企业应参与旅游业“大众创业、万众创新”。可与国营旅游公司合作，参与国营旅游企业产业链，建设全国生态经济建设示范区，建成一批独具特色的、个性鲜明生态旅游地。利用非公有制经济产业分布广泛的优势，推动旅游文化产业与其他产业融合发展。推动旅游与文化、农牧业、林业、工业、互联网、文化创意、体育、会展等产业及新型城镇化、美丽乡村建设、精准扶贫融合。推进旅游风景、度假区、旅游产业集聚区、自驾车旅居车营地、研学旅游基地、森林康养旅游基地等新兴旅游业态建设。深挖西藏文化内涵与品牌价值，推动“西藏文化 + 农牧业”“西藏文化 + 旅游业”“西藏文化 + 民族手工业（金银铜器生产、木器生产、纺织品生产）”发展，将文化与艺术、创意设计、动漫影视、新媒体文化创意产业融合，提升西藏文化特色产品附加值，促进非公有制经济的产业转型升级。扩大区域旅游合作。加强区内各地市旅游业合作，推动旅游资源、产品、市场和信息共享，实现旅游业发展资金流、技术流、客流、消费流、信息流、人才流畅通。融入“一带一路”倡议布局，优化与青藏铁路沿线及周边省份旅游，开展多层次国际旅游合作。

3. 发展高质量特色生物产业。首先，西藏非公有制经济高质量发展应发展特色农畜产品加工业、特色藏药和生物医药健康产业，做大做强做优藏药产业，做精做优特色农畜产品加工，打造高原特色生物产业品牌。提品质、树品牌、培育龙头企业、全面提高产业化经营水平。其次，大力发展具有鲜明特色的、生产工艺先进的、有资源开发优势的农畜产品加工业。延伸产业链、供应链和价值链，促进农畜产品加工从初级加工向精深加工转变，提升产品附加值，壮大品牌效应，打造高原特色农林畜产品非公有制经济高质量发展基地。利用政府支持政策，与科研院所和院校合作，提升特色农畜产品加工技术研发和转化能力。树立品牌化、标准化、特色化发展理念，打造高原特色、绿色品牌。实施品牌、标准化战略，严控质量安全、加强推介宣传。建立全程质量监控体系，形成一批科技含量高、附加值高、适销对路、知名度高、质量好安全过硬的西藏非公有制经济高质量发展的高原特色农畜产品品牌。再次，构建新型农业经营体系，非公有制经济参与建立农牧民合作社、家庭农牧场，加强与农牧民、种养大户合作。立足区外市场，加强区外开拓，搭建“线上线下”电商营销平台和农畜产品对内对外推行市场流通体系。

同时，充分利用西藏独特中藏药材和生物资源、无污染自然环境及丰富的文化资源，传承保护藏医药文化，围绕藏医药、生物医药、保健品、医疗服务、健康管理、养生保健打造藏成药知名品牌，加快生物制药和大健康产业发展，拓展藏药和生物医药产业市场空间，建成一批非公有制经济的高原生物医药产业创新中心。除此之外加强藏药、生物医药及保健品生产。促进藏药生产技术和产品升级，重点二次开发“三效”“三小”“五便”。“三效”“三小”“五便”指药剂的高效、速效和长效，剂量小、毒性小和不良反应小，服用方便、携带方便、生产方便、运输方便和储藏方便的优良藏药。研究开发生物制品加工技术、生物成分提取技术，从具有西藏地域特色植物资源中提取相关成分深加工。

（二）加快发展高质量绿色环保产业。绿水青山、蓝天白云、冰天雪地是西藏的名片，绿色环保产业符合国家产业政策，西藏非公有制经济应发挥优势，参与打造具有西藏特色的高质量绿色环保产业。坚持以产业发展与生态保护和谐，正确处理好保护生态和发展非公有制经济高质量发展关系，坚持在保护中开发、在开发中保护，执行最严格环境保护制度，加快推动形成西藏非公有制经济绿色发展方式。

1. 发展绿色健康农牧业。依托优势区域、优势资源，以提高农业综合生产能力、市场竞争能力和可持续发展能力为重点，加快调整供给结构，促进优势农牧业优先发展，着力推进现代农牧业进程，打造高原绿色农林畜产品基地和产业带。首先，提高绿色农畜产品供给能力和产品品质。稳步提升青稞、牦牛、蔬菜、茶叶等大宗农畜产品供给能力。大力实施青稞增产工程，着力提高青稞单产，增加附加值、延伸产业链，加强产品营销、加工等，形成牦牛繁育、养殖、示范与培训标准化、规范化生产体系，牦牛个体生产性能与生产效率总体上得到显著提升。其次，稳步推进黄牛改良，加快奶业基地建设，全面推进藏猪产业发展。通过培育优质新品种，有效提升青稞、牦牛、蔬菜、茶叶等大宗农畜产品品质和附加值。再次，打造休闲农业。将农牧业和乡村旅游资源结合起来，打造以藏中农耕文化、藏东南森林生态景观、藏西北游牧文化与草原生态为特色休闲体验式农业。重点发展一批集农业生产、农耕文化深度体验、自然风光欣赏、产品加工销售一体化的多元化休闲农业与乡村旅游聚集区和精品线路。

2. 发展天然饮用水产业。西藏非公有制企业应利用区内水资源优势，以要素整合、品牌培育、完善产业链为重点，突出生态优先、合理定位目标市场，发展差异化饮用水产业。非公有制经济可重点开发生产富含矿物质元素的天然饮用矿泉水，开发生产面向特定用户群体水产品，横向拓展天然饮用水产业，开发生产具有高原生态资源优势的特色饮品。加强与援藏省市协调对接，利用援藏优势加大宣传推介力度，打开青海、四川周边省份市场。加强同其他省市有实力的具有物流渠道及技术优势的企业对接。

依托天然饮用水电子商务平台，寻求与大型电商合作构建营销体系，抓好整体宣传推介。

3. 大力发展绿色建材业。非公有制企业应加大技术研发力度，开发生产绿色新型建材产品，向生产新型建材转型。重点发展新型墙体材料及轻质、高性能、低能耗新型建材。强化高原用管材技术突破，生产给水、排水聚乙烯管和其他高性能管材。扩大陶瓷材料生产线，生产高档陶瓷产品。着力对石材加工、装饰功能建筑砌块制品进行技术突破，结合高原气候特点，开发轻质、节能、保温耐磨的装配产品。非公有制企业应严格执行国家和地区环保标准，推广高效除尘技术、烟气脱硫脱硝技术和降低噪声污染技术。引入余热余压回收设备，提升资源综合利用水平。

4. 参与节能环保产业。非公有制经济应加大对重点领域节能环保技术改造投入，推动再生资源综合利用产业化。重点发展适合西藏自然地理环境的土壤重金属污染修复技术。大力开发适应高寒特点节水和污水处理新技术、新工艺、新设备。推广应用建筑节能新技术新工艺。推广新能源运输装备、节能农业生产设备。建立节能环保服务体系。推行合同能源管理、工业第三方治理、环境治理特许经营、合同环境服务等经营模式。支持区内非公有制企业加强与区外节能服务机构合作与交流，培养节能技术服务业，逐步完善节能技术社会化服务体系。大力发展与节能环保相关重点产业。大力推进以水能、太阳能、风能及地热能为重点的非化石能源发电。大力发展新型墙体材料、防水密封材料、保温材料等绿色建材产业。

5. 有序发展绿色优势矿产业。严格把控生态底线，明确区内矿产种类和储备量，引进发展绿色开采技术，对锂为主的盐湖矿产，铜、铅、锌等优势资源有计划地利用，加强采矿区的环境保护，促进绿色优势矿产业保护开发。非公有制矿山企业采用先进技术提高矿产资源利用。建设绿色矿山，推动优势矿业发展方式转变。按照建设绿色矿山标准改造原有矿山，制定符合绿色矿山建设要求设计标准，推动新建矿山要按照绿色矿山标准规划、设计、建设和运营。加快绿色环保技术工艺装备升级换代，加大矿山生态环境治理，大力推进矿区土地节约集约利用和耕地保护，对优势矿产资源进行深加工，延伸产业链，提升矿产品附加值。推进铜、钼、锌深加工和以锂为主的盐湖资源开发。

6. 推动清洁能源产业壮大发展。参与开发区内金沙江、澜沧江、雅鲁藏布江等流域水电资源，加快建设国家清洁能源基地，“西电东送”接续基地和辐射南亚的清洁能源基地。参与建设藏东千瓦级太阳能外送基地，利用既有电网设施按多能互补方式建设光伏电站，加强太阳能热发电和集热利用推广应用。推进适用高原的风电机组技术运用，加快推进西藏风力发电项目建设。重点开发中、高温地热资源，加快利用地热解决城镇供暖和工业、养殖种植业、旅游业发展，拓宽地热利用领域。参与清洁能源供暖试点，开展光电、光热供暖投入和研发。加快城镇清洁供暖建设与改造。

（三）发展高质量科创产业。在西藏非公有制经济组织发展中，科创产业发展对促进西藏非公有制经济组织高质量发展有重要作用。可采取以下措施促进西藏科创产业高质量发展。

1. 发展高科技产业。参与异地孵化模式构建，提升孵化环境，增强科技创业群体。西藏非公有制经济组织应加强高原特色产业原始创新、集成创新和协同创新。重点实施农作物种业科技创新、粮食和果蔬绿色增产攻关、草畜产品加工等关键技术研发与集成示范。开展光伏发电、风力发电、水风光互补发电、光热利用、AI及信息与通信等新技术集成、示范推广，开展藏成药经典古方、名方改进提升和二次开发。

2. 开创文化创意产业。充分发挥西藏歌舞、戏剧表演鲜明特色，打造具有地域特色的表演艺术精品。发展会展节庆业产业，打造具有广泛知名度的会展节庆品牌。利用现代高新技术手段提升出版影视业、丰富创意产品和服务类型，发展以数字生产和网络传播为特征的文化数字产业。

3. 发展新兴服务业。结合一、二产业发展需求，提高一产二产服务广度深度，促进新兴服务业与现代农牧业、绿色工业、信息化、城镇化有机融合，提升新兴服务业层次。发展商务服务、科技服务、工程技术服务、养老服务。发展商务服务业。聚焦企业管理、中介服务、法律服务，发展会计、税务、资产评估、人力资源、法律等服务业，加大创意设计、管理咨询、品牌营销等服务业扶持力度，推进商务服务业发展。依托拉萨高新区，培育总部经济，发挥总部经济集聚和扩散效应，带动产业发展。发展科技服务业，建成一批公共技术非公有制经济服务平台。发展工程技术服务业，发展工程咨询、工程设计和勘查、工程管理，建成一批工程技术服务工程公司、设计院、咨询公司、设计师事务所等专业机构。参与养老服务业，开展生活照料、家政服务、医疗康复、精神慰藉等方面的居家养老服务。

4. 发展数字经济。抢抓西藏推进信息化和生产性服务业发展契机，非公有制经济通过融资扩大规模，结合产业发展需求，延伸产业链，拓展区内市场，发展行业信息化解决方案。拥有自主知识产权和自主品牌龙头企业通过联合、兼并、收购实现产业整合，促进人才、资金、技术生产要素向龙头企业集中。

（四）开拓面向南亚出口产业。西藏是面向南亚开放的大通道桥头堡，西藏非公有制经济应把握历史机遇，发展面向南亚的外向型产业，增强非公有制经济发展动力与国际竞争力。

1. 大力发展外向型产业。统筹国际国内两个市场、两种资源，加速产业发展必需的人才、资金、技术等要素流通，参与面向南亚外贸经济，融入“一带一路”倡议建设和孟中印缅经济走廊建设，扩大对外开放。密切与周边省区、对口援藏省市、中央骨干企业经济联系，找准西藏非公有制经济在西部产业分工中的战略地位。

2. 开展境外投资加快多业合作。参与拉萨、日喀则综合保税区建设。鼓励大型非公有制企业在资源开发、道路、交通、水利、电力、工程机械等领域走出去，利用优惠原产地规则和境外资源提升非公有制企业国际竞争力，推动西藏文化走出去扩大文化交流合作。

3．加快出口商品生产转运基地建设。西藏是青海、甘肃、陕西、四川等省份与南亚地区贸易的枢纽，西藏非公有制经济组织应加快出口商品生产转运基地建设。建设外贸转型示范基地，带动外向型产业发展，促进特色产品出口。鼓励非公有制经济龙头企业、优势企业联合开展基地建设，带动中小企业抱团出海，实现外贸扩容和结构升级。

（五）促进非公有制经济产业升级。坚持市场作用和政府作用协同发力，正确处理好市场和政府关系，处理好国家投资和社会投资关系。在充分发挥市场决定性作用基础上，发挥好政府作用，以更好促进西藏非公有制经济产业优化升级。

1．引导非公有制经济进入政府鼓励产业。全面落实减税降费政策，落实小微企业税收优惠政策，落实研发费用加计扣除、固定资产加速折旧及对重点行业税前扣除等所得税优惠政策。加大科技创新活动领域税收优惠政策落实，引导非公有制经济发展特色产业、节能环保产业。完善政府购买公共服务和产品采购政策，支持优先购买中小企业服务产品。发挥政府采购对产业发展支持作用，加大创新产品和服务采购力度。完善绿色生态产业农牧业补贴政策。鼓励非公有制经济组织参与供给侧改革，发展节能减排产业。

2. 优化非公有制经济产业空间布局。结合西藏经济发展规划落实需要，发挥非公有制经济灵活多样特点，优化产业布局。依托城镇空间、生态空间、农业空间总体布局，因地制宜发展特色产业，推动产业向差异化、特色化、集群化方向发展，主动对接“一带一路”倡议框架，选择区位、交通、资源、产业基础等条件较好的区域形成特色产业集群，打造“一主一副多点”产业布局空间形态。

第一，一主：打造以拉萨为主中心的产业发展核心增长极。以拉萨经开区和高新区为依托，着重强化拉萨在西藏经济发展的引擎和核心增长极作用，形成竞争优势明显的产业聚集区、西南地区具有较大影响的区域性中心城市。优化拉萨、山南两市生产力布局，统筹推进拉萨山南经济一体化，提升区域整体竞争力。

第二，一副：打造以日喀则为副中心的区域性增长极，发挥辐射南亚、带动周边引领作用。依托珠峰文化及旅游产业、特色农畜产品加工，塑造“珠峰”文化旅游高端品牌形象。依托吉隆、樟木、日屋等重点边界口岸，发挥“一带一路”倡议面向南亚开放大通道桥头堡作用。

第三，多点：挖掘昌都、林芝、山南、那曲、阿里等地资源禀赋，发展特色产业，形成特色产业集聚区。

建设一批重点园区，搭建经济发展承载平台。发挥国家级园区引领作用，推进优势项目和企业向重点产业园区聚集，并带动产业园区做大做强。立足资源禀赋和产业优势，统筹区内区外市场资源，建立地理位置优越、产业基础好、发展潜力大的开发开放试验区、经济合作区、综合保税区、产业合作示范园。在有条件的边境地区，建立经济合作区。重点建设日喀则珠峰开发开放试验区、吉隆中尼跨境经济合作区、拉萨和日喀则综合保税区。加强与对口支援省市、周边省区产业合作，建设产业合作示范园区，发展飞地经济，推广青藏、川藏飞地园区模式。

新城区建设、农牧民搬迁点、小城镇建设中，秉承以规划为引领、以项目为抓手、以产业发展为支撑的新型城镇化，大力实施产业项目，落实基础建设项目，推动产城互动共进，提高城镇综合承载力。依托产业发展集聚人才，用科学用人机制吸引人留住人，形成城市持续发展动力。依托开发区，按照项目入驻、企业发展需求和新型城镇化建设要求，完善基础设施，提升社会公共服务能力，加快宜居宜业产业新城建设，使开发区成为吸纳就业和促进农业人口城镇化的承载区。边境、交通、江河沿线及发展条件较好地区，培育建设一批经济社会基础较好、特色优势明显、生态环境良好的特色小镇，更好发挥稳固边境人口、提升交通枢纽功能、开发优势资源、统筹城乡发展作用。

培育区域经济增长极。在资源环境承载能力较强地区，加快城镇化进程，建立相互关联和支撑的产业体系，形成区域增长极，推动人口经济布局更加合理、区域发展更加协调。加快推进藏中南、藏东、藏北、藏西经济区发展，加快拉萨山南一体化发展，推进拉萨—山南—日喀则核心经济区建设，使其成为引领经济高质量发展的支撑力量。推进新型城镇化，完善城镇建设总体布局，统筹拉萨市引领发展、六个中心城镇率先发展、重点县城和特色城镇加快发展。以玉麦乡为突破口，加快幸福、美丽边境小康村建设。鼓励有条件的县（区）建设产业聚集区，提高产业发展水平和就业吸纳能力。

3. 加大对相关产业非公有制经济资金支持。非公有制企业扶持资金项目建设，既要顾全整体，又要有所侧重，既要实现遍地开花，达到大规模扶持目的，又要有重点，实现优势企业、龙头企业茁壮成长目的，事先重点发展西藏特色产业、优势产业、节能环保产业。优化重点产业民间投资发展环境，为民间投资创造机调。让民间资本发展，必须要让民间资本有利可图、有奋斗目标，充分调动民间资本投资积极性。打造良好投资营商环境和落实优惠政策。简政放权，坚决打破重重障碍和隐形壁垒，打破行业垄断和行政垄断，维护竞争秩序，创造平等竞争环境。

4. 放宽市场准入拓宽非公有制经济布局。按照中央部署，取消下放合并行政审批事项，放宽对非公有制经济市场准入。凡是国内省区能够提供的优惠条件，西藏都提供并且更加优惠；凡是国家法律法规规定的投资权益，西藏都依法保护；凡是需要各级政府解决的困难问题，西藏都解决。切实做到：全面放宽市场准入，真正做到思想上放心放胆、政策上放宽放活、工作上放手放开，一视同仁、同等对待；全面优化投资环境，下放审批权限，简化审批流程，提高办事效率，通过更实措施、更强决心、更大力度，推动非公有制企业高质量发展。

5. 降低非公有制经济产业布局风险。完善招商引资机制。加强自治区招商引资组织体系，根据各地区产业总体布局、优先开发次序和产业短板，加强各地市间在产业分工、区域协同和定向招商引资领域的规划协调，建立重大产业项目招商引资和建设管理协调推进机制。完善西藏自治区招商引资若干规定，从财政补贴、信贷支持、通关便利、土地供应、户籍迁移、工商登记简化、资源开发优先等方面给予非公有制经济投资政策优惠。建立重大项目申报绿色通道，优化项目核准、备案管理。加大重大项目招商引资和建设推进力度，跟踪落实重大项目前期工作和实施进度，协调解决项目进程中的困难问题，完善项目建设责任制和监督检查制度。

6. 拓展非公有制经济产业覆盖面。交通不便、通信不畅极大阻碍西藏形成统一市场主体，使非公有制经济只能覆盖县城以上区域。加强水利、铁路、公路、水运、航空、管道、电网、信息、物流基础设施建设。贯彻基础设施互联互通思想，以项目为抓手，夯实经济社会发展基础。加快完善提升公路网实现进出藏通道高等级化、边防公路和农村公路畅通化；加快实施青藏铁路电气化改造、川藏铁路建设，推进滇藏铁路、中尼铁路、新藏铁路工作；完善机场布局，发展支线通用航空；加快以水电为主的电源点建设，建设西藏统一电网，加大藏电外送通道建设；加快实施青藏油气管线建设；加快大中型水库建设，完善农田水利基础设施；加快覆盖城乡通信网络升级改造，消除通信盲区，推动建设智慧西藏；加快完善邮政服务体系，实现村村通邮；加快推进现有路网、电网、通信网和物流通道向境外延伸。

7. 提供人才支撑。国以才兴，企以才兴。非公有制企业人才队伍建设中，只有经济发展环境、政府调控管理、企业能动意识及人才本身等主体和谐一致，达到“以一流环境吸引一流人才，以一流人才兴办一流企业”的发展目标。加党委政府树立“人才是第一资源”的观念。坚决破除束缚非公有制企业人才发展观念、做法和体制，强化人才是第一资源、人才资本是第一资本、人才环境是投资环境理念，将非公有制企业人才工作摆到突出战略位置。树立起“不求所有，但求所用；不求所在，但求所为”的理念，大力开展人才柔性流动。要克服只顾眼前利益，不顾长远利益的观念，树立发展是“硬道理”，人才是“硬家当”意识，认识到人才是非公有制企业发展动力，是企业发展的真正后劲，自觉从企业发展需要出发，合理引进、使用和培养人才。改善用人环境，用事业留人，用环境留人，用制度留人，用待遇留人，用感情留人，为人才发展创造良好“硬件”与“软件”。三是人才必须更新观念。人才成长进步和实现价值最为关键的因素是自身素质。“真金不怕火炼”。人才要改变过去那种“铁饭碗”就业观念，勇于到非公有制企业工作，勇于下车间锻炼，善于经验积累，在实现自身价值的同时也为企业发展贡献力量。

8. 鼓励非公有制企业依托“一带一路”发展外向型产业。大力发展外向型经济，加快发展跨境贸易、小额贸易、边民互市贸易，支持企业开展境外投资，开展农业、加工业、建筑业、旅游业对外合作，稳步实施中尼友谊工业园、中尼跨境经济合作区项目，支持粤藏中南亚班列运营，加快拉萨、日喀则综合保税区建设，鼓励大型企业“走出去”，引导企业利用优惠原产地规则，利用境外加工资源，提升西藏产品国际竞争力，扩大文化交流合作，使非公有制企业在“构建双循环经济发展新格局”的过程中发挥特殊作用。

第五章 西藏非公有制企业融入“一带一路”建设

第一节 西藏非公有制企业融入“一带一路”建设概述

一、西藏非公有制企业融入“一带一路”建设的意义

非公有制企业融入“一带一路”建设对推动西藏非公有制经济高质量发展具有重要意义。早在《西藏自治区“十三五”时期产业总体发展规划》就明确要求，西藏要融入“一带一路”建设，推进建设孟中印缅经济走廊、环喜马拉雅经济合作带，全面构建面向南亚开放重要通道。改革开放以来40多年实践表明，西藏非公有制企业实际上已经承担起促进西藏边境贸易和加强对外经济联系的重任、每年完成西藏绝大部分的对外贸易量，在西藏融入“一带一路”框架中，在推进建设孟中印缅经济走廊、环喜马拉雅经济合作带，全面构建面向南亚开放重要通道方面发挥重要作用。非公有制企业需要深度融入“一带一路”建设，以优异成绩完成中央赋予的融入“一带一路”倡议框架建设中的任务。

（一）有利于发挥民间资本作用和有效解决政府资金不足压力。西藏在国家“一带一路”建设过程中肩负重要使命，所遇到的资金压力与全国其他兄弟省区市有所不同。西藏的财政收入自给水平低，随着西藏非公有制经济快速崛起，其对西藏财政收入贡献逐年增长，一定程度上缓解西藏自身财力不足压力。资料显示，西藏非公有制经济税收贡献由2010年的25亿元增长至2019年9月底的236.66亿元，成为推动西藏经济高质量发展重要力量。再比如，2019年9月底，在西藏281.29亿元税收总额中，非公有制经济上缴税收236.66亿元，且排在前两名纳税企业均为非公有制企

业，在纳税最高的前100家企业，有67家是非公有制企业。[①]大力发展非公有制经济，不仅能为西藏带来更多财政收入，更重要的是发挥好民间资本作用，从而缓解西藏资金压力，为推进“一带一路”建设发挥积极作用。非公有制经济主体是自主经营、自负盈亏、产权清晰、权责利一致的微观主体，不需要政府投资，不需要政府承担风险。大力发展非公有制经济，不仅能为西藏带来更多税收收入，更重要的是发挥好民间资本作用，有效缓解压力。

（二）有利于解决边境地区就业和农牧区劳动力过剩问题。截至2019年，西藏非公有制企业创造岗位33.5万个，就业总人数99万人，超过西藏就业总人数265.36万人的37%，较2011年增加48.66万人。2019年开展的“西藏自治区2019年春风行动暨非公有制企业招聘周人力资源洽谈会”，为求职者提供各类就业岗位3176个，适合高校毕业生岗位2898个，适合城镇就业困难人员和农牧民转移就业岗位478个。涉及多行业的销售、工程师、财会、文秘、家政、驾驶等三十多个工种。西藏非公有制发展加快、活力增强，吸纳社会就业99万人，成为解决就业、促进发展的生力军。2019年底，西藏非公有制经济贡献80%以上的城镇劳动就业。西藏非公有制经济在支撑增长、促进创新、扩大就业、增加税收、维护稳定发挥着重要作用。西藏非公有制经济持续发展，使大批边境地带农牧区富余劳动力得到就地转移，并且由于这类劳动力就地扎根边境地带，几乎不存在流失现象。被转移的大批边境农牧区富余劳动力主要集中在于边境与边境贸易有关商品流通、服务、运输、边境旅游、餐饮、住宿、娱乐等行业，这部人口就业为提升边民收入水平、实现边境地区和谐稳定做出突出贡献。近年在吉隆、普兰口岸、日屋－陈塘口岸和亚东边贸市场等实地调研发现，

---

① 李寅峰．西藏自治区工商联主席阿沛·晋源委员：西藏非公有制组织发展增速蝉联全国第一[N].人民政协报，2019–11–3日。

边境贸易、服务、运输、边境旅游、餐饮、住宿、娱乐行业中，几乎全部都是由非公有制经济进行。由此可以想见，未来“一带一路”建设中，非公有制经济必然会承担重要任务。

（三）有利于发挥非公有制经济活力和形成良好竞争局面。在各类优惠政策鼓励推动下，西藏非公有制经济不断发展壮大的同时也活跃市场、促进增收、拉动经济增长。2005 年以来，西藏非公有制企业充分发挥自身活力，在西藏形成良好竞争局面。在中央及自治区政府引导推动下，非公有制企业加入国企产权改革中，推动国企资产重组和产权流动。据有关资料介绍，2011 年，西藏非公有制经济在三次产业中的占比分别为：第一产业 2682 户，资本 9.56 亿元；第二产业 6447 户，资本 102.98 亿元；第三产业 102371 户，资本 211.5 亿元。在西藏边境贸易发展中，非公有制经济主要集中在第三产业中的商贸、餐饮、旅游、运输、社会服务等行业，这与西藏产业发展战略吻合，为产业结构转型，经济社会持续、稳定、健康发展起到重要作用。

（四）有利于边民增收致富和促进边境安全稳定。西藏边境贸易和运输产业中非公有制经济发展，对边境地带农牧民增收致富及加强我国与南亚国家友好关系具有重要意义。以边民个体和非公有制企业组织为主的非公有制经济，在边境贸易发展中不仅活跃边贸市场，而且也为边民生活水平提高和发家致富提供机会。通过近几年我们在西藏边境地带的实地调研，深切感受到从事边境贸易活动的边民是如何走向致富之路以及部分边民家庭财产丰裕状况。比如，通过开展边贸活动，边民可以通过从事边境小额贸易、提供各类跨境商务服务（特色旅馆、餐饮、农家乐等形式），也可以通过提供旅游服务。总之边贸不断繁荣使边民群众收入水平和生活质量得到提升，特别是与相邻国家对比中，形成明显优势，增强边民自豪感和优越感。西藏地处我国西南边疆，地处反分裂斗争第一线，时常会受到一些相邻国家政治因素和敏感因素影响。近年来在中央治藏方略强力推动下，经过西藏各族人民齐心努力，边境地带呈现出改革开放以来少有的和谐稳定局面。2015 年 1 月 18 日，西藏政府工作报告指出：在党中央、国务院亲切关怀和全国人民大力支援下，在自治区党委坚强领导下，全面贯彻落实党的十八大和十八届三中、四中全会精神，贯彻落实中央第五次西藏工作座谈会精神，贯彻落实习近平总书记系列重要讲话精神、特别是“治国必治边、治边先稳藏”重要战略思想和“努力实现西藏持续稳定、长期稳定、全面稳定”重要指示，使西藏经济社会呈现出前所未有的良好局面。这种不断向好的局面，为西藏发展与南亚国家边境贸易提供很好社会环境保障。①

（五）有利于有效实施国家“一带一路”倡议中“民心相通”举措。“民心相通”是国家推出“一带一路”倡议能够在有关国家落地生根、赢得民众拥护和广泛参与的重要内容举措。近些年来的实践证明，在国家“一带一路”倡议鼓舞下，沿着“一带一路”倡议宏伟通道走出国门、走向沿途各国的非公有制企业，在相关国家置业发展，吸纳民众就业增收，贡献税收、活跃经济、繁荣市场、增强国际竞争力，已较充分地展示该类力量和特殊作用，赢得日益增多的信赖好评，为更多国内非公有制企业走出国门积累经验。西藏与南亚有关国家接壤，历史上就有与有关国家往来交流的传统，又有近几十年友好交往的成功经验。在国家“一带一路”倡议稳步推进过程中，西藏应当结合自身实际情况，认真谋划，开拓创新，鼓励区内非公有制企业以及采取更加灵活措施吸引祖国内地非公有制企业到西藏各类开发区和边境口岸置业，从事进出口业务活动，实施走出去战略（在尼泊尔第一省成立工业园等），这是西藏具体落实国家“一带一路”倡议应有内容和行动。

---

① 狄方耀．“一带一路”视域下中国西藏与南亚国家发展贸易问题初探 [J]. 西藏民族大学学报，2015.10.

二、西藏非公有制企业融入“一带一路”建设现状

在现阶段及今后较长时期内，充分发挥非公有制企业在西藏推进“南亚大通道”建设中具有重要意义，其地位和作用必须给予充分肯定。

（一）非公有制经济成为西藏边贸发展主要力量。1992 年，西藏自治区在《关于深化改革，扩大开放的决定》中提出要以边境贸易为突破口，以边贸兴边，促进西藏经济发展，为此制定一系列优惠政策，成立边境贸易管理局。20 世纪 90 年代之后历次中央西藏工作座谈会相继召开，在中央有关政策鼓励之下，西藏边境贸易得到较快发展，边贸出口结构不断改善。樟木、吉隆、普兰、日屋－陈塘口岸、亚东口岸（边贸市场）等与传统边贸市场日益繁荣，边境小额贸易成为西藏边境贸易重要形式，为西藏经济社会发展作出重要贡献。进入新世纪以来，西藏加大沿边开放发展力度，促使边境贸易大幅增长。

表 5–1 2004–2018 年西藏对外贸易及边境小额贸易一览表

年份	西藏全区对外贸易			边境小额贸易		
	进出口额	出口	进口	进出口额	出口	进口
2004	22355	13009	9346	9052	8563	489
2005	20539	16532	4007	12220	11581	639
2006	32840	22222	10618	17168	17158	460
2007	39348	32638	6710	24892	24585	307
2008	76543	70721	5822	23949	23675	274
2009	40202	37535	2667	24878	24526	352
2010	83594	77102	6492	50055	49765	290
2011	135861	118310	17551	93033	92420	613
2012	342397	335501	6896	168648	167739	909
2013	331939	326905	5034	192389	191396	993
2014	225494	210086	15408	198190	196462	1728
2015	90799	58179	32620	48544	48013	531
2016	77796	47027	30768	44961	44572	389
2017	87668	44206	43462	34629	34311	318
2018	71809	43174	28635	36450	36039	411

数据来源：2019 年西藏统计年鉴

由表 5–1 可知，2004 年，西藏进出口总额 2.2355 亿美元，其中边境小额

贸易实现9052万美元，占西藏对外贸易总额一半；到2009年，西藏边境小额贸易实现2.4878亿美元，占西藏进出口贸易总额4.0202亿美元的61.9%；2014年，西藏全年进出口总额20.6606亿美元，其中边境小额贸易18.1631亿美元，相比2013年增加2.2个百分点，超过进出口贸易总额的87%（边境小额贸易全部是由非公有制企业进行的）。2015年，由于受尼泊尔大地震影响，无论是西藏的外贸进出口总额还是边境小额贸易额都有较大幅度下降。

（二）非公有制企业在西藏主要边贸口岸进出口业务中占据主导地位

1. 非公有制企业在吉隆口岸的作用。吉隆口岸是西藏重点发展的国际性常年开放口岸，也是未来西藏推进"南亚大通道"建设重要通道，地位是其他口岸无法替代的。当今的吉隆口岸边境贸易几乎都是由非公有制企业承担（石油等公有制企业的对尼泊尔援助则不属于贸易范畴）。到2015年末，吉隆口岸现有各种报关公司、物流公司、外贸公司26家，大部分公司兼具报关、物流功能，均为非公有制企业；边民企业8家，主要从事边民互市贸易。2016年吉隆口岸出入境人员10.32万人次（含边民6.63万人次）、交通运输工具2.15万台（辆次），进出口货物量10.45万吨、进出口额货值33.53亿元。根据在口岸调研获得资料，2017年一季度，吉隆口岸出境人员2万人次（含边民1.71万次），交通运输工具大约6963台（辆次），进出口货物量2.61万吨，进出口货值5.75亿元。口岸货种主要是日用百货、家用电器、手工艺品、活畜、针纺织品、粮食、植物油、铜器、食品、水果等。服务范围是中国、尼泊尔旅客出入境，一般贸易、边境小额贸易及边民互市贸易。从事贸易和服务主体，几乎全是非公有制企业。

2. 非公有制企业在普兰口岸的作用。普兰口岸是西藏边境口岸中基础设施完备、业务进行正常、贸易活动类型多样的口岸，也是我国向尼泊尔和印度同时开放的国际性口岸。2005年以后，普兰口岸无论在口岸建设还是在贸易规模上都得到迅猛发展。普兰口岸几乎所有进出口业务活动，都是由非公有制企业进行的。从贸易方式上看，普兰口岸贸易活动以边民互市贸易为基本形式，进出口商品主要为初级农畜产品和普通的轻工业产品等。2017 年 8 月初在该口岸调研时获得资料显示，2016 年，普兰口岸出入境人数达到 3.6 万人次，同比 2015 年增长 155%；出入境游客 2.3 万人次，占总出境人数的 63%，同比 2015 年增长 456%；普兰口岸进出口贸易总额 3362 万元；普兰口岸出口活畜 182 批、3950 头（只、匹），同比 2015 年分别增长 112%、54%。2017 上半年，普兰口岸贸易总额已实现 459.6 万元人民币，其中进口 343.7 万元人民币、出口 115.9 万元人民币；口岸出入境总人数 19418 人次，其中出境 9375 人次、入境 1043 人次；口岸贸易总量 185.9 吨，其中出口 177.3 吨、进口 8.6 吨。口岸货种主要是羊毛、羊绒、活畜、日用百货、木材、食品、纺织品、服装、木制品等。服务范围是尼泊尔、印度两国边民及第三国旅游团、印度官方香客出入境，边民互市贸易、边境小额贸易及一般贸易等。也就是说，普兰口岸正常进出口业务基本上都是由非公有制经济主体（个人或非公有制企业）承担。

3. 非公有制企业在亚东仁青岗边贸市场的作用。亚东仁青岗边贸市场是西藏走向南亚、对外贸易重要途径和通道之一。由于种种原因，原来我国设计的口岸型亚东，仅仅局限在边境贸易市场和通道状况。根据亚东口岸管理委员办公室提供数据显示，2015 年该口岸（边贸市场）从 5 月 4 日开关至 11 月 30 日闭关，共计交易日 110 天。全年实现进出口总额 15244.38 万元，同比增长 52%，进口额 11591.44 万元、出口额 3652.94 万元。边贸市场铺面 46 间铺面（由政府统一提供，其中我方商户铺面 26 间、印方商户铺面 20 间）。西藏边民 1000 多人从事边境贸易活动，有从事边境贸易活动汽车 240 多辆（由于印度每天只允许我方边民有 60 个辆车进入该国，所以亚东管理机构只能将这些车辆分成 4 组，每组 60 辆车。）也就是说，亚东边贸市场所有对外贸易活动，都是由非公有制企业进行。

除此之外，非公有制企业也是西藏樟木口岸、日屋 – 陈塘口岸、里孜口岸等，从事边境贸易活动的主体。

第二节　西藏非公有制企业融入“一带一路”建设定位

一、西藏非公有制企业融入“一带一路”建设的优劣势

（一）西藏非公有制企业融入“一带一路”建设的优势

1. 非公有制经济与国有经济起到互为补充的作用。随着我国建立社会主义市场经济体制步伐不断加快，国有企业改革发展，必将促进非公有制企业素质和竞争力提高；非公有制企业不断发展，必将促进国有企业战略重组和结构优化。非公有制经济是市场经济主体，真正的市场经济是由许许多多市场主体构成。在“一带一路”倡议背景下，西藏国有经济比重过大，非公有制企业发展处于弱势。国家将对国有经济布局进行战略调整，这一战略实施不仅会提高国有经济质量，为非公有制经济发展提供空间。非公有制企业机构大小、机制灵活、市场应变快、转型快，能及时跟上市场变化。

2. 非公有制企业在产业发展和解决就业上有优势。融入“一带一路”倡议背景下西藏经济发展必须靠产业、靠就业，非公有制企业在促进产业发展、解决就业上有独特优势。在推进经济发展工作中要统筹考虑脱贫攻坚与农业现代化，重视企业的市场主体作用，发挥非公有制企业在资本、技术、人才、市场等资源优势，促进企业的优势与西藏地区的土地、生态、劳动力等特色资源有机结合起来，把企业转型升级与地区产业发展结合起来，推动贫困县、贫困村发展一批特色优势产业，支持有劳动能力的贫困群众依靠自己的双手辛勤耕耘，就近就业，实现就地脱贫。走可持续发展道路。非公有制企业是百姓经济，是最具创新群体，营销具有灵活性，可以使西藏经济在“一带一路”倡议背景下加速发展。

3. 西藏交通设施和基础条件日益完善。“一带一路”倡议是一个规模宏大的国际合作框架，横跨亚欧非大陆，辐射众多国家和地区，具有巨

大的发展潜力和号召力，西藏作为我国推行“一带一路”倡议的重要前进基地与重要组成部分，其开放潜力与经济发展潜力必将会随着“一带一路”倡议的推进而不断迸发，与周边国家以及“一带一路”倡议沿线国家展开更加密切的经济合作将是大势所趋。西藏独特的地理位置优势更利于边境贸易的发展。与日俱增的经济合作与贸易往来中，以西藏为代表的我国中西部地区交通设施与基础设施越来越加强与完善，新时代下国家加速建成公路、铁路、航空等全方位、立体式的交通网络体系将助推西藏经济高质量发展，也为我国同南亚国家交流提供更大支持。西藏同南亚国家在农畜产品、工业商品、旅游观光等产业会因为交通设施完善而得到更大市场及更深入交流。

4. 西藏显著的区域位置拉动经济增长。西藏地处我国西南边疆，与印度、尼泊尔、不丹、缅甸等国接壤，有独特区位地缘优势，历史上就是我国与南亚各国交往的重要门户。融入“一带一路”建设以来，西藏面向南亚开放区位优势凸显，设施联通方面，西藏近年来推进口岸基础设施建设，联接中尼边境贸易的吉隆已建成国际性公路口岸；中尼两国签署跨境铁路合作协议，“兰州号”南亚公铁联运国际货运列车和粤藏等南亚班列已开行；中尼陆上跨境光缆开通，尼泊尔正式接入中国互联网服务；西藏航空企业在尼泊尔投资组建喜马拉雅航空公司，已开通多条国际航线，在文化相通方面，已成功举办多届中国西藏旅游文化国际博览会、中国西藏发展论坛、环喜马拉雅“一带一路”合作论坛、南亚标准化论坛等活动，同时组织代表团参与中国西藏文化·加德满都论坛等境外活动，拉紧西藏自治区与“一带一路”参与国家的友谊纽带。充分发挥西藏区位人文优势，稳妥推进面向南亚开放重要通道建设，为西藏经济发展拓展空间，促进西藏更好地融入世界市场。

5. 加大非公有制企业融入“一带一路”建设支持力度。政府对非公有制企业支持体现在下面几点：第一，拓宽非公有制经济市场准入。放宽投资领域、组织形式及经营方式，放宽前置审批限制，放宽注册条件，放宽出资方式，放宽投资人资格。第二，完善非公有制经济发展政策支持体系。加大财政支持力度，加大信贷支持力度，完善税收优惠政策，拓宽融资渠道，保障土地供给。第三，完善非公有制经济服务体系。提供高效优质的政府服务，加快社会化服务体系建设，强化规划引导和项目推介，加强创业服务，鼓励自主创业，大力开展人员培训，加强科技创新服务，引导企业开拓国内外市场，推动企业实施品牌战略。第四，维护非公有制经济合法权益。依法保护企业私有财产和合法权益，保障从业人员合法权益，提升非公有制经济人士的政治地位。

6. 非公有制企业融入“一带一路”建设具有较强创新性与灵活性。非公有制企业在商业模式、技术等方面拥有强大创新能力。国有企业由于具有资本、人才和技术等方面的优势，其重点主要是围绕核心技术进行创新，非公有制企业由于规模相对较小，在创新中承担压力相对较小，即使创新失败，承受损失相对小；反过来，其灵敏的反应机制及对市场需求有效把握，使其商业模式在创新方面成功概率高。相对于国有企业而言，非公有制企业无论是在技术创新还是商业模式创新方面都有强大优势。

非公有制企业市场嗅觉灵敏，经营机制灵活，把握市场机遇能力较强，尤其是一些非公有制企业能迅速捕捉商机，开展适宜需求的专项技术及产品生产合作。

（二）西藏非公有制企业融入“一带一路”建设的劣势。概括地讲，西藏非公有制企业融入“一带一路”建设劣势主要包括：非公有制企业规模小及营业时间受到限制、管理体制不健全、贸易磋商机制有待完善。

1. 非公有制经济规模小及营业时间受限。西藏地方的边境贸易历史悠久，但边贸活动主要是以小额与易货贸易为主。改革开放以来西藏边贸活动起步晚，设施条件较差，经营者和管理者缺乏经验，同全国其他边境省份相比，边境贸易规模总体较小。

表 5-2 全国及西部 5 省区边境贸易的绝对规模

单位：亿美元

年份	全国	新疆	内蒙古	广西	云南	西藏
2004	94.4	37.1	16.6	5.5	5.2	0.9
2005	131.1	55.4	21.3	7.0	6.6	1.2
2006	161.6	64.8	28.7	10.5	7.8	1.8
2007	213.2	94.2	30.0	15.1	10.2	2.5
2008	308.8	176.4	35.0	20.1	12.0	2.4
2009	208.0	91.2	27.7	31.2	12.6	2.5
2010	259.8	100.4	31.3	42.4	17.4	5.0
2011	346.4	128.4	46.6	62.5	20.0	9.3
2012	395.0	130.0	47.3	72.5	21.5	16.9
2013	449.9	143.6	40.3	115.1	33.3	19.2
2014	432.0	142.3	35.7	147.3	35.8	19.8
2015	376.3	96.2	29.5	170.0	24.9	4.9
2016	334.3	110.4	31.22	117.9	29.5	4.5
2017	338.0	138.3	45.93	119.3	34.2	3.5
2018	403.3	120.6	–	–	32.8	3.6

数据来源：根据全国及西部各省进出口商品贸易方式总值表整理得到（2018 年广西、内蒙古边境贸易绝对规模没有找到数据）

根据表 5-2，从绝对规模上比较，2004 年至 2014 年间，西藏边境贸易额从 2004 年的 0.9 亿美元增至 2014 年的 19.8 亿美元；2015 年“4.25”尼泊尔强震使西藏通往南亚主要口岸—樟木口岸受损关闭，西藏边境贸易受到较大影响，2016 年后基本实现“回稳向好”“结构向优”态势。2016 年，西藏边境小额贸易 29.86 亿元人民币，降幅较 2015 年收窄 73.8 个百分点；边民互市贸易 10.96 亿元人民币，同比增长 7 %。虽然边境贸易额总量呈不断上涨趋势，但整体状况不佳，其原因除西藏主要贸易对象—尼泊尔经济发展水平较低和交通设施不好外，就是西藏整体经济规模不大、能够进行交易的产品有限，制约边贸经济发展。除吉隆口岸外，西藏其余口岸每年实际开放时间短。每年开放通关月份少，多为 6~7 个月，即每年

5~11 月前后，每周 5 天（印度规定为每周 4 天）；每天开关时间短，一般从上午 9 点左右开市到下午 5 点左右结束。以日喀则为例，2015 年备案边贸企业 12 家，其中从事外贸进出口活动的 3 家，且这 3 家企业不是能够提供生产、销售和出口一条龙服务企业，而是通过转销形式将祖国内地商品输出国外的中间商。

2. 经济发展水平低及管理制度不完善。受多种因素影响，西藏市场经济发展水平和对外贸易管理体制有其特殊性。西藏是我国西南边疆民族自治区，市场经济发育水平与经济发达省市有较大差距，且又面临着较为复杂的维稳形势、维稳任务重、维稳压力大。全国沿边的省份中，与西藏相邻的国家国情差异很大，且与我国关系复杂。以上这些情况决定西藏在与相邻国家进行经济贸易往来时，往往会受到多种复杂因素影响，从而导致西藏在执行国家有关对外贸易政策、制订区域性对外贸易措施时都面临很大压力，措施滞后和不到位情况时有发生。在社会主义市场经济体制下，制度供给不到位，必然会使企业经营行为受到制约。

3. 贸易磋商机制有待加速完善。受制于地缘经济与地缘政治因素影响，我国边贸政策与相关相邻国家政策对接情况复杂，往往出现我国边贸主体界限划分和认定较为，而作为西藏主要边境贸易伙伴的尼泊尔的边贸主体划分和认定较为严格。这样导致的直接后果是中尼双方边贸主体地位不对等，由此产生双方主体间信息不对称，削弱我方边贸企业发展积极性。西藏边境口岸贸易双方货物通关磋商机制和协调机制尚未完全建立起来，甚至极少数边贸业务磋商问题还没有上升到官方磋商的地位，有些本该由政府间协调的边贸业务往来问题，在亚东等口岸基本上变成民间商会的工作职责和任务（比如货物的定价、债务纠纷调解和处理等）。因此，必然会延误问题解决，时间长、效率低；再加之双方口岸验关手续繁杂、通关速度慢的问题普遍存在。以上这些情况导致西藏边境贸易水平和规模长期较低，使西藏从事边境贸易的非公有制企业发展壮大受到制约。

二、西藏非公有制企业融入“一带一路”建设的对策建议

基于以上分析，西藏要做好“南亚大通道”建设，要按照党的十九大关于发展非公有制经济精神，采取多种有效措施，聚集民间力量，调动多方积极性，让西藏非公有制企业扮演“南亚大通道”建设重要角色。具体建议如下。

（一）加快制度建设营造向好环境

1. 健全管理体制。加快探索符合西藏实际情况的边贸管理体制机制。如前所述，西藏大部分口岸受地理环境限制，通商通道受季节性气候变化影响大，大部分口岸地带通道每年只有半年多时间能开展贸易业务。为此建议适度提高现在每天 8000 元以内的边境贸易额免征税限额，调动边民从事贸易活动的积极性。此外，设立专门机构为边民从事边境贸易提供法律咨询等服务，创造性地开展边民法律知识和外贸知识的培训活动，不断提高边民的法律素质和经营能力；同时还建议增加每周开放通商天数、并延长每天开放时间，合理安排相关工作人员工作时间，以便为边民提供及时周到服务。

2. 加大支持力度。西藏远离祖国内地发达的市场，交通运输距离较长，整体海拔较高，从而导致工作强度加大，经济成本增加。因此，要想较好地实施国家在“一带一路”倡议中所赋予的任务，需要中央和其他援藏省份持续不断地为西藏提供资金支持。西藏应当创造条件，拓宽资金来源，吸引其他省市企业、特别是非公有制企业参与该区域边境口岸和贸易市场等方面建立关系，允许和鼓励非公有制企业进入更多行业和领域投资，缓解建设资金不足；鼓励各大商业银行在西藏边贸活动区域设立业务机构，创造性提供适合非公有制企业和边民金融产品。

3. 完善法律体系。在当今世界经济社会快速发展背景下，特别是在经济领域需要国家不断完善法律法规；西藏应结合具体情况，将立法与边贸发展需求紧密结合，制定切实有效变通和补充规定或法律条文等，为非

公有制边贸企业等开展正常业务活动提供制度支持，切实保护非公有制企业的合法权益，为非公有制经济主体的发展壮大提供不断向好的法律服务和法制保障。

（二）加快硬条件建设完善外贸基础设施。2014年，拉日铁路开通为西藏边境贸易发展提供良好硬件。然而西藏腹心地区通往边境地带的基础设施亟待改善。由于地理条件原因制约西藏融入“一带一路”建设工作会遇到国内其他省区市无法想象的基础设施困难，必然加大非公有制企业资金运营方成本。需要抢抓机遇着力提升公路等级和通达能力。配合国家建设日喀则至尼泊尔和印度边境（亚东方向）铁路干线，加开拉萨至周边国家直通航线，全方面提高运输能力。完善边境口岸和边贸市场，包括仓储物流园、加工保税区、中转设施，保证通关畅通性。

（三）创造条件促进非公有制经济走出国门。受制于地缘经济和地缘政治复杂性影响，西藏融入“一带一路”建设，必然要立足走出国门、走向南亚，尤其是与尼泊尔、印度和不丹等国家进行经济贸易交流和旅游文化合作。而这些国家国情差异很大，与我国关系有很大差别，决定西藏非公有制企业融入“一带一路”建设下走出国门必然会遇到不同于国内的情况和风险，这就要求从国家层面提供相关服务承诺，做非公有制企业坚强后盾，解除后顾之忧。非公有制企业响应国家号召，轻装上阵、走出国门。

（四）激发非公有制企业内在活力

1. 提高外贸竞争力。“创新是一个民族的灵魂，是一个国家兴旺发达的不竭动力”。创新带来边境贸易新增长点，提高产品国际竞争力。边境贸易创新包括科技创新、平台体系创新、市场结构创新组织、管理形式创新、服务方式创新。西藏出口商品以原材料、农牧产品为主，尽管这些商品以其高原绿色产品、特色产品闻名于世，享有盛誉，但在市场经济、知识经济、信息经济、网络经济快速发展的新时代，西藏出口产品会因产品类型单一、技术含量低、生产效率低等原因导致市场竞争力渐弱。例如地毯（藏毯）曾经作为西藏最具特色的民族手工艺品，以其鲜艳色彩、个性化图案、良好品质享誉海内外，但近年逐步失去绝对竞争力，被尼泊尔和青海抢夺市场；西藏唐卡在市场竞争出现落后于尼泊尔的被动情况。以上情况说明，西藏应当与时俱进，在制度方面加大创新，引导鼓励非公有制企业适应不断变化的市场环境。

2. 不断优化出口商品结构。质量是对外贸易可持续发展根本，是开拓占领市场关键。这不仅是指不生产假冒伪劣产品，更是指提高出口产品档次、质量和附加值。优化出口商品结构—在提高原有劳动密集型民族产品特色、质量、技术含量的同时，逐步向资金密集型和技术密集型转变。要求非公有制企业巩固原有优势产业和产品，发展高新技术产业、绿色产品，调整产业结构，带动西藏边境地带非公有制企业发展；借助非公有制企业在对外经济贸易的发展，促进激励西藏公有制企业在微观层面加大经营机制创新。

3. 提高抗御市场风险能力。扩大西藏非公有制企业规模、增强企业实力，增强非公有制组织争夺市场份额的能力和抗风险能力。提高企业管理者素质，加强对现有人员管理水平和专业技能培训，使其了解相关政策与法律法规，提高业务素质，掌握现代经济贸易规律及提升捕捉市场信息的能力；创造良好环境，提供优惠政策吸引高素质人才、稳定现有人才，不断壮大西藏非公有制经济。鼓励个体和私营经济向实体经济发展，以实体促进贸易，推动西藏边贸经济高质量发展。

第六章　不同类型企业对西藏非公有制经济发展的影响与应对措施

第一节　不同类型企业对西藏非公有制经济的影响

长期以来，西藏坚持中央确定的“两个毫不动摇”（毫不动摇巩固发展公有制经济，毫不动摇鼓励支持引导非国有经济发展。）方针，大力支持非公有制经济和中小微企业发展，帮助提高专业化协作水平和组织化程度，激发保护企业家精神，增强企业家信心，构建亲清新型政商关系，让非公有制企业在市场经济浪潮中尽显身手。伴随西藏经济发展，全国其他省市大型企业及西藏大型企业对非公有制经济发展带来机遇与挑战，如何促进发展。本研究通过分析不同类型企业入藏经营对西藏非公有制经济发展带来的综合影响，提出西藏非公有制经济应对不同类型企业入藏经营的对策建议。

一、不同类型企业在西藏经营发展概况

（一）国内大型企业入藏经营。1990 年国务院下发的《中共中央关于加强统一战线工作的通知》第一次对发展西藏经济及发展思路提出新要求。标志着西藏由传统“自力更生”式发展转变为“协同协助”式发展，鼓励全国其他省市企业、人才、技术及资金入藏经营，支援西藏经济发展。1992 年至 2000 年间，西藏经济快速发展，实现跨越式目标。2000 年国家基于经济发展整体考虑，提出“西部大开发”战略，推动西藏特色优势资源与国内支柱产业的有机结合，为推动西藏经济发展起到积极意义。2013

年习近平总书记第一次提出“丝绸之路经济带”，借助历史上丝绸之路的文化内涵与价值，将西部区域性资源与经济发展有机结合起来，为发展西藏指明方向。党的十九大以来，我国经济由粗放式模式下的快速增长转向精细化、高科技化、高质量化发展，虽然我国GDP增速有一定程度的降低，但对于提高经济发展质量、国际影响力起到至关重要的作用。经济发展态势变化，使国内大型企业发展思路发生重大转变。越来越多大型企业在“重质提质、科技创新”方面做出重大尝试，诸如以“基建狂魔”著称的中国铁建获得国家科技进步奖72项，获得詹天佑大奖101项；以“光明守护者”著称的南方电网，电网供电电机达到100万平方公里，供电人口数量突破2.5亿人；国内种植企业大生农业和正邦集团构建“农业+科技+金融+物流运输”为一体的综合体系，将生产出来的农产品与高科技有机融合，实现快速达到用户手中的目的。事实证明，国内大型企业在以前所未有的速度发展，为推动促进对应行业发展发挥着重大引领作用。与此同时，很多国内大型企业特别是国内大型央企将发展西藏业务，赴西藏开展业务既作为一项重要的光荣的政治任务，也作为其转型升级的突破口和着力点。

（二）西藏大型企业快速发展。与我国经济形势变化相适应，西藏形成以旅游业、矿产业、藏医药业、高原特色农产品业、农畜牧业、民族手工业为主体的一体化综合化产业体系，对促进经济高质量发展发挥着重要作用。西藏旅游股份有限公司作为西藏最大的旅游公司，是西藏唯一的一家上市旅游经济实体，主要开展西藏的景区旅游、人文旅游、体育赛事旅游等特色旅游业务。西藏矿业发展股份有限公司作为西藏最大的矿产企业，立足西藏矿产资源在国内领先的资源大省地位，依托丰富的铜、铬、锂、铅等特色优势矿产资源，拥有良好的发展前景。藏医药作为西藏的特色产业，因其药物成分均来自海拔4000米以上的青藏高原，拥有传统中药不可替代的成分和疗效，而有别于其他省份的传统中医药，西藏藏药集团是国内最大的藏药种植、研发、生产、销售的一体化综合企业，产品远销海内外。

二、不同类型企业对西藏非公有制经济带来机遇与挑战

不同类型企业在西藏获得巨大发展，不仅为经济高质量发展作出重要贡献，也为民生改善发挥着重要作用，对西藏非公有制经济高质量发展既带来机遇，也形成挑战。

（一）国内大型企业入藏经营对西藏非公有制经济的影响

1. 全国其他省市大型企业入藏经营对西藏非公有制经济带来机遇。其他省市大型企业入藏经营对西藏非公有制经济带来机遇表现在：对西藏经济发展和产业布局产生重要影响，促进生产力提高和自主创新能力提升，表现在：第一，全国其他省市大型企业进入西藏经营优化产业布局。就西藏经济发展而言，非公有制经济为西藏经济发展繁荣作出巨大贡献。2014年以来，西藏非公有制经济发展处于快速增长阶段，规模增加、人员增多。党的十九大以来国家提出“精细化、高科技化、高质量化”发展要求，改变原来粗放模式、改变着传统产业布局。国内大型企业入藏经营，带来先进生产技术和管理理念，对改变西藏非公有制经济发展方向，淘汰一批污染大、能耗高、附加值低的落后产能意义重大。第二，带动企业自主创新热情。就传统专利而言，西藏专利特别是涉及非公有制企业的专利少，主要是因为西藏传统经济发展模式倡导别人先进的拿来用、别人应用好的拿来用，没有的拿来用的思想蔓延，使西藏非公有制企业希望依靠“拿来主义”解决发展问题。随着政策转型，自主研发、自主创新成为企业发展必由之路和生存之本，西藏非公有制经济不能自甘落后。为避免被入藏经营的国内大型企业吞并、重组，很多非公有制企业加快推进自主创新、自主研发。自主创新、自主研发促进非公有制企业更好、更稳定推进高质量发展。

2. 国内大型企业入藏经营对西藏非公有制经济形成竞争压力。其他省市大型企业入藏经营对西藏非公有制经济发展在同业竞争、组织发展、

人才需求等方面产生较大的竞争压力，具体表现如下：第一，其他省市大型企业入藏经营使西藏同行业中的非公有制经济间的竞争日益加剧。实践表明，产业布局优化、变更、变革过程也就是将现有市场打乱、重新分配的过程。西藏非公有制经济受传统发展、经营管理理念影响较大，其他省市大型企业入藏经营对它们是一次重大的冲击。入藏经营的大型企业带着先进设备、管理思路和经营方法，用更少的人力可以生产出数量更多、质量更好、价格更低的优质产品，这必然会对西藏非公有制经济发展带来冲击。由于市场分配被打破，西藏非公有制经济生存发展，在与其同质量非公有制经济间进行价格竞争，从而造成非公有制经济间同行业、同质量水平间竞争会日益加剧。第二，其他省市的大型企业入藏经营一定程度上遏制和限制西藏非公有制经济发展。西藏非公有制经济发展最大的约束本来就是资金，这些大型企业入藏经营，西藏非公有制经济发展的资金压力增加。第三，其他省市的大型企业入藏经营导致西藏非公有制经济人工需求竞争加剧。伴随着其他省份的大型企业入藏经营，用工需求呈现快速增长态势。西藏是我国面积第二大省份但是人口数量少的省份。人工需求增加会增加用工成本，这对西藏非公有制企业发展不利，使西藏非公有制企业盈利能力降低。

（二）西藏大型企业发展对西藏非公有制经济的影响

1. 西藏大型企业发展对西藏非公有制经济带来机遇。西藏大型企业发展对西藏经济发展具有非常重要的意义，对西藏非公有制经济发展起到“启明星”作用。很多西藏非公有制企业在借鉴、吸收和消化西藏大型企业先进技术、先进生产管理经验和模式基础上，实现快速发展。但这种企业毕竟是少数，西藏仍有很多非公有制企业仍处在自我半封闭状态下发展，基于传统销售渠道、传统技术发展推进发展，这无疑已经跟不上新时代下快速的技术革新与经济发展要求。西藏大型企业发展激励着西藏非公有制企业向着改变、变革、革新方向发展，并将改变、变革、革新作为企业核心驱动力。

2. 西藏大型企业发展对西藏非公有制经济造成压力。西藏大型企业发展，依然依托西藏特殊优惠的政策和特色优势资源，它们在经营过程中，在优惠政策获得利税减免、人才优惠政策等方面都比非公有制企业更有优势。伴随着其他省市大型企业入藏经营，西藏大型企业发展，西藏非公有制经济发展将会出现一定程度上的竞争加剧的现实挑战。

第二节　西藏非公有制经济应对不同类型企业的对策建议

一、促进西藏非公有制经济转变经营模式

伴随国家经济发展方式加速转变，传统意义上的粗而广、面面俱到的发展模式已不适应经济发展需要，西藏非公有制经济科学应对不同类型企业在藏发展对自身造成的影响必须转变经营发展模式。

（一）缩减常规产品比重。常规产品主要是指那些没有竞争力的产品，伴随工业化水平提升，其他省市大型企业入藏经营与西藏大型企业加快发展，常规产品数量呈现大幅增加势头，西藏非公有制企业如果一味地开展常规产品竞争，对非公有制经济发展不利，西藏非公有制企业应选出 1–2 种产品作为主打产品，加大人力、资金投入，使主打产品成为企业支柱产品，实现做精、做强。

（二）推进非核心产业链外包。对于一个西藏非公有制企业来说，从原材料进厂到生产加工成合格产品，最后销售出这种产品，就是一个产品产业链。企业应结合自身发展需要，区分出核心产业链和非核心产业链，对于核心产业链来说是别的企业无法超越的产业链部分，对于非核心产业链来说就是别家能做且做得更好的部分。企业应针对现有资金、企业规模及整体发展方向等诸多因素，进行综合考虑，从中优化分析出核心产业链和非核心产业链，重点做好核心产业链，将部分非核心产业链外包，交给更专业、做得更好的企业来做，这对企业发展无疑是有利的。

（三）大力开展市场营销推广。市场营销推广是宣传自己产品优势的过程，让更多客户认识了解产品优势。伴随互联网尤其是手机通信技术发展，智能手机现已成为人们的标配。西藏非公有制企业应结合时代发展需要，借助手机通信网络做好宣传推广。重点做好：第一，基于微信平台，做好微信公众号、微信朋友圈等宣传渠道，做好产品宣传推广；第二，借助企业自媒体、微博广告资源，开展产品宣传推广；第三，借助直播平台，选择合适主播对产品进行直播报道，用户与消费者基于能双方信息沟通、能答疑的基础上，获取更多客户资源。

二、促进西藏非公有制经济加强自主创新

西藏非公有制经济科学应对不同类型企业在藏发展对自身造成的影响，必须要强化自主创新。伴随着国家经济发展政策与经济发展模式的转变，企业自主创新将是企业未来赖以生存和发展基础，只有将企业自主创新与客户需求紧密结合，实现两者间无缝对接，客户才更愿意采购和使用企业自主研发的新产品，市场上才能更有竞争力，这样才有利于盘活企业，使企业未来发展处于不败之地。为切实做好自主创新工作，西藏非公有制企业应重点从以下几个方面着手。

（一）加大技术人才培养。技术人才储备培养是企业赖以生存发展的基础，因此加大技术人才培养显得非常重要。可以采取以下几个渠道：第一，与高校合作，由企业委派相关技术人员到学校进行深造，用这些技术人员在学校所学的各种专业知识服务于企业。第二，与社会专业机构合作，通过向社会专业机构引进人才与企业自有人才相互协作，提升企业自有人才技术实力和技术能力。第三，开展企业内部人才选拔工作，基于“技术比武”与“技术评比”相结合方式，从中选出优秀人才，并结合每年优胜劣汰一次原则，选拔出企业内部关键技术人才。

（二）加大“四新技术”引进。“四新技术”（新技术、新工艺、新材料、

新设备）发展已成为企业发展主流，尤其是互联网、通信技术不断发展，很多技术更新换代速度很快。为加快企业发展，加大“四新技术”的引进，使之为企业发展服务。关于加大“四新技术”引进方面可从以下方面开展：第一，结合某些专利人的专有技术情况，采取引进实施方法，将这些专有技术尽快付诸实际，在具体实施过程中，应尽可能降低和减少引入专利过程中，对企业生存发展所隐含的危机。第二，与前沿专有技术拥有企业合作开发，使这些专有技术能尽快在企业中扎根生存发展，为企业未来发展服务。第三，研究现有工艺中是否有可替代、可改进工艺，借助成熟具备可工业化应用实例来改进企业原有工艺，达到工艺更新换代目的。

三、促进西藏非公有制经济加强社会责任意识

引导非公有制企业有序参与国家政治生活和社会事务。做好非公有制企业代表人士发现培养，不断壮大代表人士队伍，协助做好政治推荐安排。密切与非公有制企业人士联系，深入了解他们的意愿诉求，及时通过人大、政协会议，提交议案、提案、情况反映等形式向党和政府反映。围绕提高政治把握能力、调查研究能力和建言献策水平开展专题培训，引导非公有制企业人士增强大局意识、责任意识，着眼经济社会发展、改革稳定发展等重大问题，反映社情民意。推动建立非公有制企业代表人士列席政府重要经济工作会议、参加外事活动等制度。引导企业履行社会责任，坚持依法安全生产，维护和谐劳动关系，支持配合企业党建工作，踊跃投身光彩事业、感恩行动、精准扶贫行动，加大对美丽乡村建设、基础建设等投资力度，推动和谐社会建设。

第七章　西藏非公有制企业的公司治理

第一节　公司治理结构理论与西藏非公有制企业公司治理现状

非公有制企业日益成为西藏经济重要组成部分。在新形势下，非公有制企业管理模式选择成为热门话题。传统家族式非公有制企业管理模式已经成为非公有制企业实现二次跨越的掣肘。如何立足西藏非公有制企业发展现状，探索西藏非公有制企业的公司治理创新，以提升西藏非公有制企业的公司治理效率成为重要的问题。为此，在对公司治理结构理论与西藏非公有制企业公司治理现状分析基础上，提出西藏非公有制企业公司治理创新措施。

一、公司治理理论概述

（一）公司治理内涵。企业要想获得成功与长久高质量发展，就必须要有完善的公司治理机制。所谓公司治理机制包括内部治理和外部治理两部分，它们从不同方面维持着企业良好运营。公司治理可分为内部治理和外部治理。内部治理主要包括所有权结构、董事会职能，以及相关高级管理层激励；公司外部治理主要指资本市场以及法律制度对公司影响，包括法律法规体系、政府监管、地区发展水平。

1. 公司内部治理。在内部治理方面，公司不同治理层级设置与相互关系是研究重点。这些层级包括所有权结构、董事会结构与职能都休闲小，帝以及公司管理层激励。

第一，所有权结构——股东治理。所有权结构对公司内部治理的优劣以及企业价值有着决定性作用，具体表现为股权结构对公司治理的影响、所有权与控制权的分离造成大小股东间潜在侵害动机与制衡关系。首先，大股东对公司内部治理有着双重效应，一方面大股东有动力和能力改善公司内部治理水平；另一方面，又出于对中小股东利益侵占潜在动机而阻碍公司内部治理完善。其次，大小股东在利益上的统一与不同，导致大股东或实际控制人受利益驱使，一方面又把企业做大做强，提升企业价值动力；另一方面又不可避免地会存在侵占小股东利益倾向。

第二，董事会设置——董事会治理。董事会作为重要的内部治理机制，是企业日常运营的决策机构，也是协调企业所有者与经营者的重要环节，发挥着代表所有股东对管理层发挥指导和监督作用。

第三，管理层薪酬——激励与约束机制。公司管理层是企业日常运营的具体实施者，与之相关的公司内部治理核心问题是如何通过适当的激励与约束机制，实现经营者与所有者激励相容：一方面充分调动管理层积极性促进企业业绩与价值提升，另一方面通过约束机制避免管理层对所有者权利侵占。论述管理层激励理论包括最优契约理论、经理层权力理论和团队生产理论。

2. 公司外部治理。外部治理着重探讨外部环境对公司内部治理的影响，这些外部环境因素包括法律环境、制度环境、文化环境、地区发展水平以及政府行为对市场及企业影响。在资本市场上，外部投资者以资金向企业投资，公司治理是保护外部投资者获得合理收益的治理系统，外部司法和监管体系、产品市场和劳动力市场竞争构成最重要的外部治理机制。

综上所述，公司治理的狭义定义，就是企业所有者，也就是股东针对经营管理者所实行的监督及制衡机制。也就是说，通过设计具体机制，从而能有效配置企业所有者和经营者权责关系。实施公司治理，主要是为充分实现股东利益，确保企业经营者与所有者利益目标一致。公司治理结构包含股东会、董事会、监事会及管理层，由此实现内部治理，这是其显著特征。公司治理的广义定义，除包含公司所有者针对经营者实行的制衡之外，还关系到股东、供应商、员工以及政府部门等和公司存在一定利害关系的团体及个人。运用完整的制度体系，其中有正式或非正式的、内部或外部的，实现公司和全体利益关联者利害关系的有效协调，从而实现公司科学决策，充分实现公司整体利益，这就是公司治理。从广义上来理解，公司不再局限于归股东所有，而属于利益综合体，公司治理机制，一方面是基于治理结构实现的内部治理，另一方面，公司利益关联者运用内外管理机制来实现综合治理。这样做，一方面是充分保障公司股东获得最大利益，另一方面是实现公司科学决策，在此基础上充分实现公司利益关联者获得最大利益。

（二）公司治理结构相关理论。“公司治理结构”则是一个狭义概念，从具体内涵上看，公司治理结构侧重于公司内部治理，主要包括股东大会、董事会以及高管之间权利及责任制衡制度和相关体系建设。也就是说，公司治理结构属于公司内部治理范畴，是公司对股东、董事会以及管理者间形成一种有效激励、约束与制衡制度安排。产权结构是公司治理基础。随着西藏非公有制企业不断发展，产权问题越来越受非公有制企业家重视。通过产权明晰，企业才能建立起现代企业公司治理结构，为企业发展提供制度保障。公司治理结构相关理论较多，其中与非公有制企业公司治理相关的主要理论基础有三大理论，即产权理论、委托代理理论和利益相关者理论，以及两大发展理论，即企业成长理论和技术创新理论。

1. 产权理论。1991 年诺贝尔经济学奖得主科斯是现代产权理论奠基者和主要代表，被西方经济学家认为是产权理论创始人，他一生所致力考察经济运行背后的财产权利结构，即运行的制度基础。他的产权理论发端于对制度含义的界定，通过对产权的定义，对由此产生的成本及收益的论述，从法律和经济双重角度阐明产权理论基本内涵。以马克思对产权的定义为指导，全面深刻地从正反两个方面分析研究科斯产权理论的实质和特点。产权理论认为，私有企业产权人享有剩余利润占有权，产权人有较强激励动机去不断提高企业效益。所以在利润激励上，私有企业比传统国营企业强。没有产权，社会是一个效率绝对低下、资源配置绝对无效的社会。能够保证经济高效率产权应该具有以下特征：第一，明确性，即它是一个包括财产所有者各种权利及对限制和破坏这些权利时的处罚的完整体系；第二，专有性，它使因一种行为而产生的所有报酬和损失都可以直接与有权采取这一行动的人联系；第三，可转让性，这些权利可以被引到最有价值的用途上去。科斯产权理论的核心是：一切经济交往活动的前提是制度安排，这种制度实质上是一种人们之间行使一定行为的权力。因此，经济分析首要任务界定产权，明确规定当事人可以做什么，然后通过权利交易达到社会总产品最大化。

2．委托代理理论。由于两权分离，很多股份制企业所有者失去企业控制权，在这种情况下，所有者就很难很好监督与约束企业实际控制者经营行为，控制者出于自身利益考虑进行管理与经营，就存在很大可能做出有损所有者利益的行为。为解决这一问题，就提出委托代理理论。委托代理理论在两权分离情况下将现代企业制度下所有者与管理者之间的关系特征总结为：企业资金运作和经营情况不对称、风险承担不对等以及经济利益不一致等。因为企业经营者拥有控制权，其负责对企业进行经营与管理，所以经营者具有明显的信息优势，因此其为获得更大个人利益，就可能做出损害企业所有者利益行为，就会产生代理风险。想要更好防范风险，并且在确保资金安全前提下使企业以及所有者都能获得最大程度投资收益，那么就必须要对经营者的行为进行约束与监督，这样才能够使企业所有者以及企业经营者的利益尽可能一致。 在委托代理关系当中，委托人是企业的股东或者说企业的所有者，而代理人是企业的控制者也就是经营者，可以将经营者理解为一个自利与有限理性的经济人，那么他的利益诉求就可能与企业及委托人出现不一致的情况，形成机会主义倾向。按照这个角度进行分析，那么公司治理结构所需解决的问题就是代理成本，解决这种问题最好的方式就是，委托人以恰当的方式约束与激励代理人，使经营者能够站在所有者的角度对企业进行管理。同时该理论认为，包括资本市场、产品要素、法律环境与企业的规章制度等外部治理机制，是形成对经理人员有效监督和约束的重要力量。

3．利益相关者理论。“利益相关者”这一词最早被提出可以追溯到1984年，弗里曼出版《战略管理：利益相关者管理的分析方法》一书，明确提出利益相关者管理理论。利益相关者管理理论是指企业的经营管理者为综合平衡各个利益相关者的利益要求而进行的管理活动。与传统的股东至上主义相比较，该理论认为任何一个公司的发展都离不开各利益相关者的投入或参与，企业追求的是利益相关者的整体利益，而不仅仅是某些主体的利益。利益相关者包括企业的股东、债权人、雇员、消费者、供应商等交易伙伴，也包括政府部门、居民、社区、媒体、环保主义等压力集团，甚至包括自然环境、人类后代等受到企业经营活动直接或间接影响的客体。这些利益相关者与企业的生存和发展密切相关，他们有的分担企业经营风险，有的为企业的经营活动付出代价，有的对企业进行监督和制约，企业的经营决策必须要考虑他们的利益或接受他们的约束。从这个意义讲，企业是一种智力和管理专业化投资的制度安排，企业的生存和发展依赖于企业对各利益相关者利益要求的回应的质量，而不仅仅取决于股东。这一企业管理思想从理论上阐述企业绩效评价和管理的中心，为其后的绩效评价理论奠定基础。

4．企业成长理论。18世纪70年代就已经出现企业成长理论，其提出者是亚当·斯密。亚当·斯密认为，合理的分工能够使生产效率得到提升，并且这一过程可以提升企业的产量，使企业的规模不断扩大发展，推动企业的成长。除此之外，亚当·斯密还提出，企业的成长同样会受到市场容量的制约。亚当·密斯提出的这一理论很好地开拓企业管理视野，为现代企业成长理论奠定基础。马歇尔也提出与亚当密斯类似的观点，他认为外部经济与内部经济是决定企业成长的重要因素。内、外部因素会对企业的成长产生一定的作用与影响。内部环境如企业自身的资源、组织结构、管理者经验、所有者背景等；外部环境如企业产品以及自身的生命周期、市场竞争情况、政策环境等。相对而言企业很难控制外部环境，但却可以通过合理的方式对内部环境进行控制与调解。如果企业能够及时应对外部变化，不断调整内部环境以适应外部环境，才能获得持续发展的竞争优势。

5．技术创新理论。熊彼特在其著作中首先提到创新这一概念，他认为企业需要在生产的过程中引入新的技术，对原有工艺进行改进，这样才能够使生产效率得到提升，并且使产品质量得到加强，企业经济效益才能有所提高。经过大量深入研究后，熊彼特提出，资本革命本质驱动力就是生产方式创新变革，经济增长基础就是技术创新。此后，随着研究不断深入，熊彼特又对其最初提出的创新理论进行完善补充，最终形成一个较完整的创新理论体系。熊彼特认为，打破传统排列组合，重构生产条件和生产要素，通过不断尝试获得更为高效生产方式就是创新。同时他认为企业创新包含5方面内容，分别是产品创新、生产方式创新、能源或是原材料渠道创新、市场领域开拓。熊彼特在其著作中对创新内涵进行全面剖析，提出公司发展主要驱动力就是创新，企业家需要不断基于创新进行实践。

总而言之，技术创新是一个利用旧资源从而开发新资源过程。新目标市场、新技术以及新产品都可以理解为新资源，企业获得新资源就能够使自身充满活力，健康稳定地持续发展，因此企业在发展的过程中都必须强调创新，通过利用更好的现有资源，将其转化为一种新的发展动力。对于技术创新而言，研发工作更为重要，如果没有研发，那么企业就很难取得新技术。因此，在以技术创新能力为竞争优势的时代，研究研发投入与企业成长性关系具有重要意义。

二、西藏非公有制企业公司治理现状

非公有制企业已经成为我国经济中重要组成部分，党的十八届五中全会强调要“鼓励非公有制企业依法进入更多领域，引入非国有资本参与国有企业改革，更好激发非公有制经济活力和创造力”。党的十九大把“两个毫不动摇”写入新时代坚持和发展中国特色社会主义基本方略，作为党和国家一项大政方针确定下来。2018 年 11 月 1 日，习近平总书记在非公有制企业座谈会上充分肯定我国非公有制经济的重要地位和作用，从六个方面政策举措，即减轻企业税费负担、解决非公有制企业融资难融资贵问题、营造公平竞争环境、完善政策执行方式、构建“亲”“清”新型政商关系、保护企业家人身和财产安全，落实支持非公有制企业改革发展。这些举措都为非公有制企业发展提供强有力的外部治理保障。

（一）西藏非公有制企业公司治理基本情况

1. 西藏非公有制企业外部治理机制逐渐优化。第一，西藏非公有制企业法人治理结构逐步改善。在调查西藏非公有制企业中，股东会、董事会、监事会健全的数量占被调查非公有制企业总数占比逐年优化。调查显示，大部分企业都能按《公司法》规定要求进行有效运作，能够按照具体情况建立自己的公司章程及相应法人治理结构，做到明确分工，各负其责，相互协调，相互制约，依法运作，为企业发展提供组织保证。第二，西藏非公有制企业不断开放经济股权。西藏区内一些规模较大的非公有制企业，如奇正藏药、宏绩集团公司、宁算科技集团等，在资本结构方面，通过引入外部投资，实现投资主体多元化，即由过去“家庭会”演变成为现在的“董事会”。一部分非公有制企业正拓展区外市场，从实践来看，吸引外部投资、开放经济股权不仅利于解决企业融资问题，更有助于解决企业法人治理结构问题。第三，西藏非公有制企业激励机制初步形成。有战略眼光非公有制企业创业者，运用先进企业文化和管理理念来经营管理企业，逐步实现所有权与经营权分离，如远大建材、阜康药业和宏绩等公司，他们一方面最大限度改善人力资源状况，另一方面建立规范公司治理结构，突破狭隘家族观念，聘请家族以外经营管理人才担任高级经理人，提高决策科学性。引进外部优秀人才，实施目标管理和人本管理，不断完善人才激励和约束机制，提高企业运作效率。

2. 西藏重点非公有制企业公司治理的示范作用明显。受调查非公有制企业在依法经营、规范运作方面为西藏非公有制企业建立现代企业制度树立榜样。如宏绩集团公司自 1997 年成立以来，逐步采用增量扩股形式组建，现建有股东大会、董事会、监事会等机构，领导体系规范健全，董事长、总经理由股东代表选举产生。新体制设立和运转以来，为企业增添新生机活力。阜康药业法人治理结构在组建中体现四个方面的特点：一是特色化管理，二是优质化服务，三是多样化经营，四是科学化发展。这些特点和做法有利于企业茁壮成长与长远健康发展，企业文化建设深入开展，成为非公有制经济发展，尤其是示范性企业的一大亮点。

（二）西藏非公有制经济公司治理存在的问题

西藏非公有制企业在发展初期，大部分企业规模偏小，不可避免地都有企业家既是所有者又是经营者、企业管治更多是通过企业家自身能力来实现的阶段，且有很强的家族式痕迹。因此大部分中小非公有制企业均为家族企业，公司治理问题更多地以“人治”为主、以企业家事必躬亲自身管理为主。存在问题如下：

1. 产权不够清晰。非公有制企业内部产权界定比较模糊，在企业刚刚成立时，非公有制企业往往都是家族企业，家庭成员负责管理企业日常活动，而且在非公有制企业起步时条件比较艰苦，很难招聘到适合的管理人才。随着企业规模的不断扩大，为实现企业长远发展目标，企业就必须实行产权分离，但是由于非公有制企业内部产权界定非常模糊，要想实现产权分离难度非常大，还很容易引起纠纷，给企业带来损失，影响企业的正常运转。在非公有制企业中，所有权和经营权是集中在一起的。但是《公司法》要求非公有制企业所有权和经营权相分离，只有实现所有权和经营权分离才能提高企业的竞争力，为企业发展注入新活力，这也是非公有制企业发展趋势。在非公有制企业所有权和经营权分离后，企业股东不会直接管理公司，企业需要外聘专业的管理人员，管理层是相对独立的，使企业管理更加科学化和规范化。很多非公有制企业股权非常集中，股东把持着所有权利，董事会只是形同虚设，不具备实质性作用，非公有制企业内部呈现病态。非公有制企业封闭的经营状态不仅不利于企业未来发展，也不利于企业留住和吸收更多人才。公司法视角下，非公有制企业董事会的职责包括：一是决定企业内部管理层设置；二是制定公司发展方案；三是制定公司管理制度等。但是，在非公有制企业董事会很难发挥出作用，董事长一个人掌管大权，导致公司内部非常混乱，公司没有制度可言，而且公司没有制定长远发展计划，只顾眼前利益，公司抗风险能力非常差，这样的非公有制企业很容易在激烈的竞争中被淘汰。

2. 激励机制不健全。很多非公有制企业依旧采用传统的激励制度，企业薪资发放形式有以下几种：一是月薪；二是年薪；但是无论是工资还是年薪都受到公司业绩影响，这就导致企业管理人员过于关注企业经济效益，忽略员工激励，导致员工工作热情和积极性较低。企业很多员工月薪是固定的，导致员工认为企业经济效益与自己无关，员工没有认识到自身价值，导致企业出现大量人员离职。由于非公有制企业管理权都掌握在股东手中，企业规章制度就是摆设，股东会直接决策公司事务，这就导致公司治理结构失去作用，严重阻碍企业发展。

3. 监事会不作为。根据国家《公司法》规定，非公有制企业监事会应该有董事会选举产生。但是，由于非公有制企业所有权和管理权集中在一起，股东往往会指定某些人担任监事，而且监事和股东之间存在利益关系，很多监事根本不作为，监事会形同虚设。除此之外专业监事需要掌握以下知识：一是法律；二是财务；三是会计。可是，非公有制企业内部监事不具备专业知识，监事会无法起到监督作用。

4. 治理结构中的委托代理问题。委托代理问题一直是社会关注的问题也是公司治理重要组成部分。具有一定规模企业，社会化发展也加快步伐，由于企业家想要经营更多市场，或者转向扩张业务范围，适当放权将时间和精力移转，这就涉及到委托人聘请代理人经营的结构，形成委托即代理关系，虽然企业经营绩效客观要求企业资产所有权与管理权两权分离，但由于双方各自利益不同，信息不对称导致代理风险产生，加上制度监督机制不完善、收益上分配不适当，影响企业持续发展。

5. 董事会构成问题。利益相关者理论认为企业经营管理者为综合平衡各个利益相关者利益要求而进行管理活动，企业追求的是利益相关者整体利益，而不仅是某些主体利益。西藏非公有制企业规模和业务上的特点决定其大部分董事选择一元结构，往往容易出现两职兼任情况影响监督和相互制约作用发挥。一方面，董事会成员容易被眼前利益所局限而做出不利于公司长远发展的决定。另一方面，董事会容易产生形式主义影响正常决策程序，这些治理结构上的问题不利于企业做出科学决策，阻碍企业长远发展。

另外，从非公有制企业自身看，很多非公有制企业过度依赖低成本要素投入，缺乏专业技术人才，企业产品单一，研发投入及创新不足，企业管理不健全，制度不规范亟待加快完善法人治理结构，建立现代企业制度。

第二节　西藏非公有制企业公司治理与创新

一、西藏非公有制企业公司治理现状

家族企业在世界各个经济体中占有举足轻重的地位，研究家族企业发展历程，可以得出在不同社会经济环境下，企业内部管理结构的发展脉络和阶段性特征，对提高家族企业治理效果和考量家族企业的转型问题有重要指导意义。西藏家族企业由于受到特殊历史、政治、文化、自然环境影响，

形成有别于祖国内地以“儒家文化”为代表的其他家族企业的特征：比如管理组织方式(以家族为主，区别于其他省市家族企业以家庭为主)、产品生产结构(以单一产品生产为主，区别于其他省市家族企业的多样化生产)、激励问题(有各种形式的非物质激励，区别于其他省市家族企业的物质激励为主)等。

（一）西藏家族企业公司治理特点

1. 公司所有权与经营权密切结合。由现代很多优秀家族企业可以看出，其产权结构链大多数是比较规范的纵向产权链，即最终所有权即法人财产权即经营管理权多个环节所组成，与此同时，也产生委托即代理关系。但是在西藏特殊区情环境下，家族企业所有权与经营权往往由企业所有者统一掌管，两者结合紧密。在公司所有者亲自进行企业相关经营决策下，其产权链相对较短。而且在很多家族企业制度中，公司资本来源及企业经营者和管理者都出自家族内部，这也就表明委托代理关系在西藏家族企业是基本不存在或者很少存在的。

2. 企业文化独特且凝聚力逐渐增强。家族企业在吸收文化、增加企业治理经验等方面，一般都是由家族共同拥有血缘关系，或者家族成员经历，或者是共同语言，很多方面来进行。这也使得家族成员一定会将其家族企业利益看作自己最高荣誉或利益，最终让企业文化相对其他普通企业来说较为独特，也让家族成员为家族企业作贡献观念意识提升。

3. 委托代理关系通常是私人关系。由公司所有权与经营权密切结合特点可知，虽然很多家族企业委托代理关系薄弱，但存在于少部分家族中。但是这一部分家族企业中的委托代理关系就企业来说，有很大一部分是以亲密私人关系为纽带的，即委托方不仅关注经济收益情况，还会强调情感关系收入。这也体现两点，首先是委托人维护自己良好声誉，保持长期利益，另外也体现代理方为追求委托方友谊、尊重等而做出本能反应。

4. 以股东为主导单边治理结构为主。由于受传承已久经营理念和很多管理体制影响，也受历史上儒家文化和社会关系制约，导致西藏大多数家族企业仍然采用业主制或合伙制，或某些股东占主导地位的单边治理结构。在这类治理结构中，家族企业所有者往往采用“一言堂”方式，进行专制独裁化管理，例如在企业重要岗位上安排自己亲属，虽然有董事会和监事会，但在传承已久的观念意识下，及由于董事会成员中家族人数有很大比重情况下，导致制衡作用不明显。但是在家族企业创业阶段，这种特殊性质也有其存在合理性和可行性，随着企业步入成熟阶段，这种独特治理结构会在一定程度阻碍家族企业发展。

（二）西藏家族公司治理模式有效性及存在问题

近十几年来，西藏家族企业一直保持着快速、稳定的发展态势，且发展良好。作为治理模式的一种，家族治理模式具有独特的治理效率，在推动西藏经济社会发展、维护西藏社会稳定方面发挥着重要作用。随着西藏经济迅速发展和市场化水平提高，西藏家族企业仅仅依靠家族自身资本已越来越不能满足企业发展需要。完善公司治理结构成为西藏家族企业发展中一些困境，对西藏家族企业高质量发展起着阻碍作用。

1. 家族治理模式有效性。非公有制企业在创立初期，资本有限，技术管理水平不高，信息资源缺乏，而家族内部资源正好弥补某些不足，使家族企业可以在较短时间内迅速集聚人力、资金，降低创业成本，较快完成原始资本积累。家族企业在企业治理方面具有特殊效率，在一定程度上保证家族企业能够良好运转，甚至取得更好经济效益。家族治理模式对西藏非公有制企业成长和发展发挥重要作用。

第一，激励约束双重化。在家族企业中，经营者受到来自家族利益和亲情双重激励约束，会为企业资产保值增值作最大保障，这是维持家族成员亲情有效方法。对于经营者而言，其经营行为是为光宗耀祖或使自己家庭更好生活，其他行为干扰较少，经营者出现道德风险、利己主义倾向可能性小，即使引入职业经理人之后，某种程度上这一点也还继续存在。内部人管理和经理人员高比例持股，使得公司利益和个人利益趋于同步，实现双重激励，是家族公司的控制方式和行为特征。

第二，家族是效用最大化组织。家族是在资源和技术约束下效用最大化组织。家族有别于一般企业，其内部交换和人际关系根源于与生俱来的血缘关系。家庭成员之间有密切联系和依恋，尽管彼此社会交换在大多数场合对其各自义务并没有具体规定，但文化价值和习俗规范都促使其在对应位置上提供服务，社会交换引发家族成员个人责任、激励和信任感。家族成员之间亲密关系为家族式企业实现效用最大化提供机会。对于家族而言，社会报酬对每个家族成员无疑具有不言自明的重要性，为得到更多社会报酬，家族企业内部必然要强化向心力，降低生产经营费用，以便取得更大经济效益。

第三，家族控制对提高企业效率具有重要作用。企业作为一个组织，其运作是在控制下进行的，目的是使企业处于最佳状态，达到尽可能高的效率。从家族企业组织结构看，企业主是这个企业的核心，环绕着这个核心的是与企业主有血缘关系或其他关系的管理层，再向外围推进则是更低级的管理人员和工作人员。家族企业不仅是家长式的，而且是集权化的，这种管理模式有利于企业运行的决策控制。而家族企业的股权由家族内部成员掌握，很少直接上市，这就减少企业在市场上被收购风险，有利于企业长期、稳定发展。

第四，家族企业的人际关系有利于企业发展。家族企业最显著特征就是企业内部存在的特殊人际关系，而且随着企业发展，这种人际关系必将延伸至企业间，并逐步形成企业间网络结构。网络作用就在于把与企业有关信息通过网络中的人际关系传递给企业家，也能帮助企业家及时掌握企业发展机会。企业组织之间网络提供与企业有关技术支持、融资和物质资源等信息，为家族企业发展提供有利条件。

2. 西藏家族企业公司治理存在的问题。家族治理模式虽然在企业成长和发展过程中发挥积极作用，但其存在问题对企业健康发展产生制约。主要表现：

第一，任人唯亲，不利于企业广揽贤才和科学管理。家族企业只可能在非常有限范围内挑选接班人，甚至企业接班人是注定的，不可更换的。但下一代不一定就适宜担任企业接班人。即使他们可能接受到较好教育，但他们的兴趣专长不一定在企业经营管理方面。家族企业就有可能发生危机。任人唯亲和经营不善，对家族企业而言是难以摆脱的恶性循环：任人唯亲→排斥异己→人才流失→人才匮乏→经营不善→家族危机，这种家族企业特有现象将其竞争优势丧失殆尽。因此任人唯亲而非唯才而导致企业失败的家族治理模式。

第二，企业领导权传递给第二代或第三代后企业有分裂、解散和破产风险。西藏家族企业创立者以其独特经营风格领导和维系家族企业，企业管理层已长期适应“家长”风格。一个风格迥异或才德不足的接班人，往往难以服众驾驭全局，而家族中一些羽翼丰满或不满现状的家族成员又暴露出离心倾向，随着家族企业内部各种矛盾激化，家族企业崩溃分离就为期不远。因此，企业领导者如何选择好接班人是个很重要的问题。

第三，产权封闭限制企业规模发展。西藏非公有制企业在家族企业制度下，企业产权通常是封闭的。家族持有股权，既不愿外界前参股，也不打算走产权多元化道路。有时尽管成立有限责任公司，引入现代企业制度，实行股份制，但股份化程度很低，股东在两人以上，但持股者或是妻子儿女，或是少数亲戚，董事会形同虚设。在封闭性产权条件下，家族企业所有权社会化和公开化程度低，企业融资渠道狭窄，企业发展主要依靠自身积累和原有股东再投入，很难吸入社会资金，为不让外界了解企业经营状况和股东状况，企业连银行融资方式也拒绝，这就更加阻碍非公有制企业成长。

第四，家长集权，不利于决策透明化和民主化。家族企业集权管理和决策往往有很大局限性。家族企业决策实际上是家长个人决策。企业规模扩大和市场竞争加剧后，家长个人独断专行的决策很可能脱离实际，以致造成投资或经营方针重大失误。在这种情况下，家长与晚辈之间可能形成巨大裂缝，导致企业解体倒闭。

第五，重人治、轻法治，容易影响组织创新能力。一些家族企业实行家长式管理，又没有相应约束机制，经营中经验管理和盲目决策现象时有发生，容易滋生独断专行和官僚主义，使企业在不知不觉中失去竞争活力。企业引入家族关系，使企业内原本比较简单的人际关系复杂化，家族关系又会压迫和屏蔽工作关系。一个人在企业中，既是家族一员，又是企业一员，还容易引起角色冲突。这一切都将导致企业目标多元化，管理目标多元化，企业效率会下降。家族企业中的家族成员，至少有三个目标：利益收入、稳定家族生活及家庭关系、防范外人。企业中家族网形成，意味着企业中形成小利益共同体，这个网阻碍其他人创新甚至阻碍他人能力正常发挥，从而阻碍企业发展。

第六，缺乏对家族以外公司人力资本激励。很多非公有制企业通过采取在公司中创造和培育一种家庭式氛围，使员工产生一种忠诚感和归属感，对提高公司亲和力和凝聚力发挥重要作用。但上述做法只对稳定家庭外人力资本发挥作用，而在激励家族外人力资本方面未能发挥出应有作用。这是因为，家族治理模式等级森严，家族外员工不持有公司股份，因而对公司关切度低。这种情况使具有人力资本潜质的家族外员工能力和智慧不能通过有效形式发挥出来，造成公司人力资本浪费。

第七，传承管理体制和传承人培养机制不规范。西藏家族企业传承管理体制和传承人培养机制有别于祖国内地家族企业。在“二代继承”这一问题上，西藏家族企业并不像其他省市家族企业那样以“嫡长子”继承为主，可能会将企业所有权交给“养子”，甚至是“女婿”，这也是西藏家族企业一大特色。这种传承方式会影响对企业继承人的培养，使传承目标不明确，培养不规范，这就会导致有部分企业传承人管理、创新能力不够。

突出传承管理不规范，影响企业持续发展。家族企业与现代化企业管理并不矛盾，家族企业不等于家族管理。事实上，家族企业是在企业制度层面上解决出资人结构问题。家族化管理、任人唯亲，则是管理者经营方式上出的问题，所以家族企业应吸收现代化管理模式，在企业内部资源无法满足企业生存和发展需求时，从外部选择职业经理人。

二、西藏非公有制企业公司治理创新

非公有制经济作为西藏经济组成中不可或缺的重要部分，其公司创新治理显得尤为重要。为此应从西藏家族企业自身以及自治区两方面促进西藏非公有制企业公司治理创新。

（一）西藏家族企业自身促进公司治理创新措施

针对西藏非公有制企业公司治理存在问题，重点需完善非公有制公司治理制度，在非公有制企业自身促进公司治理方面，具体措施有以下几个方面：

1. 着力解决产权问题将一人的公司、合伙公司升级为“股份有限责任公司”，敞开吸股和参股大门。工商行政管理部门引导企业创始人严格把关，对没有按照公司法设置股东会、董事会、监事会和内部审计部门及财务总监的，不给予登记注册；已经登记注册，但没有按照公司法设立上述部门或虽设有若干部门，但残缺不全的，令其限期整改，整改后仍然不符合公司法要求的，注销其登记注册；公司制度没有按照公司法要求设计的，也要令其整改，整改不合格同样注销其营业资格。这样才能让非公有制企业逐步完善公司法人治理结构和治理制度，为非公有制公司的发展打下基础。此外，通过工会组织及时调解劳资矛盾和劳资纠纷。

2. 完善非公有制公司组织架构，为发展建立坚实组织基础。非公有制公司除按公司法一定要设立股东会、董事会、监事会、内部审计部门外，还要设立人才管理部、人力资源部、业绩考核奖惩部、科技创新中心、市场预测与营销部、项目开发与风险评估中心、企业文化设计传播中心等部门。各部门职能、权限、责任、目标、考核指标，都要有专门文件规定清楚，各部门按照规定行使权力，履行职责，完成任务，实现目标，接受考核。防止各部门之间相互越权或扯皮、相互推诿，股东大会和董事会要按照考核结果，该奖则奖，该罚则罚；该提拔重用则提拔重用，该追究责任则追究责任。做到奖惩分明、奖勤罚懒，有功必赏，有责必究，有错必纠，这样才能充分发挥公司法人治理制度激励与约束功能。

3. 完善考核制度，创新分配制度。建立具有强效激励功能的按贡献分配利益的薪酬制度，分配制度改革一定要打破非公有制公司以往按血缘亲疏关系为标准的利益分配制度。建立并严格实行按贡献分配利益薪酬制度和职务晋升制度。如公司在使用科技发明和创新技术时，按新发明、新技术所带来整体效益提成给研究人员；营销部门工作人员则按销售利润总额一定比例提成给销售人员；经营管理人员则按公司总盈利一定比例提成给他们发年薪；办公室人员、审计部门人员、后勤管理人员则按各部门员工人均薪酬发放；管理层人员特别是高管人员还可考虑采用股份期权的办法计算他们的薪酬。

4. 在委托代理中，双方各自利益不同，信息不对称导致代理风险必然产生。所以就要求完善制度上监督机制、收益上适当分配，给企业高质量发展带来催化剂。

（二）政府促进西藏家族企业公司治理的创新措施

1. 在促进公司内部治理方面的创新措施。西藏应当全面引导非公有制经济提高自身素质，具体措施如下：第一，认真贯彻执行国家法律法规。非公有制企业要服从国家宏观调控和自治区产业政策，严格执行有关技术法规，自觉遵守安全生产等有关规定，依法、诚实、守信经营。第二，规范企业经营管理行为。非公有制企业要建立规范产权、财务、用工各项内控制度，强化企业内部管理，建立会计核算制度，如实编制财务报表，依法报送统计信息。第三，完善企业组织制度。依法建立健全企业工会组织，依法坚持和完善民主管理制度，依法建立健全企业内部劳动争议调解组织。建立健全平等协商、集体合同和工资集体协商制度。加强劳动合同管理，规范用工行为，建立健全劳动纠纷调解制度，构建和谐劳动关系。并强调公司制企业要依法完善法人治理结构，实施职工董事和监事制度。建立完善现代企业制度，推进制度和管理创新，提升企业管理效率和水平。第四，提高企业经营管理者素质。自觉学习掌握国家法律法规和各项方针政策，增强法制观念、诚信意识和社会公德，提高自身素质。建立非公有制经济代表人士社会考察制度，引导鼓励非公有制企业参与社会公益性活动，增强社会责任感。加强非公有制经济的人才队伍建设，实行优惠政策，鼓励各类人才到非公有制企业创业、就业，对非公有制企业引进的人才，妥善解决其户籍、档案、职称评定、子女就学入托等问题，完善配套政策。第五，推进企业精神文明和企业文化建设。制定符合非公有制企业特点的文明单位创建办法，加快非公有制企业精神文明建设步伐。吸纳有关专业代表人士参与，建立企业文化评价标准和企业社会责任评价标准。充分挖掘非公有制企业文化中的积极因素，培育企业文化。

2．在促进公司外部治理方面的创新措施。西藏人民政府切实维护非公有制经济合法权益：第一，依法保护企业私有财产和合法权益。任何单位和个人不得侵犯非公有制企业合法财产，不得改变非公有制企业财产权属关系，不得干预非公有制企业依法进行生产经营活动。非公有制企业合法权益受到侵害时提出行政复议、投诉，有关部门要依法及时受理、处理，公平对待，限时答复。第二，切实保障从业人员合法权益。各相关部门要依法监督、指导非公有制企业维护从业人员合法权益。严格执行国家和自治区劳动用工法律法规，全面推进企业与从业人员签订劳动合同，依法保障从业人员各项权利。第三，提升非公有制经济人士的政治地位。推荐表现突出的非公有制经济人士成为各级党委代表、人大代表、政协委员、工商联执委、劳动模范、优秀中国特色社会主义事业建设者候选人，建立健全非公有制企业和优秀企业家表彰奖励制度。表彰先进人物，加大宣传优秀非公有制经济人士的力度，营造爱护、尊重非公有制经济人士的社会氛围。

深入贯彻落实习近平总书记在非公有制企业座谈会上重要讲话精神。持续推动政策落实、帮助企业解决问题，度过难关，助力非公有制企业实现高质量发展。第一，培育骨干企业。与国内知名信息技术服务企业和信息产业科研院所开展合作，培育拥有自主知识产权和自主品牌的龙头企业，支持龙头企业通过联合、兼并、收购等方式实现产业整合，促进人才、资金、技术等各类生产要素向龙头企业集中。第二，创新人才引进机制。树立“不求所有、但求所用，不求常住、但求常来”的观念，把引进人才和引进项目、引进技术相结合，利用人才交流、技术援藏、定期服务、技术开发、科技咨询、兼职、顾问等方式引进国内外高素质人才。建立专业技术人才双向挂职交流机制。加大引进人才激励政策力度，以股权、期权激励方式，面向国内外引进西藏产业发展急缺的研发与技术人才、管理营销人才。支持非公有制经济和中小微企业发展，帮助提高专业化协作水平和组织化程度。激发保护企业家精神，增强企业家信心，构建“亲”“清”新型政商关系，让非公有制企业在市场经济浪潮中尽显身手。

第八章　西藏非公有制企业融资创新

第一节　西藏非公有制企业融资现状及存在问题

企业融资是指以企业为主体融通资金，使企业及其内部各环节之间资金供求由不平衡到平衡的运动过程。当资金短缺时，以最小代价筹措到适当期限、适当额度的资金；当资金盈余时，以最低的风险、适当的期限投放出去，以取得最大的收益，从而实现资金供求的平衡。融资可以分为直接融资和间接融资。直接融资是不经金融机构的媒介，由政府、企事业单位，及个人直接以最后借款人的身份向最后贷款人进行的融资活动，其融通资金直接用于生产、投资和消费。间接融资是通过金融机构的媒介，由最后借款人向最后贷款人进行的融资活动，如企业向银行、信托公司进行融资等等。融资对企业发展具有重要影响，为促进企业发展壮大，西藏非公有制企业融资过程存在诸如融资难、融资渠道窄等问题。

一、西藏非公有制企业融资现状

由于西藏经济和金融发展滞后于全国平均水平，西藏非公有制企业面临的融资压力更大，西藏虽实施特殊优惠金融政策，但由于金融组织机构体系不完整，发展与服务水平有限，非公有制企业融资难问题依然突出。

（一）西藏非公有制企业信贷规模持续扩大。伴随西藏经济发展，西藏信贷融资是非公有制企业融资主要模式。据央行统计数显示，2018 年，金融机构人民币贷款余额 136.3 万亿元，同比增长 13.5%。小微贷款余额 8 万亿元，同比增长 18%，增速比上年末高 8.2 个百分点，增加 1.22 万亿元，同比多增6143亿元。虽然国家出台多项举措纾解民企融资困难的问题，然而受社会金融环境的制约，西藏的非公有制企业融资仍存在很多困难。截至2020年末，西藏非公有制企业贷款余额同比增长6.7%，增速比上年同期高1个百分点，低于同期总体贷款增长水平。非公有制企业在金融机构贷款占比仍然不高。据不完全统计，现在银行业贷款余额中，非公有制企业贷款占25%，而非公有制经济在国民经济中的份额超60%。非公有制企业从银行得到的贷款和它在国民经济中的比重还不相匹配、不相适应。且非公有制企业贷款绝大部分是流动资金贷款，贷款要得急，频率高，户均数量少，贷款风险大且管理成本高，银行容易出现对大企业争贷而对非公有制企业惜贷情况，加剧非公有制企业融资难。

（二）西藏非公有制企业正规金融渠道融资依然困难。西藏非公有制企业普遍缺乏资金。从非公有制企业基本情况和资金运用情况两个角度来分析西藏非公有制企业的融资现状。调查显示，82%的非公有制企业表示自己曾经或正在出现长期资金短缺情况，只有18%表示从来没有资金短缺情况，其中53.5%非公有制企业有300万元及以上贷款需求，说明西藏非公有制企业资金需求旺盛。银行贷款是各类市场主体实现融资最基本渠道。而银行为保证贷款安全、防止出现坏账，把力求稳健作为第一要务，以规避不良贷款为首要原则。银行是否放贷主要取决于信贷风险高低大小。银行经营这一特点既是内在属性根本要求，也是遵守金融监管部门外在规定的必然。因此，在信息不对称条件下，为防范道德风险发生和逆向选择问题，银行通常会对申请贷款企业资信状况和偿债能力进行认定，只有认定达标企业才有资格获得银行贷款。非公有制经济绝大部分以小规模企业为主，存在管理缺乏规范、存在账目混乱、合格抵押品缺乏等问题，很难通过银行贷款认定。

（三）内源比例过大，外源融资不足。西藏非公有制企业非常依赖内源融资，特别是初创期企业。企业绝大部分投融资活动通过自有资金维持，这些资金大都来自企业主自己及其亲朋好友。随着企业发展，对资金需求急剧增加，企业主要融资来源依然是内部融资，极少通过发行股票和债券进行外部融资。虽然内源融资成本低，在企业初创期可减少融资成本，但是在初创期之后由于企业快速发展面临资金压力接踵而至，内源融资成为杯水车薪。调查显示，60.3% 企业在资金短缺时向银行申请贷款成为首选，但是由于种种原因中小企业难以从银行取得贷款，甚至出现由于资金周转困难而拖欠水电费情况。

（四）非正规渠道融资成本提高。由于数量更多的非公有制企业无缘参与正规金融市场融资活动，大量非公有制企业尤其是中小非公有制企业只能通过互联网 P2P 渠道或者是民间小额借款等渠道筹集资金。调查显示，2017 年以来，在以“去杠杆”“强监管”“控风险”为特征的稳健型金融政策压力下，大量非正规金融渠道受到整顿压减，原有融资渠道狭隘受阻，导致非公有制企业融资难问题更加突出。以委托贷款、信托贷款为代表的影子银行业务受到重点管控，影子银行业务存量规模大幅度减少；互联网 P2P 借贷行业成交量同比下降，民间借贷利率上升。一系列防范化解金融风险监管政策在发挥监管作用同时一定程度上压缩非公有制企业从非正规金融市场融资空间，推升非公有制小微企业从非正规渠道融资。

二、西藏非公有制企业融资存在的主要问题与原因

调查显示，2017 年以来国家去杠杆稳金融政策的实施，使我国货币金融政策朝着中性偏紧态势发展。金融政策调整促使金融市场总体开始进入整体偏紧状态，各类市场主体均感到明显的资金压力，而其中非公有制企业受到融资压力尤甚。由于一些主客观原因，西藏非公有制企业在融资中还存在一些问题。具体分析如下：

（一）西藏非公有制企业融资过程存在问题。西藏非公有制企业资金需求呈现期限短、额度小、频率高、时间急，资金筹措渠道狭窄，融资渠

道不顺畅，资金需求不能及时有效得到供给；非正规渠道民间融资比例过高，筹资成本高等特征。从企业经营和财务状况看，绝大部分中小企业尚未达到发放企业债券或发行股票基本条件；企业信誉度低，甚至在银行开具承兑汇票资格能力都不具备；其所处行业发展潜力，也无法吸引外商或风险投资者进行投资。具体如下：

1. 银行审贷流程较为繁琐与西藏非公有制企业资金需求不相符。非公有制企业向金融机构提交贷款申请后，通常需要复杂审贷手续，金融机构要经过层层审批、逐级审核，审贷流程繁琐、周期长，据个别非公有制企业反映，从接收贷款申请到最终发放贷款，短则需要 1 个月时间，长则需要 3–4 月时间才能最终收到银行发放的贷款，不能有效满足非公有制企业“短、频、快”的资金需求。

2. 融资担保体系不完善，信贷保证方式较单一。融资担保能有效缓解了非公有制企业融资难问题。西藏担保机构数量少、分布集中、业务品种单一，没有再担保机构，远不能满足非公有制企业融资担保需求。融资担保扶持政策缺少抓手，难以形成整体性融资担保体系。在西藏非公有制企业融资中，金融机构多采用传统抵押质押担保，缺乏以存货、仓单、知识产权、厂房租赁合同等作为担保产品进行担保融资的灵活多样担保方式，降低非公有制企业贷款可获得性。

3. 融资结构有待优化，融资渠道较为单一。由于西藏长期实行优惠贷款利率政策，能有效降低企业融资成本，对非公有制企业有较高吸引力，致使非公有制企业高度依赖间接融资，外部融资渠道较为单一。非公有制企业普遍不具备债券融资和股权融资条件。调查显示，非公有制中小企业中 80% 以上外部融资都源自银行贷款，相比而言从资本市场获取资金能力较弱。2018 年末，西藏非公有制企业银行贷款余额 400 多亿元，而非公有制企业通过发行债券来进行直接债务融资债券余额仅为 76 亿元，在企业融资结构中占比较小，这从侧面反映出，西藏非公有制企业直接融资渠道较为缺乏。

4. 信用体系建设不完善，银企信息共享机制不畅。调查显示，银行业金融机构与企业信息不对称，直接影响非公有制企业融资水平。银行业金融机构要想获取企业信息，只能通过到企业实地考察、人民银行征信系统、金融服务平台查询。但人民银行征信系统只包含企业在银行领域信息，缺乏信息数据，使得银行不能准确掌握企业信用信息，西藏银企间信息不对称在一定程度上仍然客观存在。

5. 资金供需不平衡，加大融资难度。经济新常态下非公有制企业不得不转型升级、寻求新增长点，融资需求增大，但在社会融资增速不断回落背景下，资金供需矛盾加剧，导致融资难度加大、融资成本增加。面对西藏非公有制企业融资需求，银行普遍不敢贷、不愿贷款给非公有制企业。非公有制企业与中大型国有企业相比，客观存在经营管理不规范、风险管控不严格、生产经营波动性大、普遍生命周期较短、内部管理不完善、财务制度不健全、财务信息不公开透明、缺乏必要融资担保等诸多劣势。银行收集企业信息手段单一、渠道有限，信息不对称导致银行不敢向非公有制企业贷款。非公有制企业与中大型国有企业融资需求相比，普遍具有融资数量大、涉及面广、单笔融资金额小，以及工作量大、审批成本高、收益小的特点。而银行内部考核机制，是以风控为根本、利润为导向，导致银行不愿向非公有制企业贷款。

（二）西藏非公有制企业融资难的原因分析

1. 西藏非公有制企业融资难的主观原因。第一，西藏非公有制企业内部管理能力有待提高。西藏非公有制企业缺少完善现代企业管理制度，管理水平落后，风险抵御能力弱。缺少可以用于抵押担保资产，在融资渠道开拓上缺乏主动性，渠道单一，融资能力低。信用观念淡薄，信用等级偏低。西藏非公有制企业“家族化管理”普遍存在，未建立规范现代企业制度，缺乏“纠偏”机制，管理人员素质及能力的局限性制约企业良性发展。内部管理能力欠缺多体现为：企业缺乏完善、规范的管理制度；机构不健全，部分管理功能无法发挥，管理质量和水平长期处于不规范状态；内部控制体系形同虚设，彼此不相容岗位未单独分设，内控失效；风险投资意识淡薄，抗风险能力差。第二，外部市场竞争力不强。西藏非公有制企业局限于低层次加工模仿及服务性竞争性行业，产品技术含量低，创新服务较少。受人才、资金等不足限制，产学研自主创新能力建设投入不足，造成市场竞争力不强，无法获得金融机构估值信赖。非公有制企业研发资金支出占销售额比重过低，研发投入少，企业技术改进和创新动力不足，核心竞争力受影响，丧失外部竞争强有力资本。第三，综合可持续发展能力弱。公司治理结构不健全、研发投入不足、人才流失、经营管理理念落后、运作方式不规范使西藏非公有制企业可持续发展能力受到严重挑战。股权结构不清晰，会使企业陷入股权重新分配、争夺管理权之中，造成企业发展不稳定，会造成企业分裂甚至破产清算。

2. 西藏非公有制企业融资难的客观原因。第一，融资渠道狭窄，融资结构不匹配。西藏融资市场发展滞后，融资渠道狭窄，西藏发行债券企业微乎其微，债券直接融资市场处于待开发状态；风险投资公司、无私募投资基金不足。融资渠道单一使得非公有制企业只能依赖银行信贷，造成供需矛盾突出，供不应求。融资结构不匹配指银行结构与企业结构不匹配，西藏企业中 90% 以上是非公有制企业，但是银行业金融机构中只有西藏银行、民生银行拉萨分行和两家村镇银行属于小型金融机构。大型国有银行在支持重大建设项目和大型企业方面具有优势，而中小型银行在服务中小微企业方面具有运作灵活优势。可西藏非公有制企业只能依靠大型国有银行，结构错配明显。第二，企业信用条件较差。西藏非公有制企业盈利能力较差，申请信贷相对劣势。西藏非公有制企业整体实力较弱，发展水平低，普遍存在规模小、轻资产、所有权集中、劳动密集、信息不透明、经营波动大、抗风险能力弱、公司治理机制不完善等特点。企业生产经营简单粗放，财务制度不健全，产品同质化现象突出；科技型、创新型企业少，资源简单开发或产品简单生产的企业多；建筑业、住宿餐饮业和批发零售业企业受劳动力工资成本以及其他生产要素价格走高的影响很大。这些都是银行信用评级中重点评估的内容，也是影响企业长期盈利能力的重要因素，西藏非公有制企业很难通过银行信用评级和风险评估。第三，利率市场化程度较低。全国范围内贷款利率已经基本实现市场化。但是在西藏考虑到非公有制企业经营成本高，贷款利率上限一直没有放开。对于能够从银行获得贷款的区内企业来说，这在一定程度上减轻融资成本。但是从另外一方面来看，很多优质区外企业乃至央企都觊觎这一优惠政策，不可避免对本来可能获得贷款本区非公有制企业产生挤出效应，抑制区内非公有制企业贷款可获得性。

第二节　加快西藏非公有制企业融资创新的对策建议

一、加快西藏非公有制企业融资创新的外部环境建设

外部环境建设对加快非公有制企业融资及其创新具有重要影响，在新时代背景下主要通过以下措施加快西藏非公有制企业融资创新。

（一）加快西藏相关金融机构建设

1．强化服务实体经济的责任意识。金融是维系实体经济生存的血脉，在服务实体经济、推动供给侧结构性改革中，银行起着不可替代的作用。以银行为主的金融机构，应践行金融助力新旧动能转换理念，不断提升对西藏非公有制企业服务效率水平，构建普惠化、便利化的金融服务。对符合西藏产业和环保政策，有利于扩大就业、有还款意愿和还款能力、具有商业可持续性的非公有制企业，在风险可控的前提下，银行应加大信贷投放力度，可坚持“三优先”原则即优先列入支持序列，优先审批授信业务，优先安排贷款投放，促进非公有制实体经济高质量发展。

2．简化贷款流程提高审贷效率。探索建立适合西藏非公有制企业资

金需求特点信用评价机制，清理不必要的通道、过桥环节，充分利用预授信、平行作业、优先办结等方式，确保审批时效。建立西藏重点非公有制企业审查审批绿色通道，按照“精简、规范、效能”原则，推进流程再造，整合业务办理环节，试行审批人制度，推进“一次调查、一次审查、一次审批”，以提升信贷审查效率，保障西藏非公有制企业信贷供给，切实满足非公有制企业融资需求。

3. 建立差异化信贷服务。一是根据西藏非公有制企业所需资金量大、周转速度慢的用资特点，完善西藏非公有制企业授信业务制度，在有效防范信贷风险、提高信贷资产质量前提下，扩大授信主体范围，增加授信额度，提高非公有制企业贷款规模和比重；合理下放贷款审批权限，简化信贷审批程序，降低企业借款成本，提高贷款审批效率；完善抵质押物认定，采取动产、应收账款、仓单、股权和知识产权质押，重点关注产品有市场、技术含量高、发展潜力大、综合效益好的企业开展贷款担保业务，缓解西藏非公有制企业贷款抵质押不足的问题。二是在风险可控前提下，适度放松贷款条件。在选择客户上，企业、特别是符合西藏引导支持非公有制企业，只要法人代表信誉良好，企业产品有潜在市场，符合国家产业政策，就要大胆施贷予以支持；对已有信贷关系、信誉良好、金融意识强、经营前景较为乐观，但是效益暂时欠佳的企业，可以落实还款保证的前提下，通过封闭贷款短期授信业务等方式帮助企业尽快扭亏为盈；对于出现不良贷款的非公有制企业，银行应为企业提供信息、出谋划策，帮助企业转制，盘活不良贷款。

4. 加快推广创新金融产品。完善金融产品体系。加大推广西藏非公有制企业简式贷等全行性特色金融产品，推出知识产权、应收账款、仓单质押等适合市场需求的新型担保融资产品，探索多户联保、网络联保等担保模式。加快西藏非公有制企业新产品研发步伐，协调各监管部门，各驻藏金融机构要争取总行政策支持，尽快推出适用于西藏非公有制企业创新产品，同时加强与总行相关部门沟通，争取总行尽快批准现行研发上报的新的金融产品，尽早在西藏推广应用。拓宽信贷支持途径充分利用好中央赋予西藏特殊优惠政策推进与担保机构互利合作，围绕产品有市场、管理规范、讲诚信优质小微企业，切实加大信贷资金投放力度。创新贷款保证方式。逐步改变注重抵押、质押单一模式，将保证方式扩大到信用保证、动产质押、第三方担保、企业主信用、其他权利保证及未来现金流保证。

加大金融产品创新，满足西藏非公有制企业多元化需求。西藏银行业金融机构要不断加大金融产品创新，加强对互联网+、大数据、云计算的信息技术运用，优化传统信贷的审评流程和企业信用评价，缩短贷款发放时间，提高金融服务便利度。充分利用大数据技术，依托对客户“财务+行为+交易”数据分析，结合征信、税务、海关、工商及第三方信息，主动为符合准入条件非公有制企业授信并自动审批其提交贷款申请，提升西藏非公有制企业金融可获得性。针对西藏部分非公有制企业对流动资金“短、频、快”需求，推出有针对性金融产品，满足融资需求。持续推进区内金融机构在风险可控前提下，增加西藏非公有制企业信贷管理弹性，对符合条件的西藏非公有制企业做好转贷、续贷，缓解融资压力。

5. 促进西藏金融创新。国有大型银行、大型商业银行在西藏相继成立分支机构，成立中小企业融资部门，但国有大型银行业务操作不够灵活，自上而下业务权力集中，缺乏灵活性而不能适应西藏多样化经济形势。因此首先要建立西藏地方小型金融机构，培育具有西藏特色小型金融机构。比如小额贷款公司、健全金融体系，助力西藏经济发展。培育地方金融机构比引入大规模金融机构更具主动性。其次鼓励西藏非公有制企业出资组建属于自己的融资机构，扩大非公有制企业融资渠道，降低融资难度。再次注重金融创新，在贷款抵押物方面，改变抵押物单一现状，创新抵押物多样化，比如可以采用政府采购项目、订单抵押等为非公有制企业创造多样融资渠道，缓解非公有制企业融资难问题。

（二）西藏政府层面的金融专项政策扶持

1. 完善融资担保体系。针对西藏融资担保机构数量少、规模小、运作不灵活的现状，建议构建政府主导、市场化运作、多方参与、风险分担、机构完备的融资担保体系。设立融资担保基金，对满足条件机构予以风险补偿。不断完善担保融资制度，支持以机械设备、农村承包土地经营权、林权、草场承包经营权、知识产权等为担保品的担保融资。支持以行业协会、商圈骨干企业为纽带的商圈融资模式，对商圈企业整体授信、分类用信，扶持商圈企业发展，丰富融资担保方式。探索设立非公有制企业贷款风险补偿基金，建立信贷风险共担模式。探索设立非公有制企业纾困基金，帮助短期流动性出现困难非公有制企业度过阶段性困难时期，支持辖内非公有制经济健康、稳定发展。引进培育金融信息服务机构。根据需要制定政策引进培育一批较高层次的资信评级、资产评估、会计、财务审计的专业化金融中介服务机构，破解信息不对称难题，为非公有制企业融资担保提供信息服务。

2. 鼓励非公有制企业进行债券融资。借鉴全国非公有制企业债权融资支持工具试点成功经验，结合西藏实际，在对非公有制企业风险有效识别和控制基础上，与债券信用增进公司、银行间市场交易商协会展开合作，为符合条件非公有制企业提供增信支持，支持符合条件非公有制企业在银行间债券市场进行债券融资。对重点非公有制企业发债给予一定贴息，鼓励西藏重点非公有制企业债券融资。通过与信用增信机构联合创设或单独创设信用风险缓释凭证方式，为非公有制企业债券融资提供信用风险保护，有效稳定债券市场预期，优化非公有制企业债券融资环境。建议政府职能部门对企业恶意逃避银行债务行为予以披露，严查严管，对于恶意欠贷企业股东和法定代表人不予办理新企业注册登记，在清收方面给予各家银行支持，坚决打击不良企业逃废债务和恶意骗贷行为。

3. 拓宽多元化融资渠道，增强非公有制企业融资能力。鼓励西藏非公有制企业利用银行信贷促进发展的同时，探索非公有制企业多元化直接融资渠道。一是支持非公有制企业进行规范化公司制改造，鼓励利用多层次资本市场进行改制、挂牌、定向转让股份和融资。支持非公有制企业市场化法制化债转股。二是制定有关优惠政策，支持辖内优质非公有制企业在资本市场上市融资、新三板挂牌以及上市公司再融资、发行公司债券融资。三是规范发展区域性股权市场，充分发挥产业创投、股权投资等基金的社会带动和放大效应，为非公有制企业发展提供直接融资支持。

推动融资模式创新，打造多元融资体系。一是补齐非公有制企业直接融资短板。加紧推动改革股票发行上市制度，加大对非公有制企业上市融资支持力度，在利用好现有股票市场便利非公有制企业上市的同时加速推动科创板运行。建立健全切实推进上市公司垃圾股退市转板制度，为更多优秀非公有制企业进入股票市场创造机会。二是通过创新融资模式和丰富融资产品加大对非公有制企业支撑力度。提升各类财政扶持资金运作绩效，整合不同渠道各类基金用于满足非公有制企业融资需求。三是推进普惠金融业务。普惠金融与非公有制中小企业有着天然密切联系，鼓励支持各级各类金融机构开展普惠金融业务，通过多样化服务解决非公有制企业融资难题。

4．设立融资专项补偿资金，搭建信息平台鼓励金融机构放贷。为保障银行等金融机构的盈利性，西藏政府应根据融资项目设立专项补偿资金，并将补偿资金予以具体化，每年定期固定平台公布补偿资金量，减少寻租行为，增强补偿资金的融资支持效率。同时激励中小企业在信息平台上发布融资需求，并配以融资项目优势分析、企业财务报表信息等，促进风险投资对西藏非公有制企业的了解，增加融资机会。

5．加大财政支持金融创新力度。引导西藏金融机构针对非公有制企业融资方式进行创新，建立相应绩效制度，对金融机构有效创新予以奖励，提高资金使用效率。扩大财政对金融支持规模，将资金支持细化到创新和规模两个层面。创新层面包括对融资模式创新、降低融资风险创新，对有利于促进西藏非公有制企业融资创新模式给予奖励；规模层面则是通过对业务年度执行情况进行评价，结合贷款规模和非公有制企业融资规模，对西藏银行等金融机构支持非公有制企业融资情况进行综合评价，确定给予业绩奖励。

（三）优化西藏非公有制企业持续健康发展融资软环境。认真研究西藏非公有制企业融资困难，抓好政策举措落实，大力支持西藏非公有制企业壮大，为企业融资创造宽松软环境。

1. 破解融资难题。建立健全西藏政银企社合作机制。鼓励西藏金融机构下基层、入企业，促进银企对接，强化金融服务。支持符合条件的民间资本发起或参与设立非公有制银行、村镇银行、融资租赁公司，引导社会资本投向实体经济。协调金融机构对西藏重点培育非公有制企业和专精特新中小企业正常生产经营不压贷，并缩短贷款办理时限，做到无缝对接。

2. 完善信用体系建设。在充分发挥人民银行征信系统作用基础上，建立完善涵盖金融、发改委、法院、工商、税务、环保、质监、农牧等多个领域综合性信用平台，解决西藏金融机构与非公有制企业信息不对称问题。推进西藏银行业金融机构和全国信用信息共享平台合作，促进信息共享。引导西藏非公有制企业加强自身建设，引导企业建立规范财务制度，提升企业在金融机构的信用度。支持符合条件的非公有制企业通过发行企业债、公司债、中期票据、私募债券、集合债券实现融资。持续推进西藏非公有制企业信用体系建设，加强非公有制企业信用信息采集服务，探索搭建非公有制企业金融服务平台，强化对公共信用信息归集、共享、公开和利用，鼓励银行金融机构开发适合不同非公有制企业信用差异化的融资产品。建立企业诚信评价机制和奖惩制度，定期评选表彰诚信企业和企业家，发布企业诚信红黑榜，引导非公有制企业强化信用意识，培育诚信文化。

3. 搭建有效沟通信息平台。非公有制企业征信系统只有央行征信系统，此系统中的数据包含非公有制企业向各银行贷款的数额外，没有贷款抵押情况，以及贷款后的使用、还款情况和明细。建议专为西藏非公有制企业融资设立信息平台，平台包括政府扶持资金信息发布模块、企业融资需求模块以及银行金融机构评估模块。政府模块包括扶持对象确定标准、扶持资金信息发布、资金使用随访记录内容。企业模块包括企业融资需求公布，并详细载明企业规模、融资目的、贷款数额、还款明细及抵押物情况。金融机构则公布融资条件、借贷原因、还贷情形、公司风险评估信息。利益相关者可随时通过信息平台查询非公有制企业的资信状况，通过信息机制约束各方行为，促进资金配置过程规范化。信息平台定期公布信用排名靠前和靠后企业名单，对企业进行信用等级评定，对一定时期内信用排名靠前的非公有制企业颁发类似于“信得过商标”或者“名牌商标”之类的称号，并通过多种渠道对外公布。以此增加银行对企业的认可度，通过社会监督使企业逐渐规范自身行为，建立健全公司内部治理制度，保障财务报表信息真实可靠。

4. 加快建立完善三位一体风险分担体系。完善西藏再担保体系，做大、做强政府支持的融资担保和再担保机构，将符合条件的非公有制企业担保融资列入政银担保风险的补偿范围，鼓励政府支持融资担保机构通过注资、兼并重组等方式做大做强，构建统一政府性融资担保体系。在政府出资成立担保公司实际开展对非公有制企业债券融资担保业务中，一定牢固树立风险防范意识，严格按照监管条例开展担保前审查批准和担保后债券风险控制，从而使得政府担保功能，一方面能够帮助民企降低融资难度，另一方面又能长期良性运行。

二、加快西藏非公有制企业融资创新内部环境建设

除外部环境对非公有制企业融资具有重要影响外，内部环境建设对非公有制企业融资创新同样具有重要作用，加快西藏非公有制企业融资创新内部环境建设措施如下：

（一）提高企业的“自身素质”。从根本上解决非公有制企业的融资难题，关键还是提升企业自身实力。规范财务核算与内控管理，提高信息透明度；开源节流降本增效，提升盈利能力和抗风险能力。如果经营没有利润，即使从外界筹措到资金，企业发展也难以持久。融资平台和营商环境只是企业发展外因，对发展起决定作用依靠的仍是自身管理水平、盈利能力、创新能力和核心竞争力。西藏非公有制企业要抢抓机遇，正确看待自身优势劣势，主动应对风险挑战，把企业做强做优。

（二）构建透明化财务信息平台。对西藏非公有制企业而言，融资难部分原因是信息不对称，因而非公有制企业一定要构建一个公开化财务信息平台，通过引用网络技术在互联网平台向具备操作权限用户提供有关信息数据，突破传统意义上企业财务信息不畅通制约，确保银行可随时了解非公有制企业财务状态，提升企业融资概率。

（三）大力发展直接融资。证监会对于西藏企业上市，特别是上新三板给予很多优惠政策，如降低门槛、减少排队等候时间。西藏非公有制企业相关管理部门和西藏证监局应充分利用相关有利政策，培育优质企业，让更多企业上市融资，有效解决西藏融资渠道狭窄问题。通过发展直接融资市场，不仅可以解决本区优势企业上市融资，而且为本区其他“次优企业”腾出间接融资资源空间，其政策效应是多层次的。国家大力推动股票市场发展就是国家层面应对企业融资难问题，西藏应该紧跟全国政策思路并结合自身实际制定具体措施。

第九章　西藏非公有制经济发展——拉萨分析

第一节　发展概况

一、情况说明

拉萨市是西藏自治区首府，是非公有制经济发展的核心区域和龙头地带。调查显示，2020 年末拉萨市非公有制经济主体占西藏全区总量的 45%以上。研究拉萨市非公有制经济，也是分析研究西藏非公有制经济绝好样本，解剖好这个麻雀，不仅能看到西藏非公有制经济的发展水平，还能够从较高角度审视西藏非公有制经济状态。本研究在此选用拉萨市作为西藏非公有制经济发展典型集中分析，窥视西藏非公有制经济发展状况。研究表明，西藏经济发展基础推动力在于非公有制经济、核心区域在拉萨。作为西藏首府城市，拉萨市首位度地位决定拉萨非公有制经济发展在西藏非公有制经济中具有特殊地位，为发展好西藏非公有制经济，就必须发展好拉萨非公有制经济。而为全面掌握拉萨市五县三区的非公有制经济发展基础、发展环境、存在问题、优势特色，详细了解拉萨非公有制经济主管部门、工商联会员企业对非公有制经济发展的构想与设想，使非公有制经济发展基础更加扎实、问题更加客观、措施更加务实，非公有制经济发展措施既有理论遵循，又有政策遵循，既有操作性，又符合拉萨特点。在拉萨工商联大力支持下，我们于 2017 年 7 月 18 日至 8 月 1 日在拉萨五县三区组织开展针对拉萨非公有制经济发展改革的调研活动。深入五县三区开展关于非公有制经济发展座谈会，与各县区工商联、财政局、发展和改革委员会、税务局、工商局、农牧局等部门及多家非公有制企业负责同志就拉萨六县两区非公有制经济发展实际情况、推进改革采取措施、取得成效、未来打算等进行深入交流。在此基础上实地考察拉萨市城关区的西藏曼杰拉实业有限公司、西藏圣龙实业有限公司、大昭圣泉、藏鸡养殖基地、西藏圣安大酒店有限公司、西藏云端国际酒店有限公司、拉萨兵兵劳务有限责任公司、拉萨城关区智昭产业园区，在拉萨经开区的高争集团下属高争民爆股份有限公司，坐落在柳梧新区的拉萨群众文化体育中心、拉萨香雄梅朵藏香产业协会，在达孜区产业园区的西藏藏缘青稞酒业有限公司、西藏优格仓工贸有限公司，在堆龙区的拉萨远大建材有限责任公司、香雄美朵生态旅游文化产业园、西藏林瑞达物流公司、西藏玉泉牧业养殖有限公司基地，在尼木县的尼木古宝商贸有限公司、尼木民族雕刻手工艺有限公司、西藏德青源尼木藏鸡养殖基地、尼木县现代农业高新技术示范园、吞巴村旅游产业园区，在墨竹工卡县的墨竹工卡县风马宝物流交易惠民服务有限公司、墨竹工卡宗穆夏传统艺术品加工有限公司，在林周县的林周县绿林农产品综合开发有限责任公司、拉萨楚布文化传播有限公司、稀宝古艺术有限公司，当雄县的西藏冰川矿泉水有限公司等 30 多个非公有制企业和其他社会企业。整个调研在全面摸排五县三区非公有制经济发展改革采取的主要措施、取得的主要成绩、存在的主要问题基础上，厘清新时代拉萨非公有制经济发展改革总体思路，为新时代推进拉萨非公有制经济发展改革提出相应对策建议。2020 年 7 月我们又赴拉萨开展新时代拉萨市非公有制经济高质量发展研究，经过调查研究，我们认为拉萨市非公有制经济发展成效显著、对于西藏全区非公有制经济和全区经济贡献大，发展意义深远。

二、成就与问题

（一）*发展成就*。无论是 2017 年的调查，还是 2020 年的调查都充分表明，在党中央和国务院高度关注、自治区党委和政府坚强领导下，在国家特殊政策推动下，经过拉萨市委市政府精心组织实施，拉萨市各级统战部门和工商联组织充分发挥桥梁纽带作用，立足首位度，服务大发展，引领大潮流，实现大跨越，着力在非公有制经济实力壮大上下功夫，在强市富民求发展上出实招，在产业优化促升级上做文章，使非公有制企业和代表人士在繁荣城乡经济、缩小区域差距、改善民生福祉、维护和谐稳定等方面都作出突出贡献，取得显著成效，发挥其重要作用。

1．实体经济发展。调研显示，2005 年以后，经过拉萨市委和市政府的精心组织实施，拉萨非公有制经济在整体实力、社会就业、财政贡献、招商引资和改革发展领域取得显著成效，已成为拉萨市国民经济的重要组成部分、城乡就业的主要渠道、财政收入的核心来源、招商引资的主导力量、改革发展的核心推动力，尤其是特色产业成为拉萨市非公有制经济新的增长点，成为彰显“中国特色、西藏特点”的重要支撑。调研显示，2005 年以后，特别是 2015 年国家正式提出并统一部署经济供给侧结构性改革以来，拉萨非公有制经济获得长足发展。2016 年，拉萨新登记各类市场主体 17252 户，注册资金 1311.52 亿元，平均每天新增 70 余户。2017 年底，拉萨各类市场主体 81120 个，注册资金 2726.87 亿元。其中：非公有制经济市场主体 64466 户，占拉萨市场主体总数的 97%，注册资金 1855.10 亿元，占拉萨各类市场主体注册资金总额的 68%；私营企业 12717 户，占拉萨非公有制经济市场主体的 19.7%，注册资金 1799.87 亿元，占拉萨非公有制经济市场主体注册资金总额的 97%；个体工商户 50495 户，占拉萨非公有制经济市场主体的 78%；注册资金 43.22 亿元，占拉萨非公有制经济市场主体注册资金总额的 2.3%；农牧民专业合社 1254 户，占拉萨非公有制经济市场主体的 2%，出资总额 12.01 亿元，占拉萨非公有制经济市场主体注册资金总额的 0.6%。2020 年中拉萨市非公有制经济市场主体占全市主体总数的 98%，新增就业占全市新增就业的 90%，税收贡献达到拉萨税收总额的 93%。

2．代表人士健康成长。调研显示，2005 年以后在拉萨市委、市政府坚强领导下，拉萨市非公有制经济代表人士认真学习中国特色社会主义理论，践行社会主义核心价值观，全面贯彻落实党的路线方针政策，把非公有制经济加快发展和非公有制经济人士健康成长与党和国家命运紧密联系起来，坚定不移地走符合“中国特色、西藏特点”要求的非公有制经济发展之路、非公有制经济人士安排成长之路，一支政治成熟、思想过硬、管理先进、开拓创新的优秀非公有制企业家队伍初步形成，为拉萨市非公有制经济加快发展奠定可靠的人才基础。截至 2020 年中，拉萨市非公有制经济代表人士担任各级人大代表、政协委员、工商联执委的分别达到 70 人、90 人、200 人，充分发挥非公有制经济代表人士在经济发展和社会管理领域建言献策的聪明才智，扩大党的执政基础，推进民主协商事业发展。

3. 组织建设不断加强。调研显示，2005 年以后，拉萨市委、市政府高度重视工商联基层组织建设，将基层组织建设作为推动工商联工作的抓手和突破口，在编制上倾斜、在经费上保障、在设施上满足，将工商联县区组织建设作为统战工作重要内容，在人员编制、设备配备、经费保障等方面全力保障。2020 年底拉萨市六县两区均建立工商联组织，建立 20 多个行业协会组织。一批在行业促进领域有影响力，在发展壮大方面有示范性，在强市富民战线有领头作用的非公有制企业成为拉萨市工商联会员单位。

4. 强化非公企业资金扶持。调研显示，党的十八大以来，为促进拉萨非公有制经济发展，相关部门强化非公有制经济资金扶持。第一，设立非公有制企业专项扶持基金。设立非公有制经济发展扶持资金，支持中小微企业健康发展。设立农牧科技商务等部门专项资金，用于中小微企业创业创新。放宽市场准入条件，凡法律法规没有明令禁止行业和领域，一律向非公有制经济和中小微企业开放，为非公有制经济和中小微企业发展营造高效廉洁的政务环境。第二，协调解决非公有制企业融资难问题。为解决中小微企业融资难、融资贵问题，市委市政府组织工商联等相关部门深入开展调研工作，向区党委、区政府和相关金融部门汇报拉萨非公有制企业和中小微企业融资难、融资贵问题，并且给部分生产型中小微企业争取贷款贴息。拉萨市相关领导多次召开政府银行和企业联席会，邀请区直有关部门和在藏金融机构负责人，切实解决中小微企业融资难、融资贵问题。市委市政府还成立拉萨信用担保公司，注入上亿元资金，提高担保能力，切实解决中小微企业贷款难、担保难问题。第三，加大开展招商引资工作力度。市委市政府每年在区内和区外专门组织或参加十余场招商引资和经贸洽谈活动，大力推荐拉萨非公有制企业和中小微企业的特色产品，成功引进“娃哈哈”“希望”“海亮”等知名企业落户拉萨，有效带动拉萨非公有制企业和中小微企业发展。各级政府部的资金支持是新时代拉萨非公有制经济高质量发展的重要资金支撑。

（二）存在问题。调研显示，拉萨市非公有制经济发展存在问题可以概况为：认识滞后，观念亟待更新；总量不足；分布不均突显；重点突显，克服短板艰巨；效率低下，发展后劲不足，这些问题既有与西藏乃至全国非公有制经济相同的一般问题，也有拉萨公有制经济的特殊问题。

1. 认识滞后，观念亟待更新。调研显示，制约拉萨非公有制经济高质量发展的思想认识滞后，观念亟待更新。主要表现在：第一，很多基层同志甚至是领导同志还不能从中央对西藏“两屏四地”战略高度，不能从区党委政府提出的“两屏两区五地一通道”高度，不能从市委市政府提出的加快非公有制经济改革高度，不能从拉萨首位度地位层面，充分认识加快非公有制经济发展的重要性、紧迫性，甚至还认为促进拉萨非公有制经济发展是市委市政府的事情，与本级党委政府无关、与本部门无关、与自身发展无关，严重制约基层组织对本区域非公有制经济改革发展的主动作为和有效作为的积极性、主动性，严重制约基层组织对拉萨非公有制经济发展的鼓励支持引导促进作用发挥。第二，很多非公有制经济代表人士不认为自己在本公司、本企业开展融资方式创新、原材料来源创新、生产技术创新、产品营销创新、产品研发创新、市场拓展创新是非公有制经济发展。第三，很多基层政府职能部门同志还存在着一定程度唯成分论、所有制关系补充论、所有制成分数量论、所有制优越程度座次论等认识，对非公有制企业不能一视同仁，致使很多鼓励支持的非公有制经济发展改革的优惠政策看得见、摸不着，摸得着的且享受不到，以致部分非公有制企业代表人士将这些优惠政策形象地称为“玻璃中的包子”，这些思想观念严重影响党和政府在非公有制企业代表人士心目中的地位信誉，是一种行政不作为和懒政现象。

2. 总量不足，分布不均突显。调研显示，制约拉萨非公有制经济长足发展的总量规模不大和分布明显不均问题。主要表现在：拉萨非公有制经济发展虽然在西藏具有标杆性作用，但与祖国内地的非公有制经济发达省份相比其总量不足、分布不均问题很突出。第一，总量不足。从企业总量看，拉萨非公有制企业总数 7 万家，在区内七地市处于领先地位的标杆作用突出，以致业界存在“西藏经济发展看非公，非公有制经济发展看拉萨”的观点。本研究认为上述观点虽然存在一定片面性，但也表明拉萨非公有制组织在西藏具有举足轻重的地位。但拉萨非公有制经济发展与全国其他经济发达省市相比，拉萨非公有制经济无论从组织数量、单个非公有制企业规模、非公有制企业辐射力、带动力等方面存在很大差距，即便与西部十二省区市中的其他省区市的省会城市相比，拉萨非公有制经济也存在着较明显总量不足。第二，分布不均。拉萨非公有制经济分布不均是其另一重要问题，体现在两方面：一是地域分布不均。调研显示，拉萨非公有制企业主要集中在城关区、达孜工业园区、柳梧新区和堆龙德庆区，其他县除墨竹工卡县外，林周县、当雄县、尼木县非公有制企业总体数量都明显不足。另一方面，行业分布不均。调研显示，商事登记制度改革以来拉萨非公有制企业所处行业表现出明显轻型化趋势，即租赁和商务服务业、批发和零售业、住宿与餐饮业、制造业、农林牧渔业，居民服务修理和其他服务业、建筑业、信息传输软件和信息技术服务业、文化体育娱乐业、科学研究和技术服务业、金融业、电力热力燃气及水生产和供应、交通运输仓储和邮政业、卫生和社会工作、采矿业、房地产业、水利环境和公共设施管理业。而从三次产业论讲，拉萨非公有制企业中从事第三产业的企业发展快、第一产业中企业发展较慢、第二产业最慢。

3. 重点突显，克服短板艰巨。研究表明，制约拉萨非公有制经济发展改革的问题突显与协同乏力。主要表现在：第一，去产能。调研显示，拉萨非公有制经济主要表现为供不应求的产能不足，供大于求去产能问题相对较少。第二，去库存。调研显示，拉萨除部分地段房地产稍有积压风险之外，非公有制经济所在其他行业基本不存在去库存问题。第三，去杠杆。调研显示，拉萨非公有制企业普遍存在融资难加杠杆问题，而不存在融资杠杆高去杠杆问题。第四，降成本。调研显示，拉萨非公有制经济领域降成本问题表现出明显行业差异，部分行业成本上升很快，对产业发展整体影响较大，需要分类甄别、稳步下降，在拉萨兵兵劳务有限责任公司调研发现拉萨近年工资和劳动力成本上升很快，已明显影响到拉萨建筑市场，与此同时，全国老龄化问题逼近已显著影响拉萨用工市场劳动力供给。第五，补短板。调研显示，在拉萨非公有制经济供给侧结构性改革发展需要着力解决的问题是补短板，这与区党委区政府、市委市政府在政府工作报告中确定的中心工作一致。而在制约拉萨非公有制经济加快发展众多短板中，我们认为，制约拉萨非公有制经济长足发展的短板主要包括：科技短板、营销短板、原材料供应短板、产业链短板、人才短板、资金短板、产权交易平台短板等。一是，科技短板。拉萨非公有制企业基本上采用传统种植加工工艺，对机器特别是具备高精尖技术机器设备使用不足，科技型非公有制企业不足。虫草等高价值特色产品深加工不足，从事虫草饮品加工多、虫草原药加工少，利用青稞作为原料加工型企业多，小油菜脱酸问题尚处于探索中，藏香经营者大多采用家庭作坊式小规模生产；二是，营销短板。拉萨非公有制企业中除少数规模较大的混合所有制企业已经建立起完整独立的营销网络平台外，绝大部分非公有制企业都因为资金缺乏而无力建立起适合自身行业经营要求的营销平台，从而使很多特色鲜明的优势资源型产品不能及时销售出去而影响企业的经济效益提高、品牌效益扩张；三是，原材料供应短板。青稞供应只能满足市场30%原料需要，70%青稞原材料只能依靠青海、甘肃、四川和云南等省供应。牦牛肉品牌建设遇到的最大问题依然是原料供应不足；四是，产业链短板。拉萨非公有制企业普遍没有能够形成分工明确、上下游衔接良好、附加值高的产业链；五是，人才短板。拉萨非公有制企业大多在较低端的建筑服务、劳务输出基础上起家，在产业结构不断升级背景下，企业家第一代普遍存在文化程度低、转型提高难等实际问题，这一方面限制企业加快发展壮大步伐，另一方面也导致非公有制企业对高精尖人才没有吸引力，出现吸引人才难、留住人才更难的人才短板；六是，资金短板。长期以来非公有制经济发展普遍存在融资难问题，近几年金融行业加大对实体经济资金支持力度，使非公有制企业融资困境得以缓解，但由于非公有制企业普遍存在抵押少、素质不高问题，融资难问题仍未能最终解决，融资难问题现在依然是制约部分小微非公有制企业的瓶颈之一；七是，产权交易平台短板。依托拉萨优势资源、引领拉萨非公有制企业，通过参股走混合经济发展之路的产权交易平台始终是拉萨非公有制经济高质量发展的重要短板。

4. 效率低下，发展后劲不足。调研显示，制约拉萨非公有制经济发展改革的资产利用率低和内生后劲不足主要表现在：拉萨很多非公有制企业资产利用率偏低，闲置资产过多，部分从事养殖的非公有制企业畜禽类容量不足，少数企业专利项目未完全落实，上述问题导致很多非公有制企业投入产出比较低，效率低下，发展后劲不足。

三、SWOT分析

本研究结合拉萨特殊区位优势，认为拉萨市非公有制经济具有自身特殊性，发展历程中众多特殊性值得总结和推广，总结这些特殊性对于正确把握拉萨市非公有制经济发展规律，制订符合拉萨市实际的非公有制经济促进政策有着重要的现实意义，当然也会对制定西藏非公有制经济健康发展政策具有直接的借鉴作用。

（一）优势分析。调研显示，党的十八大以来拉萨非公有制经济发展改革呈现出发展速度明显加快、产业结构显著优化、行业结构更趋合理、优惠政策效果显著等总体态势，为新时代深入推进非公有制经济改革发展打下坚实基础。

1. 发展速度明显加快。调研显示，党的十八大以来伴随拉萨非公有制经济改革政策出台和深入贯彻落实，非公有制经济已成为推动拉萨经济发展和社会进步的重要力量，非公有制企业数量显著增加、组织规模明显扩大、组织实力显著增强、综合效益不断提升、增速快、势头好，非公有制经济各项指标均明显好于同期国有经济其他领域。这种发展速度优势为拉萨非公有制经济高质量发展打下坚实基础。

2. 产业结构显著优化。调研显示，党的十八大以来拉萨非公有制经济结构优化主要体现在产业结构优化和私营经济实力上升两个层面。第一，产业结构优化。拉萨非公有制经济产业比重呈现“三、二、一”状态，也就是说第三产业比重大、第二产业次之、第一产业最低，这一结构与西藏确定产业结构优化要求吻合，说明拉萨非公有制经济产业分布更趋合理，非公有制经济成为优化国民经济产业结构，促进经济社会发展的重要力量。与此同时，非公有制企业数量与资金规模分布结构一致，说明在优化产业结构中非公有制经济资金聚集效应日趋显著。第二，私营经济实力上升，并成为拉萨非公有制经济发展主力军。无论从非公有制企业数量所占比重看、非公有制企业注册资金额度，还是从三次产业比例看独资企业所占比重都较低，个体工商户户数虽然在三次产业中占很大比重，但其注册资金所占比重很小。私营企业虽然总量不多，但其注册资金在三次产业中比重高。综上所述，本研究认为，产业结构优化更有利于新时代拉萨非公有制经济结构优化，私营经济实力上升将有利于更好地发挥私营经济优势，加快拉萨混合所有制高质量发展。

3. 行业结构更趋合理。调研显示，党的十八大以来拉萨非公有制经济行业结构呈现显著合理的态势。第一，私营经济结构不断优化。拉萨私营企业总数排前五位的行业分别是批发零售业、商务服务和租赁业、民用服务业、制造业和建筑业；雇工人数排前五位的行业分别是：商务服务和租赁业、制造业、民用服务业和建筑业；注册资本额排前五位的行业分别是：批发零售业、采矿业、建筑业、租赁和商务业及房地产业。第二，个体工商户经济结构不断优化。个体工商户户数排前五位的行业分别是：批发零售业、住宿餐饮业、便民服务业、交通运输业、制造业；雇工人数排前五位的行业分别是：批发零售业、住宿餐饮业、文化体育业、交通运输业以及农牧业；注册资本额度排前五位的行业分别是：批发零售业、住宿餐饮业、交通运输业、制造业以及文化体育业。第三，独资经济行业分布日趋合理。拉萨独资经济户数排前五位的分别是：建筑业、信息传输和计算机软件业、批发零售业、租赁和商务服务业以及制造业；雇工人数排前五位的行业分别是：建筑业、租赁和商务服务业、制造业、住宿餐饮业以及信息传输和计算机软件业；注册资本额度排前五位行业分别是：建筑业、住宿餐饮业、批发零售业、电力与水供应、制造业。综上所述，上述私营经济结构性特征有利于新时代在批发零售业、商务服务和租赁业、民用服务业等行业强化市场化改革之路。个体工商户结构特征有利于新时代在批发零售业、住宿餐饮业行业强化多种经营理念，使非公有制经济批发零售业、住宿餐饮业逐步成为民生领域，更好地发展方便、快捷的地摊经济和民生经济，使批发零售业、住宿餐饮业等这些出资少、见效快、转型及时和兼具民生性的领域成为推进拉萨加快双创改革的桥头堡和主战场。独资企业则有利于在建筑业、电力、水供应和制造业等行业加快混合所有制改制。

4. 优惠政策效果显著。调研显示，改革开放以来，拉萨非公有制经济发展与政策及外部环境变化高度相关。改革开放初期的1980年由于对非公有制经济实行休养生息政策，允许个体经济发展，拉萨个体户数量迅速增加；1984年西藏实行放手发展集体经济和个体经济优惠政策，拉萨个体商户数量和投资额出现猛增；1987年至1989年由于多种原因导致西藏社会局势出现一些不稳定因素，拉萨非公有制经济发展受到明显影响，个体经济受到冲击，个体户数下降；2008年由于“3·14”严重暴力犯罪事件影响，个体经济受到较大冲击，出现个体户数和注册总额双降，后来政府及时采取更加优惠的营商政策，第二年很快恢复；2011年11月起西藏实行“零注册”鼓励非公有制经济发展政策，设立非公有制经济市场主体迅猛增加；2015年伴随供给侧结构性改革深入推进，拉萨出现非公有制企业数量迅速增加的同时，非公有制经济结构日趋优化。实践表明，西藏经济发展必须依赖两条腿：一是特殊资源，二是优惠政策。拉萨非公有制经济也不例外，伴随党的十九大精神贯彻落实，鼓励创新创业、扶持民生发展优惠政策接踵而来，深入透彻分析研究优惠政策，用足现有优惠政策、争取更多优惠政策，对于拉萨非公有制经济高质量发展意义重大。

（二）劣势分析。调研显示，现阶段制约拉萨非公有制经济劣势概括为：认识滞后、观念亟待更新，总量不足、分布不均突显，重点突显、克服短板艰巨，效率低下、发展后劲不足，总量不足是指拉萨非公有制经济总体规模而言的，分布不均是指拉萨非公有制经济产业行业不均、区域不均；发展短板主要是指拉萨非公有制经济存在着科技短板、营销短板、原材料供应短板、产业链短板、人才短板、资金短板、产权交易平台短板等。

（三）机遇分析。调研显示，拉萨非公有制经济发展机遇可概括为：优惠政策支持力度更加强大，首位度优势更加凸显，发展环境更趋优越，产业转移更趋迅猛。

1. 优惠政策日趋完善。调研显示，特殊优惠扶持政策将成为拉萨非公有制经济发展的根本保障。习近平新时代中国特色社会主义理论为拉萨非公有制经济发展指明前进方向；党的十九大报告明确提出“毫不动摇地鼓励支持引导非公有制经济发展”“构建亲清新型政商关系、促进非公有制经济健康发展和非公有制经济人士健康成长”“注重从产业工人、青年农民、高知识群体中和在非公有制企业、社会组织中发展党员”，为新时代拉萨非公有制经济发展和确定未来相当时期的工作重点；中央第三次、第四次、第五次、第六次、第七次西藏工作座谈会制定一系列推动西藏社会经济发展的特殊优惠政策，为全国支援西藏经济发展长效机制加快完善；中央国家机关、北京市、江苏省等对口支援省市和中央直属企业对拉萨的项目建设支持力度不断加大，一大批影响广、带动强、效果好的重大项目开工建设，为拉萨公有制经济发展改革拓展渠道；西藏党委政府、拉萨市委市政府先后出台一系列重要推动非公有制经济发展政策措施，为拉萨非公有制经济发展注入活力。

2. 区位优势日趋凸显。调研显示，自治区首府首位度优势将成为今后拉萨非公有制经济发展改革深入推进的有力载体。拉萨作为西藏政治、经济、金融、文化、信息中心和核心交通枢纽，集聚区内其他地市无法比拟的人才、资金、信息、基础设施要素优势，为拉萨非公有制经济发展提供得天独厚的土壤。以拉萨为中心，以青藏铁路、拉日铁路为辐射带的铁路网络初步建成及覆盖西藏航空支线陆续通航，拉萨在西藏交通运输、政治、经济、文化与科技等领域首位度地位凸显，一个围绕拉萨全方位、多层次、宽领域供给侧结构性改革格局初步呈现，日益增长的人流、物流、信息流，及不断扩大的购物、置业、消费行为，将为非公有制经济代表人士在拉萨投资创业创造新的坚实基础。

3. 发展环境日趋优越。调研显示，独特自然生态与人文禀赋，是未来拉萨非公有制经济发展深入推进的坚实基础。第一，拉萨是一座人文底蕴丰厚的圣城。拉萨距今已有 1300 年历史，是一座活着的历史古城，是国务院确定的第一批 24 座中国世界文化名城，是联合国教科文颁布的世界文化名城。有罗布林卡、大昭寺、布达拉宫等在内的200多个世界级和国家级文物单位。人文拉萨是新时代拉萨非公有制经济发展的基础，为拉萨非公有制经济进入西藏文化产业提供无尽滋养。第二，拉萨是一座更加宜居的城市，是世界上最清静、最圣洁的城市之一，没有污染，天蓝、云白，空气纯净、河水清澈、阳光灿烂，是世界上空气质量最好的城市之一，是名副其实的宜居城市。宜居拉萨成为新时代拉萨非公有制经济发展改革及代表人士创业成长的乐土。第三，拉萨是一座生态高城。是世界海拔最高的城市，海拔3600多米，雪山、湖泊、草原、阳光是其名片。生态拉萨为新时代拉萨非公有制经济发展改革提供环保、低碳、绿色的外部要素。第四，拉萨是一座繁荣新城。和平解放70年来，拉萨正以崭新面貌、青春魅力展示在世人面前。拉萨是全国基本公共服务满意度最高的城市之一，是全国最安全的城市之一。繁荣拉萨成为新时代拉萨非公有制经济发展奠定坚实环境基础。与此同时，科学发展和城市定位是新时代拉萨非公有制经济发展的重要条件。

4. 产业转移更趋迅猛。调研显示，伴随国家供给侧结构性改革不断深入，国内产业转移步伐加快，拉萨首位度优势将成为新时代拉萨非公有制经济发展深入推进的有力载体。拉萨得天独厚的区位、交通、资源及首府城市优势，将为拉萨非公有制经济承接东部、中部产业转移，弥补拉萨甚至西藏产业先天不足，促进产业结构调整升级，加快发展方式转型优化，全面实现拉萨非公有制经济发展。综上所述，国内产业转移迅猛之势为新时代拉萨非公有制经济发展提供承接产业领域基础上的发展机遇。

5. 区内国企改制加快。调研显示，党的十八大以来伴随国有企业改革改制步伐加快，国家、西藏自治区各个层面均出台大量鼓励国有企业做大做强的改制重组政策。国家层面政策措施包括：《国务院关于促进企业兼并重组的意见》《国务院办公厅关于加强和改进企业国有资产监督防止国有资产流失的意见》《国务院关于改革和完善国有资产管理体制的若干意见》《中共中央国务院关于深化国有企业改革的指导意见》《国务院关于国有企业发展混合所有制经济的意见》《关于鼓励和规范国有企业投资项目引入非公有资本的指导意见》《国务院办公厅关于建立国有企业违规经营投资责任追究制度的意见》《财政部关于印发<中央下放企业职工家属区“三供一业”分离移交中央财政补贴资金管理办法>的通知》《关于加快推进厂办大集体改革工作的指导意见》《国务院关于印发加快推进厂办大集体改革工作的指导意见》《国务院关于印发加快剥离国有企业办社会职能解决历史遗留问题工作方案的通知》《企业国有资产交易监督管理办法》《中共中央办公厅、国务院办公厅印发<关于党政机关和国有企事业单位培训疗养机构改革的指导意见>及相关配套文件的通知》。与此同时，自治区国资委、财政厅、发展和改革委员会联合下发《西藏自治区国有企业分类的实施意见（试行）》。在上述政策措施有力推动下，西藏和拉萨国有企业改制重组步伐加快。

（四）挑战分析。调研显示，拉萨非公有制经济发展的挑战除了认识滞后、观念亟待更新，总量不足、分布不均突显，重点突显、克服短板艰巨，效率低下、发展后劲不足等问题外。还包括非公企业人员素质整体不高、部分非公企业融资不畅、区内国有企业改制冲击、区外中央企业入藏经营冲击等方面。

1. 非公企业人员素质不高。调研显示，由于拉萨非公有制企业第一代创业人员大多出身小型工程承包户、个体工商户或城镇无业人员，他们在改革开放初期利用自己一技之长进入城市从事建筑、运输或者城镇服务业，通过勤劳致富完成资本原始积累，并在改革发展中不断壮大，逐步发展为非公有制经济代表人士，他们的经营范围不断拓展，但大量非公有制企业内部管理很大程度上仍然依靠创业者经验和个人魅力，企业管理规范化、科学化程度较低，创新能力与发展潜力不足。虽然党的十八大以来拉萨非公有制经济获得长足发展，部分非公有制企业试图通过各种渠道吸引知识水平高、懂管理、精市场的专门人才。但众所周知的原因和情况是，区内大学生就业观念不能完全适应时代发展对就业市场的需要，大部分大学生不愿意在国有企业就业，甚至存在某些比较极端的态度，觉得在企业就业不体面、不当成一份正式的工作。更不要说在非公有制企业就业，由此导致西藏非公有制企业在吸引人才方面存在很大瓶颈。导致包括拉萨在内的西藏非公有制企业人员素质普遍偏低，不能适应新时代非公有制经济发展对人才的要求。综上所述，人员素质低为拉萨非公有制经济发展带来很大困难。

2. 部分非公企业融资不畅。调研显示，党的十八大以来拉萨非公有制企业融资渠道已经显著拓展，部分优质非公有制企业已经能够比较充裕地从股权、贷款等正规融资方式获得资金支持，不存在融资难问题。但是，大量起点低、规模小的非公有制企业依然存在较大资金缺口，融资渠道不畅问题长期存在，再加上拉萨服务于非公有制企业发展的贷款公司、担保公司等新型金融机构不健全，资金短缺仍然是制约拉萨非公有制经济发展对资金的需求。综上所述，融资渠道狭窄是未来拉萨非公有制经济发展的重要约束之一。

3. 其他省份中央企业入藏冲击。党的十八大以来伴随拉萨招商引资力度加大，很多区外大型中央国企开始在西藏设立分支机构并开展业务。这些大型中央国企一般具有理念新、实力强、技术优、人力资本雄厚、治理结构先进、产品适销对路，有健全、先进、完善的营销平台优势。毫无疑问，这种变化是贯彻党的十九大报告“全面实施市场准入负面清单制度，清理废除妨碍统一市场和公平竞争的各种规定和做法”的具体体现，也是构建全国统一市场和市场化改革深入要求。调研显示，区外大型中央国企进入西藏开展业务对激活区内非公有制企业活力、繁荣区内市场发挥着重要推动作用，但由于西藏特殊区情所决定的非公有制企业存在着体系不健全、经济实力不强的先天不足。而在区内国有企业和非公有制企业没有能够形成强大市场竞争能力的情况下，全国其他省市大型中央国企按照市场规则迅速进入西藏市场将会对于区内国有企业和非公有制企业造成巨大竞争压力。调研显示，这种压力是现实的、具体的，如中国石油化工股份有限公司与西藏冰川矿泉水有限公司（即 5100 公司）联合开发的卓玛泉矿泉水，利用中国石油化工股份有限公司遍布全国加油站系统，将卓玛泉矿泉水直接配送到祖国内地各个加油站，大大降低运输成本，实现在区外低价格销售西藏优质矿泉水的销售意图。如在陕西各中国石油化工股份有限公司加油站配送销售的卓玛泉矿泉水零售价也仅有 2.5 元 / 瓶，这种模式显著提高卓玛泉矿泉水在全国饮用水领域的市场占有率。这种由全国其他省市的中央国企入藏扶持西藏特色经济并使之获得大发展模式，在中国石油化工股份有限公司与西藏冰川矿泉水有限公司两家经济实体之间实现互惠互利的双赢。

第二节　发展设想

发展策略是推动拉萨非公有制经济加快发展的关键，本研究将在拉萨市非公有制经济发展调研、解读与研究基础上，从发展对策、成长模式、布局规划等方面，对拉萨非公有制经济发展做出前景展望，以期为拉萨非公有制经济发展提供参考，也为西藏非公有制经济健康发展提供借鉴。

一、发展目标

拉萨非公有制经济已经发展成为推动区域经济发展和社会进步的重要力量，本研究认为，伴随市场化改革不断深入，非公有制企业面临市场竞争日趋激烈。必须从指导思想、遵循原则、发展目标等方面对拉萨市非公有制经济加快发展进行展望，将有助于推动非公有制经济做精、做强、做优，实现更大、更快、更好地发展，健康发展、可持续发展和高质量发展。

（一）发展思路。立足首府城市首位度地位，抢抓机遇，以更宽广的胸襟、更科学的体制机制、更厚重的手笔、更大胆的气魄、更全面的服务，着力推动非公有制经济再上新台阶。

1．以大胸襟推动大发展，确保政治与社会上有地位。始终坚持和不断完善以公有制为主体、多种所有制经济共同发展基本经济制度，始终做到两个“毫不动摇”。切实解放思想，坚决破除“重公有、轻非公有”的陈腐观念，坚决树立非公有制经济与公有制经济一视同仁；抓非公有制经济就是抓发展、抓就业、抓增收、抓民生、抓稳定的新观念。坚决破除循规蹈矩不敢突破思想，树立敢为人先、勇于创新的新观念。坚决破除封闭保守、传统发展思想，树立大开放、大发展、科学发展新观念。坚决破除小富即安、小进即满的思想，树立干大事业、求大发展新观念。坚决破除重监管轻服务、重检查轻支持的思想，树立以服务促管理、以扶持促发展新观念。坚持送出去和请进来相结合，采取多种手段大力促进非公有制经济快速发展，大力培养非公有制经济代表人士队伍。实现拉萨市非公有制经济总量大增长、结构大优化、实力大提高、质量大增强。

2．以大手笔推动大发展，确保发展上有支持。结合拉萨实际，立足首府城市，在“零注册、轻税赋、强支撑、少检查、重激励”上出实招。一是强化对非公有制经济发展的政策支持。从有利于非公有制企业发展上，做到政策再放宽、措施再具体、扶持再加大。在登记注册、税收减免、金融支持、土地供应、环境优化、考核表彰等方面，鼓励引导非公有制企业参与到园区建设，按照实力强、信誉好、技术优，重环保、重创新、重贡献的目标要求，壮大一批重点非公有制企业，造就一批骨干非公有制企业，培养一批优秀非公有制经济人士。二是强化对非公有制经济发展的资金支持。扩大企业技术改造资金、企业发展专项资金，切实解决非公有制企业融资难问题。三是强化对非公有制经济发展的人才支持。探索选派非公有制经济代表人士到祖国内地的大型非公有制企业挂职锻炼、交流学习的体制机制，逐步造就一批懂经济、会管理，能更好地服务于非公有制经济发展、具有引领带头作用的现代复合型经济管理人才。通过校企联合、企业互访，培养一批拉萨市非公有制经济发展急需的现代企业员工。四是强化对非公有制经济发展的基础支持。完善交通、通讯、能源、供暖、排水与治污等基础设施，切实为非公有制经济发展谋商机、提效率、升实力创造条件。五是强化对非公有制经济发展的环境支持。全力打造“法制拉萨、和谐拉萨”的良好环境，完善城市网格化管理，为非公有制经济发展创造安全舒适的发展氛围。六是强化对非公有制经济发展的信誉支持。强推“诚信拉萨”建设，严格兑现优惠政策，牢固树立重商、亲商、扶商理念。

3. 以大气魄推动大发展，确保体制上有保障。坚守生态环境保护和社会稳定和谐两条底线，充分发挥首府城市的改革创新引领作用。在发展机制上坚持“非禁即入”，除国家明令禁止的外，所有领域一律对非公有制资本开放，在企业名称、经营场所、出资方式、注册资本、投资人资格、业务范围等方面降低非公有制经济准入条件和标准，拓展非公有资本发展空间。坚持拉萨市委统战部领导市工商联党组，指导工商联开展工作，各级党委政府要重视发挥工商联和商会组织在发展非公有制经济中的积极作用；研究制定非公有制经济发展大政方针、政策措施，协调工作问题，解决发展困难。

4. 以大服务推动大发展，确保工作上有新招。各级党政部门应以促进拉萨市非公有制经济加快发展为己任，共同参与、齐抓共管；坚持多服务、少干预，多帮忙、少添乱，多设路标、少设路障，多开绿灯、少开红灯，为非公有制经济发展保驾护航。发改、工信、农牧、财政、金融、工商、税务、国土、科技、统计、人力资源和社会保障等部门要协调行动、密切配合，工会、共青团、妇联积极帮助，党政机构要创新体制机制，整合优势资源，提供“一站式”服务，逐步建立起非公有制经济服务网络，整合分散在众多政府部门的涉及非公有制经济发展政策、措施、资金和项目。逐步建立健全拉萨市直部门及县（区）推进非公有制经济发展业绩考评制度。

（二）发展原则

1. 自主发展与顶层设计相结合。放开市场这只“看不见的手”，用好政府这只“看得见的手”，促进非公有制经济健康稳定发展。充分发挥市场在资源配置中的基础性作用，确保非公有制经济自主发展、全面发展、科学发展，在政策引导、政治安排、区域平衡等事关非公有制经济发展全局、发展环境、发展方向、发展重点、发展措施等领域强化顶层设计，使非公有制经济发展环境与拉萨市经济发展要求相适应，发展方向与拉萨市产业结构升级相统一，发展重点与拉萨市经济特色相一致，发展措施与拉萨市经济社会发展目标相吻合。

2. 主体平等与要素公平相统一。通过加强非公有制经济制度设计，实现公有制与非公有制企业在法律、政策、管理方面一视同仁，不歧视。通过营造规范有序、公平竞争的生产要素市场，实现各类市场主体平等获取生产要素，使各类市场主体在规则相同环境中参与市场竞争，获得公平的发展机会。全面建设竞争有序、持续高效，既注重效率，更注重公平的市场体制机制和营商环境。

3. 发展方向与拉萨市大局相一致。非公有制经济发展必须与拉萨市经济发展和社会进步大局保持一致，按照“一产上水平、二产抓重点、三产大发展”经济发展总体要求，把非公有制经济作为推进拉萨市高质量发展持续推动力，引导非公有制企业把自身发展与拉萨市发展结合起来，使非公有制经济代表人士个人富裕与职工共同富裕相统一，追求商业利益与履行社会责任相统一。

4. 放宽准入与提高实力相促进。废除对非公有制经济各种形式的不合理规定，消除各种隐性壁垒，制定非公有制企业进入特许经营领域具体办法。鼓励非公有制企业参与国有企业改革，鼓励发展非公有资本控股的混合所有制企业，引导有条件的私营企业建立现代企业制度。通过政府引导，强化非公有制企业改革创新，将改革创新化作拉萨市非公有制企业加快发展、全面发展和可持续发展的不竭动力，化作拉萨市非公有制企业立足优势、发挥特色，实现做优、做精、做强的强大基石。

5．区域平衡与可持续发展相协调。统筹规划六县两区非公有制经济发展布局和发展重点，充分挖掘比较优势、切实改善薄弱环节、有序缩小县区差距，全面构筑优势互补、主体功能定位清晰、资源利用高效的拉萨市非公有制经济平衡发展格局。坚持以人为本、全面协调非公有制经济发展与环境承载力关系，切实转变非公有制经济粗放型增长模式，构建尊重自然规律、环境承载适当、倡导环境文化、推进生态文明，构建既追求经济效益，又追求优质环境的非公有制经济发展社会评价体系，坚决避免以环境污染和生态破坏为代价的发展风险，实现拉萨市非公有制经济可持续发展、绿色发展、科学发展。

（三）发展定位与目标

1．发展定位。到2030年，健全促进拉萨市非公有制经济高质量发展的运行机制，完善保障非公有制经济高质量发展的政策环境，改善非公有制经济高质量发展的外部环境。非公有制经济在国民经济中所占比重显著提高，增长质量明显改善，非公有制经济走在西部前列，达到全国中等水平。

2．总体目标。立足首位度，挖掘区位优势，确立拉萨市非公有制经济发展总体目标是。到2030年，构建起完善的保障拉萨市非公有制经济高质量发展的政策与制度体系，彻底解决制约非公有制经济高质量发展的体制机制问题，全面建成优质、高效和宽松的非公有制经济高质量发展环境。确保非公有制经济在拉萨市国民经济中所占比重显著持续增加，增长质量显著提高。

3．具体目标。特色产业大发展。到2030年底，全面建立起引导非公有制经济高质量发展的技术创新体系、产业组织体系、政策法规体系、行业管理体系和创新服务体系，将拉萨市特色产业构建成世界知名、国内领先的特色产业基地；在健康生物农业领域，突出“世界第三极”特色，打造健康生物农业种养和产业化发展基地；在健康医药领域，以拉萨经济技术开发区为依托，突出“碧水蓝天”特色；加快高原特色生物资源创新研发和产业化，面向国内、国际市场打造藏药研发出口基地；在健康医疗领域，以西藏文化旅游创意园区为依托，打造高端身心健康理疗基地；强化独一无二的健康自主品牌开发。

科技引领作用增强。到2030年，拉萨市规模以上非公有制企业普遍采用国内先进技术标准，取得ISO9000认证非公有制企业占规模以上企业95%，非公有制企业技术装备达到国内先进水平，安全生产、劳动减负指标等达到国内平均水平。

骨干企业显著增加。到2030年底拉萨市非公有制企业中骨干企业达到120个，上市非公有制企业总量达到25个。

社会保障全面覆盖。到2030年个体工商户依法参加社会保险、规范管理的达到100%。

节能减排实现新突破。立足“环境立市、生态立市”，围绕构建一座更宜居的城市目标，用最严格的环保标准、最严厉的环保措施，规范约束非公有制企业，到2030年底初步建立起新型工业化格局。

二、发展模式

结合拉萨市委市政府对拉萨非公有制经济总体部署，未来拉萨市非公有制企业和非公有制经济人士应立足行业特色，采取推进特色优势发展、推进创建小企业、推进体制创新、推进技术升级、推进产业扩展、推进做强、推进人才兴企、推进外向型发展、推进和谐发展，通过明晰产权推动发展、现代科技导向发展、龙头协会带动发展、资源管理整合、文化创新支撑，实现非公有制经济高质量发展。

（一）明晰产权推动发展。这是发展模式的基本前提，其目标是完善“现代企业制度”。调研显示，拉萨非公有制企业普遍沿用家族式模式，企业所有权与经营权融为一体，决策权和管理权高度集中在企业主及家族成员手中。这种家族式产权模式一方面具有内聚力强、决策机制灵、代理成本低优势，另一方面也存在家族情结重、人才壁垒高、融资形式单一、管理方式简单、弊端多。随着企业规模不断扩张和业务领域不断拓展，家族式产权模式在管理上的劣势日渐突出，以致频频出现“一代创业、二代守成、三代衰亡”经营问题。未来拉萨市非公有制经济要做强做优做精，必须克服家族式产权模式制约弊端，在尊重出资者意愿和全面保证投资人权益的前提下，推动非公有制企业按照现代产权制度要求进行改革，实现所有权与经营权分离，形成开放多元化产权结构。由于拉萨市职业经理人市场和社会诚信体系完善程度还不高，加之我国非公有制企业通常将经营家族企业看作体现家族追求与实现家族成就的载体、途径，多数非公有制企业还不可能一步由“家族化治理”迈向“职业化治理”。比较实际的做法是：立足市情，设计一种由家族成员和职业经理人共同参与的“互信共治”模式，即将现代企业制度与家族制结合起来，家族在企业中仍然保持控股权，家族成员在相当程度上继续掌握经营控制权，但大部分中高层管理人员乃至总经理为非家族成员，由此建立起一种融入现代企业制度的家族产权模式，在维系血缘信任基础上，建立制度化激励与约束机制，使非公有制企业在产权关系与管理模式层面适应现代市场竞争要求。

（二）现代科技导向发展。这是发展模式的根本保证，其目标是建立“科技创新型企业”。调研显示，拉萨市非公有制企业发展历程，起步阶段主要是“设备靠拆旧、技术靠退休、产品靠模仿”，即使到今天也有部分非公有制企业主要是靠这种模式发展，尚未真正形成自己的创新与研发体系，以至于发展缓慢和缺乏竞争力，这是现阶段拉萨市非公有制企业做不大做不强的重要原因之一。实施科技创新推进发展模式，就是要从根本上提升企业自主创新能力，强化企业创新动力机制，鼓励和培育区内非公有企业走以市场为导向、产学研相结合的技术创新之路。大多数非公有制企业技术内生动力还非常有限，难以开展真正意义上的科技创新。因此，创新途径有效地从外部获取先进技术，是当前拉萨市非公有制企业突破“技术瓶颈”约束的一条重要途径。这既包括非公有制企业有步骤、有针对性地引进成熟先进技术和标准，也包括签订技术协议以形成各类技术联盟与经济合作。

（三）龙头协会带动发展。这是发展模式的重要途径，其目标是培育“专业协作型企业”。调研显示，现阶段拉萨市量大面广的非公有制企业主要是依托区域特色产业形成专业化协作组织，同时这些专业化协作组织还存在产业化集群程度不高，区域间经济联系不紧密，发展还不平衡等问题。因此，要鼓励“块状经济”中的龙头企业将上下游乃至各地区非公有制企业纳入自身产业发展规划，通过强化以技术、特色、品牌等为纽带的关联产业网络体系建设，打破非公有制经济空间分割与地域界限，实现专业化、规模化、产业化。同时，非公有制企业要向“专、精、特、新”方向发展，以形成非公有制企业集团联盟或产业链梯度，通过现代化工业园区建设，促进非公有制企业产业集聚与产业链延伸，并以此为基础上不断整合各园区内优势资源，提升各园区综合效益。重点是：通过加强现代物流建设和综合营销体系建设，发展各类生产与生活服务业，培育并形成一批产业集聚规模大、专业化协作水平高、区域间经济联系紧密、发展前景广阔的非公有制企业核心区，促进和带动拉萨市非公有制经济持续、快速、健康和高质量发展。

（四）资源管理整合发展。这是发展模式的关键环节，其目标是形成“成长发展型企业”。研究表明，企业管理创新的决定性因素是企业家素质持续提高。应该说，第一代非公有制经济企业主都特别能吃苦、能拼搏、能奉献，这一素质在非公有制企业一步步形成、发展和壮大过程中已得到充分体现。但随着市场经济体制不断完善和市场经济环境的日趋激烈，不少非公有制经济企业主的知识水平和管理能力结构已越来越不能适应时代发展进步的要求。因此，加快建设并不断完善覆盖拉萨市非公有制企业及其经营管理人员的培训体系，为企业健康成长和持续发展补充新动力，是实现拉萨市非公有制企业管理创新的当务之急。为此，结合拉萨市非公制企业发展现状，在整合各类社会资源基础上，可以通过成立“拉萨市非公有制经济发展培训中心”，分层次、分阶段为非公制企业及人士提供法律法规、产业政策、经营管理、技术应用、市场营销等方面的培训服务。加快推进非公有制企业管理信息化建设，优化业务流程和提升管理水平，完善人力资源管理、健全财务核算制度，健全安全、卫生、劳动保护等责任体系，促进非公有制企业高质量发展。

（五）文化创新支撑发展。这是发展模式的精神支撑，其目标是构建“社会责任型企业”。企业文化虽无形，却是企业之灵魂，是全体员工所共同认可的价值观，具有很强的凝聚与导向作用。在构建和谐社会进程中，非公有制企业应当成为一支重要力量。推动非公有制企业社会责任履行体系建设，就应当树立以人为本、诚实守信、奉献社会的经营宗旨，这需要通过企业文化创新打基础，特别是增强非公有制企业主的法制观念、诚信意识和社会公德意识，切实把追求企业盈利与履行社会责任有机结合起来，让每一个非公有制企业都能够结合实际，挖掘和提炼具有向心力和生命力的特色文化，更好地实现经济效益与社会责任的有机统一。

三、发展布局

在拉萨非公有制经济总体模式论述的基础上，结合拉萨市委市政府对该市非公有制经济的总体部署认为，未来拉萨非公有制经济发展应以带动拉萨市非公有制经济高质量发展、可持续发展，构建具有中国西部特色、拉萨市区域特点的非公有制经济区域新格局。按照自治区提出的“提升一产、壮大二产、做强三产”的产业发展要求，优化产业分布，促进非公有制经济实现做强、做优。

（一）城关区。依托城关区便利交通优势、广阔市场优势、丰富人力资源优势、密集信息资源优势、独具魅力文化资源优势，结合拉萨市委市政府将城关区作为拉萨市“一核”重点发展总体规划以及城关区非公有制经济发展实际，未来，城关区应在加强与周边工业园区产业分工协调基础上，鼓励支持非公有制企业增加规模、优化结构，在提升发展能力上下功夫、在产业组合上做文章、在总体实力上求突破，逐步构建起以高原特色旅游为主导、以市域商贸为依托、以现代服务业为支撑、以特色优势加工为补充的非公有制特色产业体系，促进非公有制经济产业转型和结构优化，实现城关区非公有制经济的量性扩张及质性提升。

1. 旅游业。坚持“藏文化旅游核心区、西藏旅游门户和集散中心”产业发展原则，鼓励引导非公有制企业着眼构建世界旅游地、倾力打造世界级旅游精品线路和旅游景点，全面改善旅游服务设施，着眼西藏旅游集散地提升旅游接待能力，按照立足精品、定位多元原则，开发多层次特色鲜明旅游服务项目和旅游产品。在旅游服务上求突破，在旅游设施上塑精品，在城郊旅游上见实效。重点在拉萨市周边以藏家乐为重点着力发展观光旅游、休闲度假旅游，大力开发商务旅游、兴趣旅游、节庆旅游和主题旅游，加强旅游产业与交通、酒店、餐饮、娱乐、购物、城郊都市现代农业以及特色文化资源的沟通对接，带动城关经济全面发展。

2. 商贸业。依托城关区独特的区位优势、便捷交通优势、雄厚商贸基础优势，鼓励引导非公有制企业立足繁荣拉萨市场，投身合理配置资源、完善商业网点上，将城关区建成文化特点鲜明、空间布局合理、业态设施先进、综合体系完善、信息化程度高、传统与现代融合，立足拉萨、辐射西藏，最具活力、最富魅力、最有创造力的商业中心。通过加快门店改造，推进商贸规模化建设。通过加快八廓街特色街区建设，彰显拉萨商贸区域优势和特色。通过打造规模适度的商业街、提升社区商业服务能力，推动商贸产业深度开发。

3. 现代服务业。立足建设西藏服务业高地目标，挖掘城关区服务业核心区辐射带动潜力，支持非公有制企业大力发展商务服务业，培育文化创意产业，发展信息服务业。

4. 都市现代农业。为满足拉萨城市需要，实现特色产业发展目标，大力发展特色种养殖业，立足拉萨白鸡加快现代化畜禽养殖基地建设。大力推进温室暖棚增量、提质、上档次，在保持原有种植业传统优势基础上，重点引进玫瑰、葡萄等新型种植品种，推动城郊设施农业现代化。在城郊农业示范基地引进规模大、档次高的非公有制企业，采用农户＋公司模式，实现现代农业产业链延伸。加快发展休闲观光农业，形成现代农业产业多元化赢利分配新格局。

5. 高原特色加工业。鼓励支持非公有制企业着力发展以唐卡、藏毯、藏香等为代表的民族手工业，支持非公有制企业着力培育发展以藏餐厅为载体的民族饮食品业，创新方式方法实现民族手工业、民族饮食品业与观光旅游行业紧密结合，充分挖掘传统手工业和民族旅游食品加工业潜力。大力发展新型建筑建材业，有选择有重点扶持规模大、技术强、信誉好的新型建材企业，使新型建筑建材成为城关区经济发展和社会进步另一个支撑点和发动机。

6. 其他产业。鼓励支持非公有制企业大力发展具有西藏特点的特色产业，加快以虫草、藏红花等名贵藏药材为原料的健康养生加工业，用健康、环保、生态理念指导特色养生类藏药材种植、采集、加工、营销，培育虫草龙头企业，实现产、供、销一条龙服务。严格虫草资源保护，制订严格的虫草采集标准、收购标准，支持虫草贸易企业与农牧民合作社联合攻关，发挥合作社积极性、主动性，开发环保生态保护型虫草采集工具，杜绝对虫草资源掠夺式开采。参与藏药材行业标准制订，规范藏药材市场，坚决打击欺行霸市和制假贩假，从源头上杜绝名贵藏药材市场不规范问题。加强特色健康类特色产品宣传和产权保护，推进特色健康产业快速发展。

（二）堆龙德庆区。依托堆龙德庆区独特区位优势、便利交通优势、潜力巨大工业园区集聚优势。结合拉萨市委市政府对堆龙德庆区发展定位以及非公有制经济发展实际，未来堆龙德庆区应支持非公有制企业围绕特色产业发展布局，做强城郊设施农业和加工工业，做强新型建材、藏药、农产品加工等支柱产业，加快工业园区建设，推动工业特色化、新型化、现代化、信息化进程。围绕丰富水资源优势和良好青稞资源优势，大力发展水资源开发和青稞种植深加工。加大对拉萨山泉饮品有限公司、西藏雄巴拉天然神水厂、西藏牦牛王生态食品开发有限公司等企业扶持，加快非公有制企业上市推荐。引导非公有制企业发展物流产业，在区域内建成带动拉萨市、辐射西藏的物流集散地和物流园区，将羊达工业园区升级成自治区级工业园区。

（三）曲水县。依托曲水县良好的地理位置优势、面积较大土地资源优势、基础较强农业优势，交通便利流通优势，初具规模工业园区优势，初步显现县域产业集聚优势。结合拉萨市委市政府对曲水县发展定位以及非公有制经济发展实际，未来，曲水县应支持非公有制企业立足园区，做足优势、做强特色、夯实特色产业发展基础。首先是立足农业生产优势，围绕做强城郊设施农业；其次是以科技为先导，以人才为主线，以品牌为重点，加快园区建设，做强新型建筑建材业、民族手工品加工业、藏药业、民族食饮品业。充分利用交通便利优势，加大招商引资，加快生物产业、太阳能产业发展，着力打造拉萨市数字技术产业基地。加快推动工业特色化、新型化、现代化进程。引导非公有制企业投身基础设施和公共事业，将曲水工业园区升级为自治区级工业园区。

（四）尼木县。依托尼木县独特区位优势、独特生态优势、独特文化优势、独特“尼木三绝”（藏香、尼纸、雕刻）藏工艺产品优势。结合拉萨市委市政府对尼木县发展定位以及非公有制经济发展实际，未来，尼木县应支持非公有制企业在做足优势上下功夫，在做强特色上求突破，在发展特色产业上求效益，围绕藏鸡养殖和深加工、藏工艺产品加工、矿产探矿和特色旅游业推进上抓整合、抓统筹、抓突破。一是抓整合，围绕“尼木三绝”，加大产业整合，通过组建合作社或企业集团将分散的藏香生产者联合起来，加强品牌建设、凝聚品牌优势，实现品牌提升，使品牌优势转化为富民优势。探索使用现代防伪标志，构建“尼木三绝”品牌保护体系。二是抓统筹，围绕铜、钼、泥炭等优势矿产资源，坚持统筹兼顾、科学规划、有序开发、合理利用，构建生态、环保和可持续绿色矿业体系。三是抓突破，围绕尼木吞弥·桑布扎故里，着力打造吞巴景区，将其建设成为拉日旅游线上明星景区、特色旅游引领典范、藏文字传承基地。四是充分挖掘藏鸡繁育与生产优势，在藏鸡养殖和深加工以及藏鸡蛋生产上实现新突破。

（五）当雄县。依托当雄县雄厚牧业优势，便利交通优势，北部纳木措—世界最高湖风景优势。结合拉萨市委、市政府对当雄县发展定位以及非公有制经济发展实际。未来，当雄县应支持非公有制企业围绕做强县域经济，做好特色旅游业，做强特色资源加工业，做精以农牧特色产品加工为代表的特色产业。一是立足羊八井、纳木措等优质旅游资源，以世界旅游目的地构建为目标，着力打造羊八井温泉基地和纳木措旅游产业群，使羊八井、纳木措景区成为拉萨旅游环线上的旅游精品、县域经济的引擎、富民强县的航标。二是立足当雄县优质农牧产品资源，坚持做优、做特色、做精品牌，探索农牧特色产品原产地保护机制体制，将农牧特色产品打造成与世界级旅游目的地相适应的国际精品，坚决打击市场侵权行为，理顺市场关系，实现精品优价，使资源优势全面转化为经济优势、富民基础。三是立足国道 109 交通优势，大力发展交通运输业，适应自驾游、房车游等新型旅游方式需要，在羊八井、当雄县城和纳木措等地建立自驾游基地和房车营地，拓展旅游服务门类、提升旅游服务水平、增强旅游服务能力。通过旅游服务一体化推进县域富民顶层设计一体化。四是加大优质水资源的开发利用，重点支持西藏冰川矿泉水有限公司、西藏纳木措圣水有限公司，构建水资源优质优价优效体制机制。五是大力发展农牧民专业合作组织，规范合作社行为，使合作社组织成为带领农牧民致富的重要载体和平台，使农牧特色种养殖业真正成为农牧民奔小康的基石。

（六）墨竹工卡县。依托墨竹工卡县具有温泉多样、矿山丰富、交通便利的优势。结合拉萨市委市政府对墨竹工卡县发展定位以及墨竹工卡县非公有制经济发展实际，未来，墨竹工卡县应支持非公有制企业大力发展以温泉产业等为代表的特色产业，整顿整合矿产业，规划发展旅游业。加快开发日多温泉等温泉资源，规划开发松赞干布出生地为代表的文化旅游资源，在发展中实现资源互补、优势互促，构建规模适度、特色独具的集洗浴、观光、藏文化于一体的县域特色旅游业。坚持矿产资源绿色开发、环境立矿、生态建矿，按照规模大、层次高、技术新、贡献大原则，加大矿产业整顿整合力度，健全选矿探矿进入与退出机制，推进矿产资源开发权适度集中，加强和谐矿区建设，实现环保兴县、生态富县、优势强县。

（七）林周县。依托林周县耕地丰富、农业基础好、前景广阔、区位优势好，以及业已形成的以热振寺和甘曲寺为中心的集山水风光、生态休闲、宗教文化、民俗风情于一体的原生态旅游资源综合优势。结合拉萨市委市政府对林周县的发展定位以及林周县非公有制经济发展实际，未来，林周县应鼓励支持非公有制企业立足县域优势，围绕打造拉萨市最重要农业生态示范县、重要休闲旅游产业基地、重要矿业生产基地、重要农产品生产基地，着力发展生态农业、休闲旅游业等切合县域实际的特色产业，大力支持发展水资源开发，有序发展矿产业。围绕将县城打造成拉萨市最重要的农副产品加工集散地、轻工业为主的现代制造业基地、拉萨休闲旅游产业基地和休闲宜居城市，着力发展农副产品加工、城市服务业。引导非公有制企业坚持优选、集聚、分离的工业发展原则，整合加工业发展优势、挖掘矿产业潜能、提升旅游业发展空间，着力打造以非公有制经济为核心的“一心、三翼、一轴”产业空间结构体系。

（八）达孜区及达孜工业园区。依托达孜区优越的区位优势、交通优势、信息优势和工业园集聚效应优势，结合拉萨市委市政府对达孜区和达孜工业园区发展定位，立足达孜工业园区“科技创新的试验区、经济发展的带动区、对外开放的前沿区、生态工业示范区、富民兴县的创业区”的定位。未来，围绕工业园区建设充分挖掘潜力，鼓励支持非公有制企业着力发展特色产业、新型能源产业，加强市场建设，发展物流产业；将园区建成国家级民族文化和手工业基地、矿产品加工基地和新能源生产基地。具体措施如下：

1. 构建创新平台。加强科技创新，打造一流高原生物及藏医药新兴产业基地，集中实施一批市场前景广、技术水平高、产业关联强、带动作用重大的生物技术产业化项目。建设藏中生物食品生产基地，重点抓好绿色食品科研开发，建立绿色食品生物资源种子库，加快推进形成具有国际影响力和竞争力的高原特色绿色食（饮）品精深加工产业群。加强生物制品、保健制品等特色生物产品研发。壮大提升青稞食品产业，实施青稞 β－葡聚糖提炼加工项目，引导青稞产业向生物工程方向发展，打造青稞产品第一品牌，扩大有机食品生产规模和精深加工能力。依托冬虫夏草、红景天、沙棘等特色资源，发展高原保健品，壮大食品产业规模。依托藏缘全国名牌优势，促进产业上下游延伸，推进产业扩张和深度开发，打造青稞产品第一品牌，以饮品为核心培植龙头企业，增强龙头企业带动作用。利用青藏高原特有生物资源，研制开发新藏药和其他具有自主知识产权藏药和特色生物产品，为藏药产业化发展和新产品开发提供技术保证。全面提升拉萨生物医药产业整体实力、自主创新能力和市场竞争能力。加快新藏药研究进程与产业化，丰富我国医药宝库，促进西藏生物医药产业发展。建立 GAP 种植基地，实现以生物技术带动种植产业，种植产业带动后续产业良性循环。

2. 促进富民兴业。大力发展藏文化产业，建设做精藏艺文化旅游产业基地——“藏艺文博园”，围绕吞米岭·藏艺文博园项目，以文化创意产业化为纽带，整合文化资源，集中展现传统工艺、民间艺术，打造西藏特色文化品牌。引导能工巧匠进入园区参加现代化生产，满足多样化、多层次市场需求；创造条件引导拉萨旅游产品经销企业进驻达孜，鼓励公司订单+农牧民家庭式生产模式，促进农牧民在家创业、自主创业，大力开发特色精美旅游工艺产品，重点生产唐卡、金银铜器、泥塑、彩绘、石刻、佛像、藏式家具、藏香等具有浓郁西藏民族文化色彩特色产品，不断提高达孜旅游产品市场占用率，扩大产品知名度。

3. 鼓励技术创新。增强核心竞争力，培育新能源制造产业。壮大太阳能光伏发电设备，光暖、风电设备和建筑节能设备生产。引进制氧设备生产项目，扩大水力发电设备生产能力，加快双利环保运用玉米淀粉生物制作环保制品项目实施。吸引技术、人才、资金等向新能源产业集聚，为产业发展创造良好环境，推动新能源产业健康有序发展。

（九）拉萨市国家级经济技术开发区。以推进国家“一带一路”倡议为总指导原则，依托拉萨国家级经济技术开发区优势，服务自治区确定的“一产上水平、二产抓重点、三产大发展”的经济发展，围绕“拉萨经济技术开发区以建设特色产品研发生产基地，出口产品生产和加工基地为重点，以发展现代工业、现代物流业为目标，重点发展生物科技、藏医药、出口产品加工，提高技术创新和产业配套能力，建成西藏重要的制造加工和出口基地”的行动指南。加强基础设施建设，加快特色产业，不断优化经济结构，提高质量和效益，加快产业升级，提升现代工业整体素质。鼓励支持非公有制企业和经济人士投身加快发展物流业，有效整合物流资源，加强运输物流信息系统工程和物流集散网络建设，发挥拉萨核心领头羊作用，为提升西藏产业水平而奋斗。未来，围绕把拉萨国家级经济技术开发区建设成为促进西藏经济发展和扩大对外开放的结合体和优势互补、配套协作的产业集群和产业基地；建设成为高原特色产业、高附加值产品、高素质人才承接地和集聚区；建设成为推进工业化进程和地区城市化重要力量；建设成为西藏对外开放窗口、优势产业聚集区、科技创新先导区和集约发展示范区，在构建西藏现代化产业体系中，发挥拉萨开发区主导作用。重点做好：加快支持高新技术、高科技电子信息技术、新材料等的研发，争取在重点领域取得新突破。鼓励支持非公有制企业通过直接注入先进、科学管理理念，先进生产技术、先进生产工艺和专业人才，对传统产品和低附加值产品进行改造，延长产业链；鼓励支持非公有制企业大力推进医学科研机构与藏医药产业合作，结合市场需要，寻找突破口和发展空间。以藏药为先导，加快制药企业整合，开发新品种，提高产品技术含量和质量标准，加快藏医药现代化进程；鼓励支持非公有制企业，坚持以特色旅游为引领，促进服务业快速发展。对高原自然生态（草原、森林、冰雪）、历史文化、民族风情、口岸等资源进行全方位转换，加强旅游基础设施和相关配套服务建设，开发具有特色文化底蕴和民族特色旅游产品，加强旅游业区域协作；支持非公有制企业，大力发展西藏工业企业和农牧产品加工业，在开发区内建设较大规模商品交易市场，开展对外经贸合作，繁荣西藏商贸流通，建成出口加工基地和转口贸易物流中心；支持非公有制企业，充分利用稀缺资源，开发出附加值高产品，利用先进科技创造巨大商业价值，使开发区最终成为高水平农牧产品加工基地；支持非公有制企业，推进城市化建设，优化开发区布局，完善开发区体系，逐步形成以开发区A、B区带动城郊发展，以工促农，区、县互动，协调发展体制机制，实现人口进区、实业入园、产业集中和要素集聚；大力推动全民创业。把推动全民创业作为加快富民兴区，实现开发区崛起的重大举措。营造百姓创家业、能人创企业、干部创事业的生动局面。引导社会资源和创业者进入现代工业领域，开发新产品、开辟新产业，发展现代化农业，引导农民调整农业结构，发展多种经营，开辟农村创业新领域。

（十）柳梧新区。依托柳梧新区区位优势，结合拉萨市委市政府对柳梧新区“示范新城、产业高地”定位。未来，围绕建成拉萨市城市副中心之一的目标，支持非公有制企业投身打造以客运枢纽、商贸服务、旅游集散、特色居住为主的现代化城市典型示范区建设中，围绕建成产业高地的目标，支持非公有制企业坚持高质量发展思路，大力发展现代服务业（旅游服务业、商贸服务业、现代物流业、社区服务业、房地产业），围绕特色产业发展着力打造高原饮品产业群、食品精深加工产业群、藏医药产业群、新兴能源产业群等特色加工业群，重点做好以下工作：

1. 围绕完善城市功能布局，构建实现高质量发展支撑体系目标。探索支持非公有制企业参与到完善北组团，加快启动中组团和南组团，逐步形成贯穿“三组团”的经济带（西部的经济活动带：包括城市行政、商业副中心、酒店等旅游配套基地、客流枢纽、藏式庄园综合旅游度假休闲区、察巴湿地生态旅游区。东部经济活动带：包括藏民族风情园、自助旅游和探险旅游服务基地、特色工业区。城市生活带：由北组团、中组团和南组团的集中居住区组成，分别就近服务于两侧的经济活动地带，形成“居住—就业”相对平衡的功能组团式发展模式）中来，在构建新区支撑体系中实现非公有制经济壮大。

2. 围绕加强基础设施建设，形成实现高质量发展基本条件目标。按照实行基础设施先行策略，通过各种融资手段筹集建设资金，鼓励支持非公有制企业投身“集团开发”模式，加快连接“三组团”通道建设，加快中、南组团内主要干道、水、电、气配套基础设施建设，加快生活景观带及其他功能性设施建设，探索一条符合西藏高质量发展要求的非公有制企业参与基础设施建设之路。

3. 围绕加强招商选资工作，培育实现高质量发展产业优势目标。转变招商思路和方法，有针对性跟踪一批知名非公有制企业，健全招商引资重点项目领导联系制度，帮助投资者解决实际困难问题，落实项目责任人，做好协调服务工作，确保项目按计划实施；鼓励非公有制企业大力发展旅游业，发展面向旅游消费、生活消费的服务业，发展房地产业、特色工业和新能源产业。实现招商引资快速提升和支柱产业发展，非公有制经济实力壮大。

4. 围绕增强可持续发展能力，储备实现高质量发展后发力量目标。在接受国家投资的同时，吸纳非公有制企业社会资本。发展低碳经济、低碳产业，推广先进节能技术和减排技术，做好节能减排工作，寻求经济发展和生态保护之间的最佳平衡。在城市建设与经济开发的同时，加强生态保护，夯实非公有制经济发展基础。

5. 围绕全面推进社会建设，营造实现高质量发展和谐环境目标。支持非公有制企业投身完善文、教、体、卫等社会公共事业发展，提高城市综合服务水平；建设和完善社会服务体系，拓宽群众增收渠道，解决群众现实困难，解决好群众就业再就业，创造藏民族安居乐业，各民族和睦相处、长治久安的和谐局面。

第十章　西藏非公有制经济发展：小微企业分析

第一节　西藏小微企业发展现状

一、小微企业及发展

在前面的有关阐述中，我们多次讲到西藏非公有制经济的重要特点之一，就是小型及微型企业占据绝对的比重，成为该经济领域的注册数量主体，并将会成为西藏区域经济总量的主体。为此我们首先研究小微企业的界定、特征和西藏小微企业的发展背景。

（一）小微企业概念界定。小微企业是小型企业、微型企业、家庭作坊式企业、个体工商户的统称，是由经济学家郎咸平教授提出的。小微企业即为小型企业、微型企业、家庭作坊式企业、个体工商户的统称，主要指那些产权和经营权高度统一，产品（服务）种类单一，规模和产值较小，从业人员较少的企业。根据 2011 年 6 月 18 日工信部《关于印发中小企业划型标准规定的通知》界定的一种新的划型标准，即在中型和小型的基础上，增加微型企业标准，明确界定小微企业。具体界定标准如下：第一，农、林、牧、渔业。营业收入 20000 万元以下的为中小微型企业。其中，营业收入 500 万元及以上的为中型企业，营业收入 50 万元及以上的为小型企业，营业收入 50 万元以下的为微型企业。第二，工业。从业人员 1000 人以下或营业收入 40000 万元以下的为中小微型企业。其中，从业人员 300 人及以上，且营业收入 2000 万元及以上的为中型企业；从业人员 20 人及以上，且营业收入 300 万元及以上的为小型企业；从业人员 20 人以下或营业收入 300 万元以下的为微型企业。第三，建筑业。营业收入 80000

万元以下或资产总额80000万元以下的为中小微型企业。其中，营业收入6000万元及以上，且资产总额5000万元及以上的为中型企业；营业收入300万元及以上，且资产总额300万元及以上的为小型企业；营业收入300万元以下或资产总额300万元以下的为微型企业。第四，批发业。从业人员200人以下或营业收入40000万元以下的为中小微型企业。其中，从业人员20人及以上，且营业收入5000万元及以上的为中型企业；从业人员5人及以上，且营业收入1000万元及以上的为小型企业；从业人员5人以下或营业收入1000万元以下的为微型企业。第五，零售业。从业人员300人以下或营业收入20000万元以下的为中小微型企业。其中，从业人员50人及以上，且营业收入500万元及以上的为中型企业；从业人员10人及以上，且营业收入100万元及以上的为小型企业；从业人员10人以下或营业收入100万元以下的为微型企业。第六，交通运输业。从业人员1000人以下或营业收入30000万元以下的为中小微型企业。其中，从业人员300人及以上，且营业收入3000万元及以上的为中型企业；从业人员20人及以上，且营业收入200万元及以上的为小型企业；从业人员20人以下或营业收入200万元以下的为微型企业。第七，仓储业。从业人员200人以下或营业收入30000万元以下的为中小微型企业。其中，从业人员100人及以上，且营业收入1000万元及以上的为中型企业；从业人员20人及以上，且营业收入100万元及以上的为小型企业；从业人员20人以下或营业收入100万元以下的为微型企业。第八，邮政业。从业人员1000人以下或营业收入30000万元以下的为中小微型企业。其中，从业人员300人及以上，且营业收入2000万元及以上的为中型企业；从业人员20人及以上，且营业收入100万元及以上的为小型企业；从业人员20人以下或营业收入100万元以下的为微型企业。第九，住宿业。从业人员300人以下或营业收入10000万元以下的为中小微型企业。其中，从业人员100人及以上，且营业收入2000万元及以上的为中型企业；从业人员10人及以上，且营业收入100万元及以上的为小型企业；从业人员10人以下或营业收入100万元以下的为微型企业。第十，餐饮业。从业人员300人以下或营业收入10000万元以下的为中小微型企业。其中，从业人员100人及以上，且营业收入2000万元及以上的为中型企业；从业人员10人及以上，且营业收入100万元及以上的为小型企业；从业人员10人以下或营业收入100万元以下的为微型企业。第十一，信息传输业。从业人员2000人以下或营业收入100000万元以下的为中小微型企业。其中，从业人员100人及以上，且营业收入1000万元及以上的为中型企业；从业人员10人及以上，且营业收入100万元及以上的为小型企业；从业人员10人以下或营业收入100万元以下的为微型企业。第十二，软件和信息技术服务业。从业人员300人以下或营业收入10000万元以下的为中小微型企业。其中，从业人员100人及以上，且营业收入1000万元及以上的为中型企业；从业人员10人及以上，且营业收入50万元及以上的为小型企业；从业人员10人以下或营业收入50万元以下的为微型企业。第十三，房地产开发经营。营业收入200000万元以下或资产总额10000万元以下的为中小微型企业。其中，营业收入1000万元及以上，且资产总额5000万元及以上的为中型企业；营业收入100万元及以上，且资产总额2000万元及以上的为小型企业；营业收入100万元以下或资产总额2000万元以下的为微型企业。第十四，物业管理。从业人员1000人以下或营业收入5000万元以下的为中小微型企业。其中，从业人员300人及以上，且营业收入1000万元及以上的为中型企业；从业人员100人及以上，且营业收入500万元及以上的为小型企业；从业人员100人以下或营业收入500万元以下的为微型企业。第十五，租赁和商务服务业。从业人员300人以下或资产总额120000万元以下的为中小微型企业。其中，从业人员100人及以上，且资产总额8000万元及以上的为中型企业；从业人员10人及以上，且资产总额100万元及以上的为小型企业；从业人员10人以下或资产总额100万元以下的为微型企业。第十六，其他未列明行业。从业人员300人以下的为中小微型企业。其中，从业人员100人及以上的为中型企业；从业人员10人及以上的为小型企业；从业人员10人以下的为微型企业。

这种划型标准，行业覆盖面广、指标选取灵活、简化，个体工商户也被纳入其中，使我国企业划型更加完善，也和世界主要国家对微型企业标准界定一致。

（二）小微企业的特征。任何企业都有其类型特征，小微企业也不例外。根据对现有资料的归纳总结，当前我国小微企业的主要特征表现在以下几个方面：第一，在众多小微企业中，大多数是零散产业，隶属自我就业型，这种企业的目的在于解决业主的自我就业问题。第二，小微企业一般小本经营、易创建、规模小、雇员少、设备简陋、技术简单且资产规模小，市场壁垒低。第三，绝大多数小微企业是无正式组织方式，不设立管理职能机构，且管理结构特别简单。第四，资金很少是从正式融资渠道获得的，由此一来就很自然产生小微企业融资难尴尬局面。第四，小微企业通常采用直接销售模式，多为西藏市场服务。具体表现在：第一，投资主体和组织形式多元化。投资人既可以是大中专毕业生、退伍复员军人、返乡农民工、下岗失业人员、征地拆迁失地农民，也可以是其他城乡无业居民；在创建小微型企业时，既可以申办成个体工商户、独资企业，又可以是合伙企业、农民专业合作社、有限责任公司等。第二，出资来源和形式多元化。小微型企业融资渠道主要是自有资金、亲戚朋友借款，其中很少有正式的融资渠道。投入资金既可以是实物资产、知识产权，也可以是货币资金。小微型企业固定资本少，对经营所需工具、设备、技术要求不高。第三，生产销售灵活。小微型企业大部分是以“前村后店”模式组织生产，质量管理不规范，大多采用劳动密集型技术和手工艺。销售上采用直销方式，且以服务西藏市场为主，运作方式灵活而富有流动性和灵活性。第四，内部管理松散。小微型企业员工以家庭成员为主，且大都是通过正式就业渠道不能就业的人，其员工薪酬具有不确定性，基本没有正式薪酬制度，财务会计制度也不健全等问题。小微企业组织形式，主要包括个人独资企业、合伙企业、有限责任公司和个体工商户等四种类型。

（三）西藏小微企业发展背景。我国自明朝年间就出现家庭作坊，传统意义上的小微企业出现。从西藏和平解放以来，由于实行公有制经济，绝大多数属于非公有制小微企业再度被抑制。1978年改革开放后，逐步构建社会主义市场经济体制，允许非公有制经济并存，特别是党的十五届四中全会上明确提出“培育中小企业服务体系”发展的目标，逐步采取各种措施推动小微企业快速发展。在国内小微企业获得巨大发展的同时，西藏小微企业在改革开放40多年时间的迅猛发展，占西藏非公有制企业总数95%以上，是推动西藏国民经济快速发展的生力军。上世纪90年代后期开始，西藏陆续出台一系列扶持政策促进中小微企业茁壮成长，政策效果非常明显，小微企业发展势头良好。截至2020年末，西藏小微企业在活跃市场、创造就业、增加税收和维护社会稳定等方面发挥重要作用。由于发展环境及各种内外因素限制，使其发展仍处弱势地位。

二、西藏小微企业发展特点与作用

（一）发展特点。调查显示，目前西藏共有小微企业30多万个，从发展行业看，以批发零售业、运输仓储业、农林牧渔业、规模种殖养殖业为主。从地域分布看，主要集中在市、县城区和乡镇街道。通过我们对西藏100户小微企业走访调查发现，西藏小微企业运行正常，但有少部分处于生产经营不理想状态，主要原因是规模太小、资金短缺和扶持政策措施应用不灵活所致，使小微企业不能正常开展经营活动。其主要特点包括：西藏小微企业经过40多年发展，从无到有、从弱到强，逐步走上成长壮大之路。但存在着发展速度较快而产业结构单一、从业人员稳步增长但富民效应不明显、依托资源优势性不强等问题。

1. 依赖自然资源明显。西藏90%以上小微企业都是资源依赖型企业，这些小微企业在参与资源开发过程中，服务和配套支撑产业发展，能够与大企业相互依存、相互促进；有相当一部分小微企业围绕藏医药业、新型建筑建材、特色农畜产品加工、民族手工业、文化、旅游等产业发展，它们已成为支柱产业和龙头企业的有益补充和重要配套，既延伸西藏特色资源产业链，又提高资源配置效率。也就是说，西藏绝大多数小微企业发展离不开资源，但也始终处在产业链低端，充当配角角色。

2. 特色产业优势不强。西藏小微企业虽分布较广、有一定市场前景，但未形成独特产业竞争优势。比如西藏矿泉水业、酒业、高原特色食品加工产业，其群体规模不大，集聚效应不强，没有形成较强的产业集聚力和品牌优势，尤其在区内外市场发展中没有较强的竞争力和比较优势。

3. 经济实力不断增强。近年来西藏出台一系列激励措施，大力实施“强区富民”，提出“提升一产、壮大二产、搞好三产”，激发全民创业热情，大力实施招商引资，吸引民资进入创业，使小微企业如雨后春笋般蓬勃发展，以每年 25% 速度增长，大部分小微企业都是近几年发展起来的，一是较好解决农村剩余劳动力就业问题。农村真正剩余劳动力不是中青年人，而是以 40–55 岁农村妇女和 50–60 岁男性劳动力居多；二是为西藏企业梯次发展奠定基础。小微企业是乡镇区域经济重要组成部分，对乡镇有重要贡献，作为培植大中型企业根基，小微企业迅速发展局面为西藏企业梯次发展奠定基础。

三、西藏小微企业的经济社会作用

调研显示，对于量大面广的西藏小微企业而言，一头连着西藏乡村经济繁荣发展，另一头连着西藏经济发展进步与社会和谐稳定，在创造就业机会、增加居民收入、满足市场需求、促进区域发展等方面发挥重要作用。

（一）经济发展重要支撑。调研显示，2019、2020 年西藏小微企业上缴税收 50 亿元和 55 亿元，从 2020 年各区市小微企业纳税额所占比重看，拉萨占比 85%、山南 91%、昌都 90%、林芝 88%、日喀则 93%、那区

95%、阿里 98%，小微企业已成为自治区、市（地）财政收入主要来源和经济社会发展重要支撑。

（二）社会就业主要渠道。调研显示，2020 年小微企业新增就业岗位占西藏新增就业人员的 95%。小微企业广泛吸纳下岗职工、大中专毕业生和农村富余劳动力，最大限度缓解西藏社会就业压力。在拓展就业门路的同时，小微企业发展拓宽居民增收途径。据统计，城乡居民人均纯收入中的 40% 以上来自于小微企业，农村居民工资性收入更是大部分来自于在小微企业，小微企业工资收入已占居民收入的二分之一。

（三）产业集聚有生力量。调研显示，西藏小微企业产业集群快速发展，初步形成藏医药、建筑建材、农畜产品加工、民族手工业、文化、旅游等众多支柱产业，通过科学规划、服务平台建设、财政扶持、市场开拓，截至 2020 年末，西藏小微企业产业集群发展到 6 个，营业收入过 150 亿元的产业集群有 1 个，过 15 亿元的有 2 个。小微企业自主创新能力有较大提升。

（四）公益事业助推动力。西藏小微企业在快速发展的同时，其社会责任意识不断加强，热心于捐资助学、投资新农村建设、扶危济困等社会公益事业的企业家和企业团体越来越多，慈善捐款逐年增加。2010 年以后，根据全国工商联和中国光彩会要求，西藏非公有制小微企业连年开展“非公有制经济人士感恩行动”，分别慰问边防战士、便民服务站公安干警和驻寺干部。在汶川、玉树地震救灾中区工商联组织动员非公企业参与抗震救灾捐助活动，充分发扬“一方有难、八方支援”的优良传统，投身公益事业，有力地支援灾区重建。

第二节　西藏小微企业发展过程中的困境与对策

一、小微企业在发展过程中存在问题

受地理条件和区域位置及社会经济发展等因素制约，西藏小微企业在发

展过程中面临经营成本高、融资渠道窄、产业层次低、人才匮乏等多方面问题。

（一）企业经营成本高，持续增效难度加大。由于受地理位置和区域条件等因素所限制，西藏小微企业发展所依赖的能源、原材料及劳动力价格上涨快，其生产经营成本费用居高不下，产品利润空间小，企业生产经营活动基本处于微利或无利状况，有的甚至难以为继。特别是一些加工企业，利润空间两头受挤，企业生产经营压力加大。部分小微企业由于订单不足或是生产不稳定，正常的生产经营活动得不到保障，甚至是不惜付出一定的管理支出来维持开工率，进而增加用工成本和经营风险。小微企业虽然注册成立快、成长发展迅速，但随时都有面临倒闭破产的风险。

（二）融资渠道狭窄，资金短缺问题突出。西藏多数小微企业存在融资渠道窄，资金短缺问题普遍的现象。西藏现有金融机构主要以“工、农、中、建”等国有银行为主，“西藏银行”等股份制地方商业银行较少，村镇银行、小额贷款公司等新型金融机构更少。对多数小微企业来说，也由于其固定资产较少，可供担保抵押物不达标，以及财务制度不健全、整体信用不高等，很难得到金融机构的信贷支持。在对被抽查的拉萨市 20 户小微企业进行走访座谈时，有的企业负责人讲，“我们有技术，有人才，也有良好的市场前景，就是没有高楼大厦等大型实体资产作质押，所以也贷不到款”。为解决生产经营中资金短缺，一些小微企业甚至选择地下融资渠道，以高于银行数倍利息的借贷来解决其生产经营的资金需求，经营风险扩大。

（三）产业和产品层次低，企业间恶性竞争加剧。西藏多数小微企业缺乏创新型人才，拥有核心技术和自主知识产权较少，基本处于产业链和价值链底端，产业集聚程度低，企业规模小、多数非公企业产品科技含量不高，档次低，缺乏市场竞争优势，与区内外一些大企业相比，不具备竞争力。许多小微企业进入门槛较低，产品技术含量不高，生产工艺和产品雷同，产品价格拉不开档次，甚至企业间为争夺订单相互压价，或是采取偷工减料、假冒仿冒他人产品、偷税漏税等非法手段来降低生产成本。行业内恶性竞争不仅导致企业效益低下，也造成社会资源浪费和市场秩序的混乱。

（四）高素质人才匮乏，管理和创新能力低。在西藏小微企业往往是作坊式企业，企业主素质普遍不高，缺乏具备现代管理知识和创新型企业家人才，其家庭作坊式企业管理模式已很难适应市场激烈竞争需求。这种普遍存在的问题，于 2018 年在林芝市调研时获得的情况类似，该市工商联负责人告诉我们说“大部分非公企业家文化素质偏低，宗族观念浓厚，经营粗放。企业缺乏专业管理人才和有效的管理模式，营销理念落后、市场开拓力度不够，竞争力和抵御风险的能力较低，制约企业发展壮大”。西藏小微企业往往无力满足员工正常职务晋升和薪酬增长、其未来发展空间与企业前景不确定，所以，熟练工、技术工流失严重。从对 100 户自治区工商联会员企业的调查问卷来看，90% 以上的小微企业存在人才缺乏问题。人才匮乏一方面使小微企业难以真正建立起现代企业制度，使其经营决策容易出现家长式做法和随意性，企业内部经营管理粗放，财务管理及用人制度混乱。另一方面也导致小微企业在自主创新、产学研合作等方面缓慢，难以开发出适应当今市场瞬息万变和竞争发展的需求，新技术、新产品、新服务，新市场开拓和抗风险能力更弱。

（五）用工难问题日益突出。根据 2018 年在林芝市调研时获得的信息所知，该市非公有制经济也出现与全西藏非公有制经济相同的问题，即近两年随着物价上涨，员工的薪酬大幅提高，企业的用人成本大幅增加，但部分小微企业综合实力较弱，市场行情波动起伏较大，企业发展资金有限，难以持续性地满足员工日益增长的物质需求，造成企业员工流动较大。另外，没有技术的一般劳动力富裕，而有技术工人、高端人才紧缺。

二、小微企业发展问题分析与措施建议

近十多年来，西藏自治区党委、政府十分重视小微企业发展，制定出

台一系列扶持政策，小微企业发展迎来乘势而起的良好时机，作为统筹协调和推进小微企业茁壮成长的西藏自治区工商联等相关职能部门，更应采取科学有力的措施，全面促进小微企业健康发展。但是，不管是与兄弟市的横向比较，还是与中央的有关要求相比，西藏在发展以小微企业为特色的非公有制经济方面，还存在较大差距，需要今后从多个方面加大突破。为此，本研究特提出以下建议。

（一）强化政策引导，倾心扶持发展。建议建立健全统筹推进小微企业发展长效机制，至少用5至10年的时间，通过“抓大壮小扶微”举措，实现西藏非公有制经济“大产业大企业顶天立地，中小微型企业铺天盖地”良好局面。要建立健全中小微企业长远发展激励机制，给予其特殊优惠政策及扶持措施，对于贡献突出的小微企业主可给予一定政治待遇，如在人大代表、政协委员评选中给予倾斜，以增强其参与民主政治积极性与社会主人翁意识。结合企业发展状况加大政府相关职能部门服务作用，加强对促进小微企业发展工作监督考核和跟踪问效，切实发挥好其服务和引导作用，特别是应着力营造和构建符合西藏小微企业可持续发展的社会经济环境。

（二）加强银企对接，拓宽融资渠道。研究表明，解决西藏小微企业融资难的问题不能只依赖市场，还需要地方政府、银行、保险、企业等多方共同努力。一是通过财政拨款、会员企业风险金、社会入股等方式，吸纳各路资本设立小微企业信用担保基金，以此提高支持小微企业融资能力保障与平台；二是推动金融产品和服务模式创新，发展多元化服务小微企业品种，如金融机构可适当提供适合小微企业信贷产品，譬如推广应收账款质押贷款、动产质押贷款、第三方监管质押贷款、土地合作社抵押贷款等贷款品种，并在扩大授信额度、简化审批程序上作出努力，为小微企业提供特色化金融服务；三是在现有存量小微企业客户基础上，优先向信用观念强、走产业化发展道路、高科技含量企业倾斜，不断尝试新的融资方式，鼓励民间资本创设小额贷款公司、村镇银行、社区银行和小微企业互助合作企业等，并在规范管理、防范风险基础上促进民间借贷健康发展，形成一张分工合理、交叉有序的中小企业融资网络体系。

（三）搭建服务平台，培植企业增量。结合西藏小微企业发展现状，在优化升级现有存量企业基础上，鼓励更多小微企业成长起来。一是加快小微企业孵化基地建设。可在各开发区划出专门区域建设服务小微企业平台，以各区县、乡镇作为小微企业重点建设平台，建立小微型企业一条街或示范点。组织由企业家、创业成功人士、专家学者、政府工作人员参与创业服务专家队伍，针对创业者实际需求，提供项目开发、方案设计、风险评估、开业指导、融资服务和跟踪扶持等“一条龙”服务工作；二是切实用好创业引导资金，可采用“投资者出一点、政府补一点、税收返一点、金融机构贷一点、规费减一点、职能部门帮一点”等“六个一”做法，推动更多小微企业成长与发展；三是大力发展社会服务组织，加快小微企业信息交流网络中心、技术咨询服务中心、法律咨询维权中心等平台建设，为小微企业生产经营提供更加及时、准确、有效服务。

（四）抢抓转型机遇，力促提档升级。西藏社会经济正处于全面转型和快速发展阶段，小微企业应抢抓转型机遇，力促提档升级。一是加快利用高新技术、先进适用技术改造传统产业，推进现有产业和产品升级换代，应改变过去“短、频、快”的做法，而着眼“特、新、远”发展，将有限资金、技术等资源用于新技术研发、新设备配备、新产品开发方面，不断促进产业结构优化升级和实现小微企业科学化发展；二是加强大、中、小、微企业之间交流合作与帮扶互助，更大范围向小微企业开放企业管理、专业技能提升等方面的培训资源和扶持平台，加强对小微企业提供产业指导和智力支持引导，帮助其建立现代企业制度特别是规范与透明财务制度，不断提升小微企业创新发展能力。

（五）加强规划引导，推进产业聚集。西藏地域广大、资源分布不均匀，各地可整合特色优势资源，建立小微企业孵化园。在现有产业基础上，扩大产业规模，延伸产业链条，壮大产业集群，促进各地有特色产业园区发展。当前，西藏旅游业、文化产业、藏医药业、特色农畜产品加工和民族手工业等已初具规模，其特色资源丰富，但还是没有呈现出规模效应。通过产业聚集途径将其做强做精。建议如下：首先，需要发挥好大中企业和大项目对小微企业龙头带动示范作用，小微企业应紧紧围绕龙头企业示范带动而做配套生产和服务经营，不断延伸上下游产业链条，使其能够与大中龙头企业配套发展，做到互惠互利、共赢发展；其次，企业主管部门应加大政策引导和资金扶持，不断推动小微企业转型升级，立足现有特色资源优势，突出发展重点和方向，不断加快新技术和先进设备更新，大力推进品牌创建和效益全面提升，提升小微企业市场竞争力与产业附加值，推动全面成长。

（六）多举措培养与聚拢人才，出实招夯实企业发展基础。从政府层面来讲，需要为小微企业培育和建设一个规范有序、发达的劳动力市场，做好服务引导工作。首先要加强劳动力市场建设，花大气力抓好乡村职业技术教育工作，有针对性地为小微企业开展专项技能培训，源源不断地提供素质较高的劳动力，不断优化培训创业体系，开展创业知识辅导、实用技术技能和经营管理培训，并使之经常化、制度化、规范化；其次，完善小微企业用工信息发布与共享服务平台，提供就业用工服务指导，协调好双方劳动关系，维护投资者和劳动者合法权益。从企业角度来讲，要有清晰的人才定位和发展规划，牢固树立以人为本思想理念，建立良好用人发展机制，要培育关爱员工的企业文化，做到“用待遇留人、用事业留人、用感情留人”，要注重吸引优秀人才不断进入企业经营管理层，使其具有发展空间和成长机遇，要为员工创造良好生产、生活环境，建立一套科学合理、规范有效的薪酬增长机制与使用管理办法，使各类优秀人才都能够安心在企业“扎根”服务和“掏心”奉献。

第三节　西藏小微企业融资状况调查分析

随着西藏社会经济快速发展和小微企业不断成长进步，其融资需求日益增大。调研显示，随着西藏市场经济的深入推进和对外开放的不断深化，小微企业生存环境和成长空间也面临着竞争与挑战，融资难问题也成为制约小微企业发展的重要瓶颈。通过对西藏小微企业融资情况进行调查，旨在了解其融资现状，查找问题根源，帮助减轻其经营负担，降低融资门槛，以推动和扶持小微企业健康、可持续发展。

一、小微企业融资状况调查

我们所调研的100户小微企业，涉及建筑建材、藏医药、旅游、文化、餐饮、加工和服务等多个行业，这些企业的借贷对象主要是四大国有银行及一些股份制商业银行、信用合作社，其贷款年利率一般为7.2%到10%；也有部分企业是向民间融资，其借款年利率在12%~18%，有个别困难企业为临时周转资金而涉高利借贷，月利率一般在2%~3%。通过对以上100家区工商联会员小微企业调查显示：与金融机构有信贷关系的为23家，还有77家企业和金融机构没有信贷关系。从金融机构获取贷款来看，期限大多数为半年至一年，从企业担保方式看，贷款在50万元以上的企业实行担保贷款占比为80%，20%为抵押贷款；金额在50万元以下的企业贷款60%为联保贷款，40%则为信用贷款，而民间借贷基本成为当前西藏小微企业融资的主要补充。其融资现状可以归纳为两点。

（一）融资渠道较为单一。100份调查问卷显示，在这些调查小微企业中向银行申请贷款是小微企业争取外部融资的首选渠道，超六成小微企业主在寻找外部资金来源时首选银行，但银行贷款对小微企业仍然存在诸多关卡。调查问卷显示“贷款到位时间较长”的反映最为集中，占比达到

60% 以上。除此外，“无法提供足够的抵押或担保物”“不能提供合适的财务报表”“审批手续繁琐”“贷款成本较高”等问题，是小微企业在向银行申请贷款时所遇的常见问题。

在对拉萨市 13 户小微企业进行走访调查有关其融资成本的调查阐述中，40% 小微企业主认为成本最高的借款方式是向银行贷款，虽然当时银行贷款名义利率较之其他方式并不高，但包含着很多隐形要求，一些放贷还附加相应比例存款、购买理财产品等硬性要求，致使其综合成本较高。对于西藏小微企业而言，其融资空间比较小。定位于小微金融服务的金融机构应是一些“老字号”大银行和新发展起来的地方性股份制商业银行。根据西藏自治区银监局一份统计数据显示，产业链金融是西藏银行业小微融资服务的一种创新尝试，一些“老字号”大银行在小微企业贷款规模上仍处于绝对优势地位，在推动其为小微企业提供金融服务的同时不断推进信贷客户结构调整，引导发展村镇银行、小贷公司等小微金融机构，需要建立与小微企业特点相适应的金融服务模式。

（二）企业适应新形势能力较差。尽管针对小微企业贷款担保、抵押等融资配套机制有创新，譬如，设立有财政担保基金、建立有企业互助联保机制等，但却面临企业使用不足等问题。以担保为例，在有借款企业当中，有 70% 小微企业虽然申请担保，但只从形式上履行手续，而没有真正发挥担保实效。同时，小微企业主普遍认为担保机制会加重企业负担，甚至需要向担保者支付一定担保费。另一方面，缺乏合理有效抵押品也是造成小微企业融资难的主要问题。根据统计调查显示，90% 以上的小微企业都有自己的厂房；有贷款的小微企业中使用过厂房抵押的不足 10%，使用过机器设备抵押的小微企业比例为 20% 左右，70% 的小微企业主基本使用私人资产作为抵押。所以，需要创新不具备优良抵押品特性的抵押方式。在有借款企业当中，70% 的小微企业主没有听说过无形资产质押，60% 的小微企业主没有听说过应收账款质押，30% 的小微企业主没有听说过存货抵押等，且不同规模小微企业融资担保方式与不同规模小微企业融资渠道相匹配，规模越小的企业，选择朋友担保比例越多；规模越大的企业，选择抵押借款的比例越多，在西藏仍是以担保贷款和抵押贷款为主，是否有合适的抵押物和担保，在很大程度上决定小微企业能否在银行借到钱。当前抵押产品认知度和使用率双低现象，也是导致小微企业融资难的一个原因。一方面说明针对小微企业创新类抵押品宣传普及程度不够，小微企业对其了解程度低；另一方面说明创新类抵押品存在不足，影响实际使用，没有得到广泛认可。

现阶段，小微企业融资成本高也是一个融资过程中的现状，甚至很多小微企业即使愿意付出高额融资成本，也无法融资成功。虽然中央、地方两级近年来先后出台多项解决中小微企业融资难政策，在一定程度上改善小微企业融资环境，但是小微企业融资艰难及费用昂贵等现象仍然普遍存在。

二、小微企业融资存在问题与措施建议

（一）主要问题

1．金融机构惜贷。调研显示，近年来由于银根紧缩，金融机构放贷指标压缩，加之小微企业规模小、资产少、实力弱，许多企业不能从金融机构贷到款项。金融机构考核其客户往往采取“抓大放小”政策，对小微企业存在一定程度信用歧视，从而形成各类型的企业在融资问题上不平等局面。对于实力较强企业，金融机构往往愿意“锦上添花”，主动询问是否需要贷款，而对于相对处于弱势地位而又急需资金的小微企业，金融机构出于各方考虑不愿“雪中送炭”。

2．担保条件严苛。调研显示，金融机构放贷要求提供担保，担保形式尤重抵押，对动产质押以及知识产权、应收账款等权利质押不予接受。抵押贷款时对抵押物的要求严格，一般只接受土地及有价值房屋，对法律规定的其他可抵押财产如厂房、生产设备、原材料、半成品、产品等则不

予考虑，即便是接受价值较高的机器设备作抵押，估价也很低，如此导致一些租赁厂房的小微企业因无土地或房屋作抵押，即使经营情况较好也不能从金融机构贷到款项。在信用担保中，金融机构对担保企业要求较高，小微企业一方面难以找到符合联保条件的企业，另一方面，对一些经营较为困难的企业，金融机构还要求借款企业主以其个人家庭财产等作担保，条件过于严苛。

3. 利息负担过重。调研显示，金融机构实际放贷利率多数在基准利率基础上上浮 3%~6%。央行基准利率和金融机构对基准利率上浮幅度双重调高，使得企业利息负担过重，融资成本大幅增加。企业从民间借贷利率更高。金融机构所放贷款中，并非全部全额放贷，而是部分以存款代替做保证金，这对于急需现金的企业无疑加重融资成本。

4. 放贷附加条件多。有的金融机构在放贷时，提出一些不合理要求，比如要求存贷挂钩，发放贷款前先要求小微企业在该机构存入一定数额款项，金融机构再根据企业存款数决定发放贷款限额；有的则以小微企业购买该金融机构发行基金、黄金等理财产品作为放贷前提条件。调研小微企业反映，越是经营困难企业，金融机构所附加条件越多、越苛刻，而对于这些资金困难的小微企业则无话语权，不得不接受这些附加条件。

5. 抽贷后不兑现承诺。在走访调查时部分企业反映，银行为顺利、及时收回贷款，在贷款到期时会向小微企业承诺还贷款后多少天内就能为企业发放另一笔贷款，对一些经营资金较为困难小微企业，为继续能够从金融机构获得贷款，不得不四处筹措资金，考虑到金融机构能马上再行放贷承诺，甚至从民间借高利贷临时周转，用于偿还贷款，但是有些金融机构收回贷款后却不兑现再行放贷承诺，而是以“指标用完、领导不同意、上级部门不批准”等理由拒绝续贷，致使企业无力支付从民间借来本金及高额利息，最终因资金链断裂而陷入困境。小微企业本身相对脆弱，这种“釜底抽薪”的做法，不利于企业的可持续发展。

6. 民间借贷不够稳定。调研显示，有些小微企业因不能从金融机构融到资金，只能通过中介或第三者介绍向一些个人及民间组织借贷一些可以承受利率的借款，但这些民间借贷具有不稳定性，出借人或其组织随时可能急需用钱，出借人也就有可能随时要求还款，影响企业正常资金预算和生产经营计划。当企业以借款还未到期为由不予还款时，出借人就可能制造各种麻烦（包括暴力催要等），使得借款企业名誉丧失，融资能力丧失，导致借款企业陷入困境甚至破产。

7. 现金回笼压力较大。调研显示，在现阶段资本市场不健全、不完善情况下，西藏小微企业客户往往因资金困难而大量拖欠应付款项，小微企业应收账款回收十分困难，回收期长。即便客户能支付欠款，也常常以资金周转困难而有意拖欠，导致企业购买原材料、支付工资和税赋等都需要垫付大量现金。众所周知，小微企业生产具有周期短、额度小、频率高、时间急等突出特点，加之融资成本高、融资难度大，导致小微企业融资工作始终存在问题。

8. 小微企业贷款风险较高。调研显示，在农牧区乡镇这个层面上，银行发放小微企业贷款，需要组建市场规划、销售经理、风险管理、贷后管理等专业团队，力图将信息触角延伸到小微企业方方面面。但是由于小微企业存在数量多、规模小，且行业分散、质量良莠不齐等行业特点，导致银行缺乏足够的资源和能力去全面掌握小微企业的真实信息；另外，由于社会信用体系的不健全，西藏尚未完全建立统一开放的企业信用信息共享平台。因此，对于小微企业信用信息查询渠道不畅，造成银行容易根据虚假或者错误信息给小微企业进行放贷，无形中使银行信贷资产增加很大风险，根据“高风险高回报”经营规律，银行一旦给小微企业发放贷款，肯定会提高其贷款利息，使其融资成本加大。

（二）成因分析

1. 小微企业融资难的内因。第一，缺乏现代经营管理理念，经营风险高。

随着西藏社会经济发展实力不断增强和小微企业不断成长与进步，该类企业创业初期使用的传统经营管理模式，已经跟不上经济发展形势和企业进步步伐，部分小微企业仍存在法人治理结构不完善、经营管理方式落后、产品技术含量低和抗御风险能力差等问题，即缺乏可持续发展能力，且西藏小微企业与其他省区市相比，具有负债水平整体偏高、盈利能力普遍偏低和发展空间较小等特点，使金融机构信贷风险过高，加之小微企业生命周期短暂性和经营不确定性，随时都有较高倒闭或破产可能性，一定程度上抑制金融机构放贷意愿。第二，小微企业规模和信用水平低，制约其融资能力。西藏小微企业虽然大多注册为公司制，其实质仍然是采用业主制和合伙制的管理模式，没有完全执行严格意义上的公司治理制度，其规模偏小，制度不健全，尤其是财务管理制度不健全，导致其信用水平低和融资能力弱。许多小微企业没有真正建立完善的财务管理制度，有的甚至没有建立会计账目，其资金管理较为混乱，大大降低自身信用度，严重削弱融资能力。另外，由于西藏还存在社会征信系统和信用信息系统建设滞后等问题，其信用信息传输渠道不通畅，导致银企双方信息不对称，极大降低小微企业信贷满足率。第三，缺少可供担保抵押的有效财产，融资渠道窄。由于银行普遍存在对小微企业固定资产有抵押偏好，而不愿接受小微企业流动资产抵押，但小微企业资产结构中固定资产占比相对较小，特别是近些年来新发展起来的高科技企业，其无形资产占有比较高的比例，而银行一般不将其作为抵押资产，难以满足小微企业对金融机构的贷款需求。另一方面，小微企业在寻求担保机构进行担保时，由于大多信用担保机构往往只愿意对短期流动资金贷款担保，而不对设备投资等长期性贷款提供担保，事实上小微企业往往缺少的就是需要提供和支持其长期发展的长期贷款，这种担保机构意识倾向和担保机制不合理，增加小微企业融资难度。

2. 小微企业融资难的外因。第一，金融体制不健全。在西藏小微企业融资格局中，银行贷款在企业融资中占有绝对比重，100 份调查问卷显示占比达到 90% 以上，企业内部直接融资所占比重较小，并且随着近年来银行信贷余额快速增长，而直接融资发展相对缓慢，贷款和直接融资余额差距越来越大，银行吸收存款数额在快速增长的同时，其中包括一部分小微企业存款，但银行贷款主要是投向西藏区内各大中型企业。这种银行业高度垄断的金融体制和小微企业直接融资的弱能力性减少了其融资资源，继而限制小微企业可持续发展。另一方面，说明西藏银行业侧重追求贷款规模效益和风险平衡，而不愿为小微企业提供扶持便利的金融服务。根据 2018 年在林芝市调研时该市工商联负责人告我们，“融资难、融资贵是制约非公企业发展的重要‘瓶颈’。主要表现在：一是金融管理体制中，贷款条目过多，贷款手续繁杂、周期长，企业获取资金渠道受到影响；二是中小微企业通过银行融资存在困难，还不如社会融资、寻找外资，但利率高，增加企业负担和风险”。第二，金融环境不完善。西藏金融市场体系不完善与其金融环境缺陷有很大的关联性，主要是信用担保机制不健全和金融市场环境不健全等在一定程度上影响小微企业融资能力。一是现有信用担保体系不能有效满足西藏小微企业担保融资的需求，迫切需要加强提升信用担保体系建设；二是西藏还缺乏扶持小微企业健康发展的金融机构和金融市场环境，同时，对向国有银行融资的过度依赖性，在一定程度上影响着小微企业融资空间拓展。尽管西藏一些小微企业及非公有制经济管理部门在尝试建立更为有效的小微企业信用担保机制体系，但尚处于探索阶段。在当前企业信用效用低下、小微企业融资要素等不健全现状下，靠小微企业自身所具有信用基础和担保条件，是很难顺利完成融资任务。第三，政策支持效果不显著。现有政策支持不完善及其执行力度不够等，也是造成小微企业融资困难的一个原因。截至 2014 年末，西藏还未真正出台一部专门针对小微企业融资的政策条文，虽然各地涉及有非公有制经济发展的有关扶持优惠政策，其中也惠及到一部分小微企业，但在实际执行过程中或多或少存在政策移位、执行不力、发挥效应不强和措施方法落后等问题，即不能从根本和源头上解决小微企业融资难问题，甚至还会出现因小微企业所有制性质不同及其行业差别导致它们在法律和权利义务上的不平等。针对这种问题，需要建立小微企业特殊扶持发展政策体系，首先是政府应当给以更多重视和政策倾斜，以全面促进小微企业健康、可持续发展。

（三）主要措施。针对以上问题，研究表明需要不断优化小微企业融资环境，引导各类金融机构常态化开展小微企业金融业务。

1. 提升对小微企业融资问题重要性的认识。首先，各级银行监管部门要认真落实国家关于扶持中小企业发展金融融资政策，提升对小微企业融资难问题的认识，对所管辖区域银行机构进行督促，做到对所有中小微企业一视同仁，让小微企业也能享受到正规、正常利率银行贷款，不再遭受高利率之苦。其次，引导各类股份制商业银行尽快研究和推出一些适合小微企业融资周期短、额度小、频率高、时间急等特点的贷款业务，为小微企业融资打开门路，要多与小微企业主管部门加强沟通联系，共同探讨建立良好小微企业融资贷款担保机制，尽量减少不良贷款产生的几率，开展小微企业贷款业务能够可持续发展下去。

2. 认真解决小微企业贷款信息不对称问题。信息不对称是制约各类银行机构开展小微企业贷款业务的一个重要因素，针对现阶段西藏小微企业与银行间信息不对称现状，探讨建立起一套完善的征信系统，破除信息不对称制约，让银行可以准确掌握小微企业信誉状况和生产经营活动情况，进而可以为其提供更多金融业务服务。一是探索研究出台一套适合小微企业银行信用评价标准制度，推进小微企业信用体系构建；二是全面加强小微企业自身信用建设，确保其提供的业务信息真实可靠、贷款内容真实可信。如银行机构可通过加强与税务、工商、工商联等多个部门的联系，统一建立起小微企业消息共享平台，完善小微企业征信管理体系，为开展小微企业贷款提供强有力支持。

3. 合理降低小微企业融资成本。银行在开展小微企业贷款业务时，要把合理降低小微企业融资贷款成本作为其工作之重点，使该业务不再仅是停留在政策文件上，而是能够符合小微企业生产经营特点和成长发展规律，让小微企业不仅能够从银行中贷到和贷足款，而且还能用得起和用好银行贷款。一方面，针对不同企业类型和所从事行业性质以及企业生产经营特点与生产效益状况，其浮动贷款利率政策执行可因企业而异、因业务而变。另一方面，要在强化信贷管理和减少信贷风险基础上，不断简化信贷手续和提高信贷效率，把好贷前调查、贷中审查监督、贷后管理、风险防范等环节管理工作，综合提高小微企业贷款的风险控制能力和信贷工作效率，降低小微企业融资贷款成本。

4．积极拓展小微企业融资渠道。除鼓励西藏区内各银行机构开展小微企业金融服务业务外，还要引导区外各商业银行机构投资和落户西藏，开展小微企业金融服务业务，拓展边疆地区小微企业融资渠道，争取早日形成多层次、多元化小微企业融资体系，真正使小微企业可以便捷地解决各种融资问题。要鼓励各金融机构不断创新金融产品和提升服务理念，满足不同类型小微企业融资需求，保证其生产经营活动正常进行和经营规模持续扩大，拓展和完善信用担保、风险投资、金融租赁、典当融资、票据融资、中小板、创业板，以及合伙投资、互助基金、民间信用等融资途径，使西藏小微企业融资渠道也能与区外企业一样做到“与时俱进”，呈现出多样化发展趋势，它可以促进西藏金融市场不断健全和金融体系逐步完善。比如，2018 年在林芝市进行调研时获知，采取具体措施为小微企业解决融资难问题。2018 年上半年，林芝市本着“中小微企业转型升级和稳步发展”的原则，协同市财政局等部门积极对 2016 年、2017 政府审批的林芝市“非公”专项资金暨中小微企业发展专项资金项目进行初验和跟踪实施进度。同时要求各县（区）工商联、会员企业结合实际，申报 2018 年林芝市“非公”专项资金暨中小微企业发展专项资金项目，并邀请财政局等相关部门积极对 2017 年申报的 12 个林芝市“非公”专项资金暨中小微企业发展专项资金项目进行考察调研，力促有关措施到位生效。

5. 不断强化小微企业自身财务基础。小微企业融资难的原因一部分也是由企业自身引起，企业要想取得融资，首先要做到强化自身财务基础，提升融资能力。一是小微企业提供给银行会计报表资料应该数据准确、真实有效，如实反映企业财务状况及经营成果，才能获得银行信任与支持；二是建立健全各项规章制度，强化内部财务管理，规范经营，自我约束，确保企业各项经济活动和财务收支必须在国家法律、法规及规章允许范围内进行，保证会计信息真实性和合法性；三是讲求信用，不断提高自己信用度。市场经济是信用经济，市场竞争是公平竞争，它拒绝欺诈，排斥投机取巧，鄙视一切不讲信誉的行为。作为小微企业要恪守信用、以诚为本。

6. 努力做好小微企业融资配套服务工作。帮助小微企业融资已经成为当前我国社会普遍关注的一件大事，对于经济环境差、市场发展不景气的西藏而言，无论是小微企业，或是其他企业，都面临着更为严峻的挑战。对此，一要通过政府搭桥，财政贴息等办法为小微企业解决部分资金，服务小微企业发展；二要对于已经集群化发展的产业，涉及大量同质化小微企业，建立更为便捷的经营信息交流、匹配的平台，引导小微企业主动了解和把握市场动向，合理规划产品生产、科学应对市场风险，以争取能在激烈的市场竞争中有更多的资金回流；三是继续深化当前民族地区小微企业税制改革，更大幅度地减轻其一些税负，可通过给予适当的用工补贴或减免一些企业所承担的用工成本等，以此促进小微企业在维护西藏整个劳动力就业市场的稳定性。

第四节　西藏小微企业科技创新状况调查分析

在国家一系列优惠政策扶持下，在西藏自治区党委及政府坚强领导下，西藏小微企业呈现快速发展势头，尤以科技型小微企业发展迅速。通过对部分创新型和成长型小微企业的调研，了解到突出科技创新是西藏小微企业发展的一大亮点。

一、小微企业科技创新现状

西藏自治区政府非常重视企业科技创新工作，把它作为推动西藏社会经济协调、可持续发展的重要动力，在营造良好科技创新环境的同时，引导加大对科技创新资金投入，促进产业结构转型升级。比如在 2012 年至 2013 年西藏共认定国家级高新技术企业 27 家，三年期间仅中小微企业研发投入达到 9328 万元，曾获若干项全国工商联科技进步奖，西藏中小微企业科技创新能力增强，提升发展后劲。

（一）政策引导，平台服务。西藏出台鼓励非公有制企业旨在解决中小微型企业融资难问题的政策。科技兴企已成为中小微型企业发展壮大的首要战略，在做好政策引导的同时，加强科技服务平台建设，将科技创新立足西藏支撑产业，以引进、消化、吸收、创新为重点，不断整合科技资源，提升企业竞争能力，强化平台服务功能。具体措施有：一是以项目为支撑，加大科技资金投入，深挖企业潜力，提升发展后劲与动力；二是立足地方资源特色和优势，因地制宜，用现代高科技手段培育和发展区域优势特色支撑产业；三是建立健全科技创新服务网络体系，大力推进西藏科技服务信息化平台建设。

（二）科技合作，效益提升。调研中可以看出，通过组织各类企业科技合作和参加“中博会”“西博会”等活动能够广泛获取科技信息，并就新产品开发达成合作协议，以此提升企业生产效益。如西藏雅江源农业科技开发有限公司通过参加“中博会”“西博会”等活动，2008 年初引进国内比较先进的万吨精淀粉加工设备一套，该设备生产淀粉合格率达到 94.6%。2009 年该公司又引进淀粉环保降解餐饮用具生产线，它是西藏自治区引进的第一条用于淀粉环保降解餐饮用具生产线，极大提供一次性餐饮用具降解效率。2010年引进的年产3000吨铺浆式水晶粉丝、精粉皮生产线，实现挤压技术重大突破，提高生产工作效率，且整个生产过程是绿色、环保、高科技，无污染、无公害、自动化运行，整个生产指标均达到国际食品卫生标准；西藏国策环保工程有限公司与中国科学院成都分院生物研究所共同研发的、利用生物技术确定适用于高寒缺氧地区的餐厨垃圾处理工艺，提高沼气生产速率，减少环境污染；西藏康达药业有限公司与浙江大学就优化“雪山金罗汉止痛涂膜剂”关键生产工艺合作，不仅加强与国内其他同行业之间的交流合作，更推动西藏藏医药产业发展；西藏山南雅砻饲料有限公司通过与西藏自治区畜科所及区外知名饲料科技企业合作，开发多元化饲料产品，并于2012年通过IS9001国际质量管理体系认证，不仅提高产品质量和生产效益，而且也提升企业品牌与市场竞争力；西藏旺达食品有限责任公司引进的年产240万公斤青稞方便面生产线，与区内外科研机构开展深度合作，研制开发“藏巴牌”青稞牛肉方便面，并制定规范一批行业标准，年销售收入、净利润达到1035万元和201万元，解决42名群众就业问题和300多个种植户增收问题，为食品工业发展和产业结构调整起到积极作用。

（三）立足特色，促进转化。在扶持西藏特色高新技术产业发展一系列相关优惠政策推动下，孵化、培育一批具有地方特色的科技创新型小微企业。如西藏诺迪康药业股份有限公司，现有各类自主知识产权医药产品、技术专利等30余项，高新技术成果研发数量在全国藏药产业内位居前列，公司与中国药品生物制品标准化研究中心合作进行的国家生物制品I类新药冻干重组人脑利钠肽活性检测标准品的制备研究，填补国内同类产品空白；西藏易明西雅生物医药科技有限公司研发的“盐酸纳美芬注射剂”，已获国家一类化药生产许可证；西藏奇正藏药股份有限公司承担的国家科技支撑计划项目—藏医药现代化发展关键技术研究，实现藏药丸剂生产自动化、规模化、标准化生产。诸如江孜地毯厂、神猴藏药、曲登尼玛等已成为西藏著名商标。通过孵化、培育和引导企业创新，一方面提高企业竞争实力，另一方面也有效促进高科技成果转化，使之成为西藏新的经济增长点。推动中小微企业进园区和加强科技园区建设，也是西藏扶持小微企业发展及促进科技成果转化的另一举措，如日喀则市白朗县大力组织发展农业产业经济实体，已成为西藏最大的高原反季节蔬菜生产基地。

（四）强化投入，科技支撑。调研显示，近年来西藏科技部门切实发挥协调服务职能，支持中小微企业参与科技项目申报。在西藏科技引导项目资金带动下，中小微企业加大科技创新力度，始终将引进技术、科技合作、成果转化作为企业提升竞争力主要手段。如西藏金珠雅砻藏药有限责任公司将丸剂、散剂和胶囊剂三种制药技术通过国家食品药品监督管理局 GMP 认证，公司在科技创新、技改升级等方面全面完成 GMP 改扩建，企业生产规模和生产效率不断提升。西藏圣雄养殖厂是一个从事养殖和奶制品加工为主的小微企业，在项目带动下现有娟珊奶牛和黑白花奶牛等 115 头，母牛每年受胎率达 63.8%，新生仔畜成活率在 80% 以上，一头母牛平均日产牛奶 11.5 公斤。同时，企业建立 2000 亩饲料基地，主要种植紫花苜蓿草、玉米及燕麦草等，年亩产精饲料达到 1.25 万公斤，较大程度满足牲畜饲料供给。

（五）创新模式，推动发展。西藏非公有经济发展根基在于特色化和产业规模化，对于依赖于地方资源小微企业，其发展模式主要采取“协会 + 基地 + 农户”等方式，一方面可以充分开发利用特色资源，另一个方面又能带动农牧民脱贫致富。比如，日喀则市谢通门县特色藏鸡繁育生产示范基地建设，就是采取“协会 + 良种繁育场 + 基地 + 农户”的方式，一方面集成藏土鸡良种繁育、饲养管理、疫病防治等综合技术，另一方面延伸藏蛋鸡繁育、养殖、销售等一体化养殖产业链。谢通门县建设藏土鸡良种繁育场 1 个，配有孵化育雏车间，创建藏鸡养殖专业示范乡 1 个、专业示范村 1 个、专业示范户 30 多个，辐射带动示范乡 3 个、示范村 18 个、培育试点养殖专业户200多户，且充分发挥农牧民科技特派员技术服务作用。日喀则市定结县在认真研究和有效集成鸡爪谷工厂化酿造技术与方法基础上，不断推进鸡爪谷藏北酒酿造技术示范，建设鸡爪谷生产基地1000亩，建设年生产能力50吨鸡爪谷藏白酒加工厂，年加工转化鸡爪谷100吨。自项目建成后，使鸡爪谷单产由原来250斤/亩提高到400斤/亩，年销售收入1800万元，一次可解决30人就业，有效带动鸡爪谷种植业发展和农牧民持续增收。

二、小微企业科技创新存在问题与措施建议

（一）小微企业科技创新存在的问题与原因分析。西藏小微企业科技创新工作虽有很大进展，但仍受发展理念、发展规模和发展水平制约，其自主创新能力尚不足，与实现企业可持续发展总体目标要求不适应，主要表现在以下几个方面。

1. 人才问题。人是生产力中最活跃、最基本的因素，人才缺乏是影响小微企业科技创新的主要因素。小微企业现有经济实力、收入水平等远比不上大中企业，企业人才特别是技术人才流动性很大，具有专业特长、科研能力强的技术人才以及高素质、高学历人员更难在小微企业扎根。另从科技创新组织者看，由于历史和现实原因，西藏小微企业中具有创新意识和专业技术素质的企业家寥寥无几，直接影响科技创新活动实施。

2. 资金问题。科技创新离不开资金，R&D（研究与开发）经费投入是企业科技创新的重要支撑，绝大多数小微企业R&D经费主要靠自筹和银行贷款。由于资金紧张是长期困扰其发展难题，现有资金投向又不尽合理，大多投资倾向于购买先进设备、硬件设施及支付员工工资等，而在企业技术革新、软件提升、品牌建设等方面创新活动较少，其提取R&D经费占销售收入比重都很低，对于规模小、经营风险大的小微企业而言难以提供信贷担保而无法获取扶持，加重企业创新资金投入不足。

3．机制问题。就西藏小微企业而言，其科技创新水平并不高，大多数企业产品科技含量较低、没有市场竞争力，造成这种状况的重要原因是缺乏有效的科技创新激励机制。当前，企业经营者普遍比较关心短期经营业绩，急功近利的短期经营行为在西藏招商引资而来的企业中表现尤为突出，没有形成企业长远发展的核心理念，对科技创新能力认识普遍不够，对技术开发和技术成果转化积极性不高，缺乏鼓励科技人员和从事科技创新的激励机制和分配机制，等等。这些情况都严重制约着西藏小微企业科技创新发展。

4．信息问题。一般来讲，新技术研究开发投资大、周期长，具有很大风险、成本回收期长等特点。而企业作为向社会提供产品或服务的部门，其生产经营活动必然要受到市场等外部环境制约，要化解技术产品蕴含的风险，增加成功率，就必须灵敏分析、准确预见企业外部环境动态。西藏地域广大、交通信息不便，加之小微企业本身活动范围有限，人员素质低，管理水平不高，市场开发和调研力量不足，造成收集外部信息的广泛性、准确性、时效性较差，不能及时、准确把握相关技术领域的发展机会，造成科技创新滞后。

5．管理问题。由于科技创新活动的过程性、风险性、复杂性等诸多特点，决定企业科技创新活动并不是一项单纯技术活动，而是一个包含经济、管理、社会等方面的综合性活动。它包括创新目标的制定、创新组织的协调、创新成果的转化、创新文化的培育、创新资源的整合等等方面。与大中型企业相比，西藏小微企业的创新管理能力比较弱，主要表现在缺少创新意识、组织实施创新的企业家很少，致使企业往往抓不住创新机会，更谈不上制定科学的科技创新规划，使企业科技创新缺乏外在的压力和内在的动力。

（二）措施建议。小微企业科技创新是一个整合概念，即是多项系统综合集成，任何一个相关方面和环节缺乏支撑都会导致科技创新失利或低效。针对西藏小微企业科技创新现状及存在的问题，应从技术、经济、运行机制等方面入手，着力营造良好的小微企业科技创新环境。应重点做好以下工作。

1. 提高经营者素质，造就创新人才。从某种意义上来说，企业资本积累的过程就是人才聚合过程，推进小微企业快速成长，关键在于建立一支在管理、开发、营销等方面富于开拓精神，具有创新品质的人才队伍。创新是企业家行为，创新的每一个环节都需要企业家敏锐的目光、果断的决策与高效的组织。西藏小微企业组织结构简单，经营者既是创新活动组织者又是创新风险直接承担者，其知识素质、价值观念对企业创新行为具有决定性作用。为此，一方面要培养其创新精神，营造一个勇于承担风险的创新文化氛围，强化经营者创新意识；另一方面则要帮助经营者了解科技、熟悉科技，使之具备把握行业技术发展趋势、洞察市场与技术关系的能力，对创新做出正确判断和决策。

2. 实施制度创新，完善激励机制。市场经济体系中企业竞争的实质是科技创新竞争，科技创新竞争背后是智力竞争。企业对智力资本吸收取决于企业制度是否能够有效激励人才并发挥其主观能动性。要真正推动小微企业科技创新并使之成为经济增长内生变量，必须使科技创新与制度创新并重，加快制度创新步伐。对此，在西藏小微企业中树立一种“人力资本也是资本投入”的观念，通过实施技术股、创业股、管理股等产权制度创新，在制度框架内界定企业无形资产，承认企业经营者和科技人员特殊贡献，允许其知识及其创新产品在企业资本中拥有相应股权收益，鼓励技术要素以各种形式参与收益分配，建立起知识创新、科技项目创新与经济效益相结合的“风险报酬机制”，形成良好聚才机制，吸引更多区内外优秀人才投身到西藏小微企业科技创新活动中。

3. 开拓科技创新渠道，提高创新成功针对性。技术发展与创新是一个持续不断的累进过程，对于西藏小微企业来说，科技创新能力提高，需要企业不断吸收、消化外部引进技术资源和技术成果，这是实现其迅速升级，缩小与区内外先进企业差距，减少科技创新投入风险有效途径。加强产学研结合，推动“校企”科研联合是企业科技创新核心。小微企业具有经营机制灵活、安排劳动力便利等生产条件优势，可以提供试验、实习、实践场所，小微企业加强与研发机构合作，建立产学研联合体等不同的长期合作方式，可以优势互补，利益共享，共同为实现长期科技创新目标而努力。同时，小微企业在市场竞争中应逐步形成以市场为导向的自主创新能力和消化吸收能力，及时、准确掌握市场动态和技术信息，不断培育和造就自己的核心技术。

4. 发挥专业化优势，走专精特发展道路。专业化有利于提高劳动熟练程度，有利于提高工艺水平，从而形成自己独具特色的生产和服务。西藏小微企业由于自身资源有限性，在科技创新发展道路选择上，必须以专、精、特为指导原则，做专、做精、做特，在某一专门领域达到精深技术水平而形成不易被模仿的竞争优势。因为小微企业存在产品生产批量小、品种多、交货期短及提供各种便利服务等多方面具有大企业所不可比拟的优势。小微企业要善于运用市场细分策略，寻找大企业不愿意或难以顾及某些市场利益，甚至是某道工序、某个生产环节或配套服务作为突破口，以此赢得自身生存发展空间。对此，西藏小微企业应立足自身特点，将科技创新发展定位在专、精、特上。即产品专业化程度要高，产品能够做到精益求精，产品在市场上具有特色，并通过不断地集聚生产要素和优化路径，找准方向、找准目标、找准定位，创造出高质量、有市场、富有竞争力产品，从而确立其不可替代、不可动摇的市场地位。

5. 建立现代企业制度，强化技术管理创新。小微企业从事研究开发和科技创新，不但要对经济、市场的状况及其变化趋势进行调研，还要在经营、观念、组织、管理等方面进行变革和创新，对企业生产要素、生产组织进行变革和创新，而所有这一切都要依赖于企业科学经营管理。过去那种封闭、落后的生产经营管理模式已无法适应当今瞬息万变的市场发展形势，需要西藏小微企业切实加强组织管理创新，建立具备现代企业体制特征、并能够适应当前西藏社会经济发展和西藏科技创新的新体制，特别是要打破小企业中“任人唯亲”的家族管理作风，立足企业现实情况，加速实现由“以物为本”向“以人为本”管理方式转变，建立健全法人治理结构，完善企业内部科技创新机制，把有限的人力、物力、财力投入到培育企业科技创新能力上来，逐步把自己做精做强。

实践表明，在新一轮经济新常态背景下，依靠传统生产要素投入获取经济高速增长的粗放型增长方式已经难以为继，走依靠自主创新驱动发展路子已经成为西藏小微企业的必然选择和发展路径。在实现西藏社会经济又好又快、可持续发展和科学发展的同时，必须把发展着力点放在西藏中小企业科技创新上来，小微企业也是推动西藏社会经济快速发展的重要力量，加强小微企业科技创新能力建设，是提升其核心竞争力和推动西藏社会经济全面发展的根本途径与必然选择。

第五节　西藏小微企业绿色转型状况调查分析

一、有关概念的阐释

所谓“绿色发展”，就是以效率、和谐、持续为目标的经济增长和社会发展方式。当今世界，绿色发展已经成为一个重要趋势，许多国家把发展绿色产业作为推动经济结构调整的重要举措，突出绿色的理念和内涵。“绿色发展”则主要从节能减排及污染物治理的角度测度科技创新对首都绿色发展的作用，具体内容包括“万元地区生产总值水耗”“万元地区生产总值能耗”“城市污水处理率”以及“生活垃圾无害化处理率”等内容。从内涵看，绿色发展是在传统发展基础上的一种模式创新，是建立在生态环境容量和资源承载力的约束条件下，将环境保护作为实现可持续发展重要支柱的一种新型发展模式。具体来说包括以下几个要点：一是要将环境资源作为社会经济发展的内在要素；二是要把实现经济、社会和环境的可持续发展作为绿色发展的目标；三是要把经济活动过程和结果的“绿色化”“生态化”作为绿色发展的主要内容和途径。

随着社会经济快速发展和全面倡导绿色发展的大背景下，企业理财行为和经济活动将全面趋向于“绿色发展”或“绿色化”，这关系到企业能否实现可持续发展、和谐社会及生态文明建设等。为全面提升西藏小微企业自身发展潜力，不断增强其生态环保意识和提高资源利用效率，通过对拉萨、山南、日喀则等地市采取抽样调查、深度访谈、实地查看和统计分析等方法，对抽取的35户小微企业专门进行绿色财务活动情况调查，旨在分析根源和寻求解决问题途径，为促进西藏非公有制企业绿色发展和推动西藏生态环境保护等提供研究参考。

西藏非公有制经济中的小微企业，在雪域高原120万平方公里土地上呈现出“遍地开花”状况，如何引导这类企业群体树立“绿色发展”理念，是关乎“国家重要的生态安全屏障”建设重大问题，我们在阐述西藏非公有制经济发展问题时，特地将西藏小微企业的“绿色发展”进行重点研究，就是看到和考虑到西藏特殊性问题。

二、小微企业绿色转型现状调查

（一）小微企业绿色财务活动意愿调查。选取拉萨、山南、日喀则等地35户小微企业组成样本，涉及农林、藏医药、手工业、建筑建材、商贸餐饮、文化旅游等多个行业。共发放问卷35份，收回有效问卷30份，其中拉萨市19份，占其有效问卷总数的63.3 %；山南地区7份，占有效问卷总数的23.4%；日喀则地区4份，占有效问卷总数的13.3%。

1. 绿色财务活动意愿调查。被调查的小微企业中有25家有实行绿色财务活动意愿，占被调查企业总数的83.4%；没有实行绿色财务活动意愿的 1 家，其占比为 3.3%；尚犹豫不定的 4 家，占被调查企业总数的 13.3%。绿色财务活动虽已被西藏大多数小微企业认识，但仍存在认识不到位和实施绿色财务活动意愿不坚定现实问题。

图 10-1 实行绿色财务活动意愿情况调查示意图

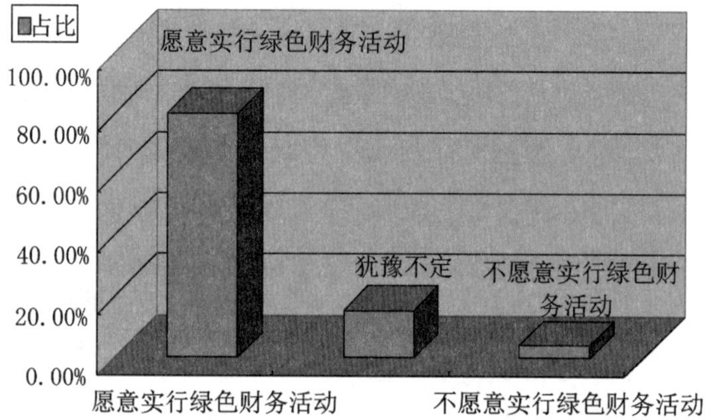

图 10-2 开展绿色财务活动情况调查示意图

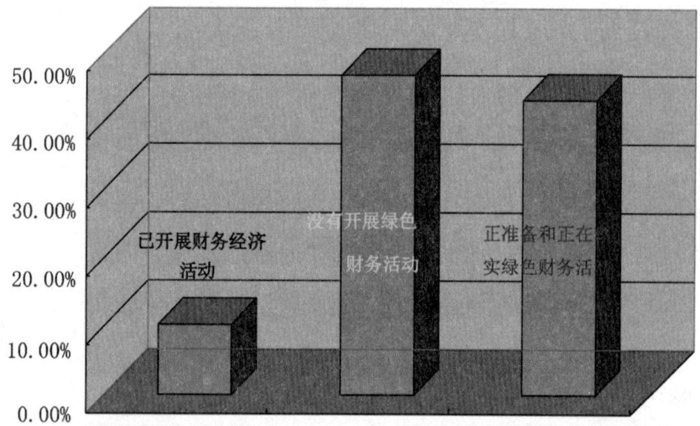

可以看出，西藏小微企业开展绿色财务活动的 4 家，主要是一些农林、藏医药生产等企业，有些企业已完成绿色产品认证，有些正在申请绿色产品认证，它们占被调查企业总数的 13.3%；没有开展绿色经济活动的 14 家，主要分布在建筑建材和餐饮服务等行业，占被调查企业总数的 46.7%；正

准备和正落实绿色经济活动的小微企业12家，主要集中在文化、旅游等行业，它们占被调查企业总数的40%。

（二）小微企业绿色财务活动目标调查。通过对30份调查问卷结果整理来看，西藏小微企业中以企业价值最大化为目标仅占其样本总数的4%（即1家企业），该企业价值最大化包括实现经济利润价值、创造社会效益价值和维护生态发展价值最大化；而以股东或投资人创造财富最大化占比为37%；以实现利润最大化或以当前经营收益最大化占比达到59%。可见，西藏小微企业理财活动很少涉及绿色经济发展问题，即很少关注企业发展与生态环境之间的关系及责任，从而导致其“短期化”经营行为，不利于生态环境建设和企业持续发展等。

图10-3 西藏小微企业财务目标定位情况调查示意图

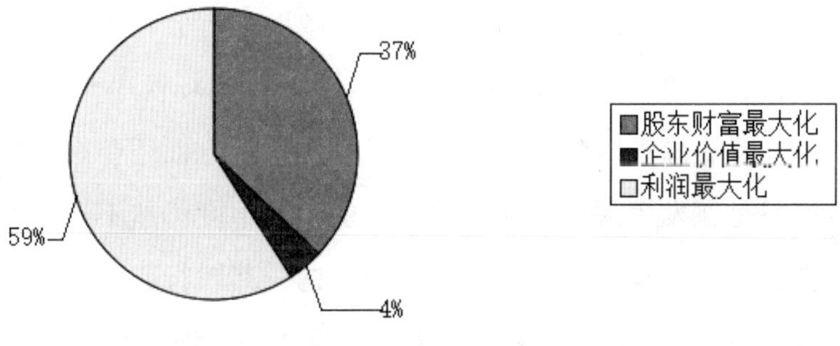

（三）小微企业绿色财务运行环境调查

1. 绿色财务决策现状调查。通过对拉萨、山南、日喀则等地市被调查小微企业进行走访座谈了解到，由股东会或企业全体投资人决策重大财务问题的占被调查企业总数11.7%，由董事会或企业全体高层管理者决策企业重大财务问题的占被调查企业总数34.4%，而直接由董事长或总经理决策占被调查企业总数53.9%。由此可见，西藏小微企业中财务运行决策并非能够真正做到“民主化、程序化、科学化”，其最高管理层是否具有绿色发展意识对小微企业实施绿色财务活动具有关键性影响。从现阶段西藏小微企业管理层的文化程度看，普遍学历层次偏低，大多是本科或专科以下，不可避免缺乏一种绿色财务决策氛围。

2. 绿色财务制度建立调查。被调查30户西藏小微企业中建立有财务管理制度的企业占被调查企业总数的74%，且这些财务管理制度大多是很不规范和不完善。从其制度内容来看，涉及到有关环境问题的规定很少，大多数企业对环境业务如何进行核算极为模糊和迷茫，其财务人员业务素质普遍较低，对环境资源、生态保护等方面的信息披露不甚了解，缺乏应有绿色财务制度及运行体系，必然影响西藏小微企业绿色财务活动有效开展。

3. 绿色财务活动监管调查。现阶段西藏小微企业实施绿色财务活动主要是由政府和行业协会进行监督和管理。通过对所调查的30户小微企业进行入户调查与访谈，有26户企业参加区市各类非公有制企业协会，并遵循其统一行业标准。访谈结果表明，政府和行会在拓展市场、促进企业合法经营、协调企业正常生产经营活动和维护市场秩序等方面发挥积极作用，但是在开展绿色财务活动和实施监督管理等方面还存在一些问题。比如，政府只是在发挥一种倡导或引导职能，其力度仍然不够，而非公有制企业行会仅是一种较为松散的民间组织机构，其履行职责的过程中存在过严就会有企业自动退出、过松不能发挥监管作用等现实问题。

4. 绿色财务活动支持调查。对于西藏小微企业而言，其开展绿色财务活动首先表现为融资困难，如针对企业融资成本高、资本市场不完善、现有银行限制多和企业经营风险大等诸多问题，对此政府又相应补贴少，他们对企业实施绿色经济活动短期内不一定能够得到全面补偿，因而影响到企业实施绿色财务活动的积极性、主动性与责任性。在被调查的30户企业调查问卷中几乎同时反映出政府支持绿色发展的资金补贴少和相关优惠政策不到位等。相反，一些定期、不定期的环境问题频繁检查和处罚却很多，其起不到应有的激励与引导作用，这些都是政府支持绿色经济发展职能缺位或不足表现。

三、小微企业绿色转型存在问题与措施

（一）存在问题

1. 缺乏绿色发展环境。截止研究时间下限，西藏大多数小微企业仍停留在“以己为本”的理财思想上，缺乏绿色环保意识和绿色发展理念，忽视社会责任履行，不能形成推行绿色经济发展的自发力与内在潜力。通过对西藏30户被调查的小微企业绿色意愿的产生与其实际履行情况对比来看，其中受诸多因素的影响，且各因素影响程度不同，主要是缺乏绿色经济发展理念和绿色发展环境培育不足。西藏非公有制企业大多是在改革开放后发展起来的，由于受历史原因和企业管理认识误区的影响，许多企业发展基础相对薄弱、经营资金短缺、生产设备陈旧、技术工艺落后，而其致富心情极为迫切，即片面追求当前经济效益增长而忽视社会效益和生态效益实现等，所以对绿色发展漠不关心、或是知之甚少、或是敷衍了事，也未曾意识到绿色财务活动对推动企业整个绿色生产经营工作的影响，甚至有些小微企业看到其他企业推行绿色经济活动而不屑一顾，这些情况反映出西藏整个小微企业经济群体绿色发展理念的缺失。另一方面，当前倡导“绿色发展”的行业大多相对集中在采矿、建筑建材、食品、化工、电器等少数几个行业，生产者和消费者对于“绿色”的理解还普遍停留在初级产品阶段，其绿色价值观念还只是表现在绿色产品所能带来的绿色经济利润上，并没有完全深入到产品生产者和消费者的发展理念中去。在这些生产者和消费者的心目中，是否开发生产绿色产品完全取决于该绿色产品能否带来绿色超额利润。否则，一般不会积极主动地去开发绿色产品和履行绿色经济活动行为，当然企业的绿色财务活动就成为“空谈”。所以，要彻底解决这一问题必须通过各种内外力协同作用以激发企业的积极性、主动性与责任性。

2. 缺乏绿色发展动力。当前推动绿色经济发展主要依靠政府制定相关政策文件来组织实施和倡导，这种推动作用在实践运行中具有临时性和阶段性等问题，一旦查究或督促起来就会产生“一阵风”现象，过后又会恢复到原样，基本上起不到强效性和持久性作用，且仅单靠某个企业或某类行业来促进和完成绿色经济活动根本不现实，即在全社会层面缺乏自主性和自觉性，不能形成推动绿色经济发展的动力与合力。对此，需要从社会经济活动的基本单位——小微企业抓起，建立反映和监督企业经济活动的绿色财务体系，以增强其主动性和责任性，自觉将履行节能减排义务和倡导绿色经济发展纳入企业规划，并因此在全社会中形成推动绿色经济发展的动力与合力。另一方面，也由于全社会缺乏绿色发展意识，现实中一些“外部不经济性”现象使得环境资源保护者得不到应有的补偿和认可，环境资源的公共属性导致其产权很不明晰，容易产生“公地悲剧”的现象发生，即谁都可以对它进行无禁止地享用和过度摄取，也可以对它无穷尽地浪费及破坏，而却没有为此付出代价或受到相应惩处，它会促使资源耗用者为实现其自身利益最大化而不断扩大这种“外部不经济性”行为，最终形成“过度开采—生态退化—资源枯竭”的恶性循环圈。正是由于缺乏消除这种“外部不经济性”现象的绿色社会发展意识及氛围，从而使得各个生产者和消费者的行为皆具有不合理性等。所以，理应从社会经济活动的基本单位（包括非公有制企业）做起，建立绿色财务制度和实施绿色财务活动，让每一个社会经济活动主体都能够树立绿色责任意识，自觉履行绿色发展义务，全面加入绿色经济行列，共同承担和发挥推动全社会绿色经济发展的动力与合力。

3. 缺乏承担绿色责任能力。小微企业不愿意实行绿色财务活动，这与其“经济人”性质是分不开的，绿色财务活动需要企业在生产经营过程中承担相应生态环境保护与恢复责任，它会使企业在短期内的经济利益受到威胁或损失，这是因维护生态平衡或促进环境资源价值恢复需要付出相关经营成本，仅靠市场调节来完成这部分利益威胁或损失几乎不可能，这就是所谓的市场失灵现象(见图5–4)，它不能引发企业自觉意识和自发行为，市场失灵是指市场无法有效率地分配商品和劳务的情况，若要弥补市场失灵就需要靠市场以外的力量来进行调节。

图 10–4 小微企业边际环境成本与边际利益之间关系图

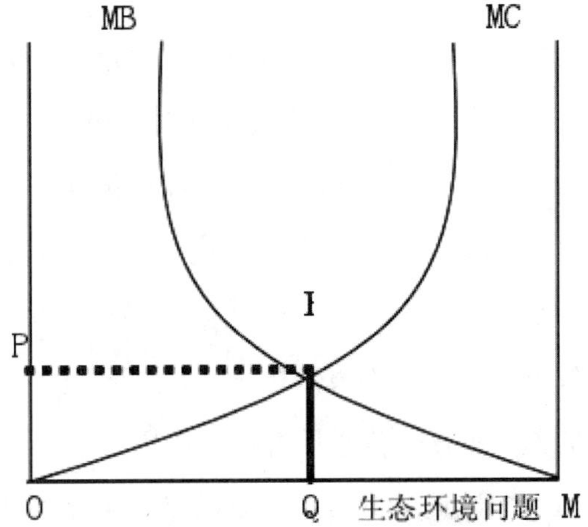

图 10–4 说明小微企业环境边际控制成本与边际利益之间的关系，它是随着生态环境承载能力变化而变化。其中：MB 曲线为边际收益，MC 曲线为边际成本，O 与 M 点表示没有产生生态环境问题或生态环境问题消除时的状态。原点表示没有发生生态环境问题，此时没有控制成本，即 MC=0。随着当今社会经济不断发展，所面临的生态环境问题日益突出，就会出现环境边际控制成本越来越大，而边际收益越来越小，直至超过生态环境承受能力。图中 MB 曲线的左边部分和 MC 曲线的右边部分急剧变化说明该时段生态环境问题较为突出，其所造成危害很严重，而最佳生态环境承载量则是在 Q 水平上，此时 MB=MC，人们所花费的控制成本为 P，这时生态环境问题能够被人们所普遍接受。现实中生态环境问题越小，其边际控制成本就会越小，对应的边际收益则越大。经济学界不赞同零排放和零消耗的观点，因为随着经济不断发展必然会消耗资源并造成环境污染。从图 10–4 中可以看出，

如果超过生态环境承载能力就会出现边际控制成本大于边际利益的现象，这时需要将“外部成本”进行“内部化”解决，以降低环境污染和生态破坏现象，它需要政府采取强硬措施，并进行禁止该行为发生。企业作为“经济人”，若让其承担全部环境控制成本必然会导致产品价格上升，继而会影响到产品销售量缩减。一旦当产品销售量缩小到企业无利可图时，其必然会另寻途径不承担该环境控制成本或者是不生产该种产品等，这对社会经济发展则是不利的。对此，需要综合设计既能保证企业产品有效供给和消费者有效需求，又使得环境污染的外部成本进行“内部化”解决。

4. 缺乏绿色市场导向。绿色消费就是提倡健康适度的消费心理，倡导消费者在与自然协调发展的基础上弘扬高尚的消费道德和行为规范，以科学合理的消费态度并通过改变消费方式来引导企业生产模式发生重大变革，它是促进生态环保产业全面发展的一种消费理念，对于调整优化当前产业结构和促进经济发展方式转变具有积极作用。

图 10–5 绿色财务活动引起的供求关系变化图

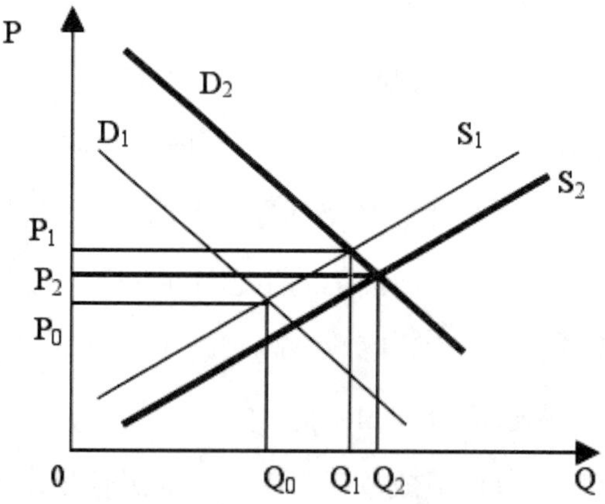

图 10–5 中 D1 代表初期的对绿色产品的消费曲线，S1 代表绿色产品的供给曲线；绿色消费者经过一定时期的消费后，可以确定其消费的产品的确是绿色产品，这样在一定范围的消费者（具有相当消费能力）人群之间会有一定程度的传播，引起消费量的增加，即需求曲线右移至 D2 处，当

供给一定的情况下（供给曲线为 S1），价格上涨至 P1；此时，生产企业意识到有利可图，便进行绿色产品的供给。此时，可以看出当需求曲线为 D2，供给增加，供给曲线为 S2 时，价格又下降到 P2，为弥补绿色产品生产者的这部分利益而不使其积极性降低，政府应通过相应的补贴措施以促进绿色消费，并通过制裁手段使得非绿色产品退出生产领域，以此提升消费者的绿色消费能力，达到企业绿色生产经营活动普及化、全面化。

5. 缺乏绿色约束机制。现实中对于相对监管较严的小微企业其开展绿色经济活动情况较好，而监管不到位或无监管的小微企业则往往不能自行形成开展绿色经济活动的意识，这与其绿色财务制度缺失和绿色监管制约机制不全等有关。为反映政府监管与企业开展绿色经济活动之间关系，这里主要以其产品被社会所接受的信誉程度为例，图 10–6 横坐标代表政府监管力度，纵坐标代表产品信誉程度，越往右和向上说明政府监管程度及企业产品信誉度越高，即企业能够认真履行相关政策规定和开展绿色生产经营活动。图 10–6 向下倾斜的曲线 D，它表明若全社会都不讲信誉，所有的交易仅依靠政府来进行管制。另一条曲线 SS，反映信誉度随着监管力度的变化而变化。当政府监管越多，其赋予权力就越大，容易出现政府自由处置和随意处置等的现象，表现在曲线上就是先上升、后下降，它导致企业未来发展不确定程度增加，当企业对于未来发展不可知时就会变得不讲求信誉。一旦企业行为完全由政府监管，就意味着只有得到政府批准企业就会获得垄断权，因为只有得到政府批准才能行使各项权利，企业由此可以获得垄断利益，并不会完全在乎信誉。

一般看来，垄断性越强的企业，其信誉度越差。正是由于这个原因才导致曲线 SS，先上升，后下降。再看看均衡点 A，企业开始时信誉度比较低，通过政府的管制作用，企业信誉度会不断增加，A 点表示企业的信誉度提高到社会信誉和政府管制均衡点。如果政府管制过死，企业就会走到另外一个极端，此时政府管制效率就发挥不出来，即这两条曲线不相交，政府越是增大管制，曲线 S’ 就变成企业越不讲信誉，最终走到一个死角。

该现象说明政府在对企业进行监管时须注重监管效率的提升，这样既能保障监管作用发挥很好，又不至于管得过死而带来负面效应，需要给予小微企业一定的喘息和成长机会。

图 10-6 政府监管与企业信誉变化示意图

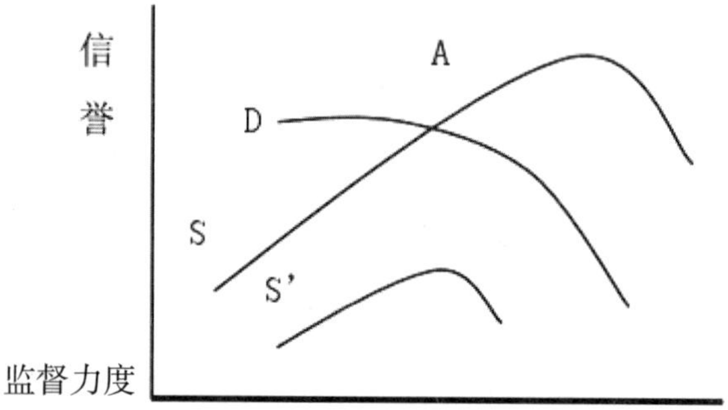

（二）措施建议

1. 树立绿色发展理念。小微企业作为社会经济活动的基本单位，首先应树立绿色经济发展理念，需要彻底改变以往过去那种粗放、落后的生产经营方式，使其不断向“集约化、生态化、效益化”发展迈进。结合西藏非公有制企业素质提升工程，以争创“光彩之星”活动为载体，在西藏小微企业中开展“诚信经营示范单位”和“绿色经济行为”创建活动，切实提高非公企业自身素质，不断强化其绿色品牌意识和实施绿色商标，增强绿色发展意识，探讨一种将西藏小微企业理财活动与环境资源保护等融为一体的绿色经营发展机制，让西藏小微企业能够积极主动承担和履行社会责任，形成共同价值观和全面提升企业价值。

专栏 3

提升资源回收利用，推动循环经济发展

拉萨市城关区亿鑫废旧回收有限公司成立于 2008 年，是商务部第二批再生资源回收体系建设试点单位。公司注册资金 550 万元，现有员工 128 人。

其中各类高中级管理人员22人，拥有国家级认证资格的专业技术人员13人。在区、市各级部门的大力支持和全体员工的共同努力下，公司规模不断扩大，已建成遍布拉萨城区，辐射周边县区的废旧物资回收体系，正逐步发展成为集回收、生产、仓储、物流为一体的综合型资源再生回收利用企业。其经营范围包括废旧金属交易、废旧塑料交易及深加工、废旧纸张回收利用、报废汽车拆解、仓储等产业。公司下设市场营销部、技术开发部、经营核算部、安全环保部等经营部门。同时，为改善职工工作、生活条件，提高职工主人翁意识，增加公司员工归属感，专门成立工会、党支部、团支部、妇联等部门。2012年公司完成固定资产投资1.7亿元，实现销售收入1.4亿元，处理各类再生资源8.28万吨，解决农牧民就业230人。

公司正积极配合自治区商务厅、拉萨市商务局规范整顿再生资源利用行业，整合再生资源利用各种力量，挖掘潜力，形成再生资源利用网络体系，实现西藏再生资源利用行业有序、健康发展，使西藏的再生资源处理、利用完全达到规模化、无害化的标准，真正符合习近平新时代中国特色社会主义思想要求。公司经营目标是：形成再生资源分拣中转和再生资源集散市场两大支柱产业，在全市建成32个再生资源回收站，逐步形成覆盖西藏城乡的再生资源回收网络，达到90%的再生资源得到回收，80%以上再生资源就地加工、利用，为推动西藏循环经济发展做出自己的贡献。

2. 科学定位绿色目标。具体办法：一是将西藏小微企业绿色发展目标纳入西藏生态环境建设体系之中，使其在绿色发展的大背景下组织开展各项生产经营活动；二是将小微企业绿色理财目标融入社会竞争与评价考核体系之中，让其能够在绿色理财的基础上，勇于参与市场经济竞争和社会评价考核；三是将小微企业绿色经济活动融入企业绿色发展目标，使其能够通过绿色经济活动源源不断地获取绿色经济利润和实现绿色可持续发展；四是将生态环境“无辜者”利益纳入企业绿色发展目标体系之中，以增强其社会责任感和绿色经营使命感，共同维护西藏生态环境的公平享用权及资源可持续利用权。

3. 推动绿色项目发展。要突破常规渐进式模式，采取非均衡发展和产业聚集等有效策略，集中力量和重点扶持，着力培育和发展一批新兴支柱产业，建立绿色生态型和高科技型的现代产业体系。具体措施是：一要推进小微企业绿色经济重点项目建设，确保生态绿色项目早投产、早见效；二要推进西藏小微企业招商引资和改造工作，重点对高耗能、高污染、低技术、低水平，资源依赖型和能源消耗型企业进行改造升级和产业提升，突显其绿色项目效益；三要在人才和技术引进上实现新突破，发挥区位优势和政策优势，加大人才引进力度，加快先进技术的消化、吸收和利用，提升西藏小微企业绿色竞争潜力；四要加快建立以财政扶持资金为引导、银行信贷资金为依托、担保体系和信用环境为保障的西藏绿色产业联动发展机制，切实解决好西藏小微企业绿色发展问题。

专栏 4

健康发展的西藏旅游股份有限公司

西藏旅游股份有限公司原名西藏圣地股份有限公司，地址位于西藏拉萨市林廓东路 6 号，公司成立于 1996 年，注册资产 1891.37 万元，资产总额 124869 万元，净资产总额 63715.5 万元。公司总股本达到 18913 万股，市值为 30 亿元，年平均实现净利润 805.13 万元。该公司现有党员 54 人，建有党支部 1 个，下设 4 个党小组。

西藏旅游股份有限公司是西藏自治区第一家上市公司，也是西藏自治区唯一一家以旅游、文化传媒为主业的上市公司，该公司接受政府委托开发经营 5 大景区：林芝地区的雅鲁藏布大峡谷国家 AAAA 级旅游区、巴松措国家 AAAA 级旅游区、苯日神山旅游区、鲁朗花海牧场旅游区和阿里地区的阿里神山圣湖旅游区。公司坚持大旅游发展，以景区等旅游资源开发经营业务为主导，同时以旅行社、酒店、旅游客运等旅游业务为辅助，文化传媒业务为补充的综合性现代旅游企业。公司发展不得拓展其相关产业链，如旅游景区业务由林芝分公司、阿里分公司、西藏巴松措旅游开发有限公司、西藏鲁朗旅游景区开发有限公司组成；旅游服务业务由西藏圣地国际旅游社、喜玛拉雅饭店系列、西藏圣地旅游汽车有限公司组成；文化传媒和出版发行有西藏圣地文化有限公司、西藏国风广告有限公司、西藏雪巴拉姆艺术演出有限公司和西藏圣地天创演艺有限公司等。

4．全面评价绿色效益。一是在现有企业经营评价体系的基础上，改变以往主要依靠会计利润等财务指标评价小微企业经营业绩的做法，不断增加和完善环境效益评价指标及比重，使环境效益评价能够全面融入企业业绩评价考核体系之中，以真实、客观地反映西藏小微企业经济价值增长状况；二是改变现有会计核算方法，将环境资源耗减值和降低成本纳入小微企业成本核算范围之内，不断提高企业会计利润计算的准确性与科学性，以全面反映西藏小微企业经济效益实现情况；三是完善绿色报告制度，在现有财务报告制度的基础上增加小微企业生产经营活动对环境资源的消耗影响及降低成本信息披露，以便及时了解小微企业对生态环境影响及开展绿色财务活动实施情况；四是加强绿色审计工作，着力对西藏小微企业实施绿色经济活动和开展绿色理财工作的真实性、合法性及效益性等进行全面审计，旨在向社会公众客观、公正、真实地展现企业形象。

5．强化绿色服务工作。推动西藏小微企业绿色财务活动，需要搭建创业平台和提供优质服务环境。具体办法有：一是紧紧围绕国家有关政策，加大对西藏小微企业实施绿色经济活动的政策扶持与项目支撑，要集中民力和激发民智，大力发展绿色产业项目，不断加强对小微企业绿色经济活动监管，发挥“以大带小、互帮协助”等聚集效应作用；二是支持和服务具有西藏地域特色和比较优势的藏医药业、高原特色生物产业、高原绿色食（饮）品加工业、特色农畜产品加工业、民族手工业、文化业以及现代服务业等绿色产业发展，不断落实和完善相关税收优惠政策及措施；三是注重对生态环保型、绿色成长型小微企业的全面培育，建立西藏小微绿色企业后备资源库。

6. 做好绿色发展规划。西藏要：牢固树立“绿水青山、冰天雪地都是金山银山”的理念，坚持保护优先、强化问题导向、突出改革创新、注重依法监管、推进全民共治，像保护眼睛一样保护生态环境，像对待生命一样对待生态环境，守护好世界上最后一方净土，筑牢重要的国家生态安全屏障。要坚定不移践行习近平生态文明思想，按照党中央决策部署，区党委统一安排，坚持生态保护第一原则，全方位、全地域、全过程开展生态文明建设；要坚定不移推进国家生态文明高地建设，着力打造国家生态安全屏障地、国家人与自然和谐共生示范地、国家绿色发展实验地、国家自然保护样板地、国家生态富民先行地。结合中央将西藏确定为“国家重要的生态安全屏障”的重大战略、西藏社会经济发展现状及整体产业发展规划，以及结合西藏自治区党委政府的有关精神，认为推动西藏小微企业绿色发展应遵循“因地制宜、科学规划、统筹兼顾、全面发展”的原则，实现“一极、二带、三区”的发展格局，即以中心城市为发展极，重点发展“科技先导型、生态环保型、创业成长型”的企业组织；以沿江、沿路为发展带，重点发展“资源节约型、辐射带动型、效益凸显型”企业组织；以东、中、西部为发展区，重点发展“专、精、特、新” 等一批最具有发展潜力的新兴绿色产业集群和绿色骨干企业集团，最终形成西藏绿色企业发展格局，充分体现“科学区划与协调发展、细分产业与突出优势、深度开发与横向整合、因地制宜与非均衡发展”的基本要求，走“中国西部特色、西藏区域特点”的非公有制企业绿色发展之路，让遍地开花、分布广泛的非公小微企业成为落实“国家重要的生态安全屏障”的生力军、主力军。

第十一章　西藏非公有制经济高质量发展展望

本章在以上分析研究基础上，结合西藏未来高质量发展目标要求，运用有关理论提出以下发展对策与建议，以期对西藏非公有制经济高质量发展提供借鉴和参考。

第一节　西藏非公有制经济高质量发展总体构想

一、指导思想

（一）基本内容。新时代西藏非公有制经济高质量发展必须：坚持以习近平新时代中国特色社会主义思想为指导，深入贯彻党的十九大和十九届二中、三中、四中、五中、六中全会、中央第七次西藏工作座谈会及习近平总书记视察西藏时的系列指示精神，全面贯彻习近平总书记关于西藏工作的重要指示、批示和新时代党的治藏方略，全面贯彻党的十九大以来党中央国务院关于非公有制经济高质量发展的一系列精神，全面贯彻西藏第十次党代会、全面贯彻西藏自治区党委政府关于非公有制经济高质量发展的相关精神。增强“四个意识”，坚定“四个自信”，做到“两个维护”，坚持统筹推进“五位一体”总体布局、协调推进“四个全面”战略布局，坚持稳中求进工作总基调，立足新发展阶段，贯彻新发展理念，服务融入新发展格局，深化反分裂斗争，铸牢中华民族共同体意识，推进藏传佛教中国化，推动高质量发展，改善和保障民生，推进生态文明建设，加强边境地区建设，加强党的组织和政权建设，抓好稳定、发展、生态、强边四件大事，确保国家安全和长治久安，确保人民生活水平不断提高，确保生态环境良好，确保边防巩固和边境安全，建设团结富裕文明和谐美丽的社会主义现代化新西藏。按照产权有效激励、要素自由流动、价格反应灵活、竞争公平有序、企业优胜劣汰的基本要求。坚持问题导向、权责明晰、突出重点、放管结合、稳妥有序的基本原则。立足“一带一路”“两屏两区五地一通道”。围绕构建将西藏非公有制经济培育成西部有较大影响、全国有一定影响、加快走向全国、稳步迈向国际市场的一流的特色非公有制经济高质量发展目标。充分挖掘非公有制经济高质量发展的特色资源优势和优惠政策优势。通过完善管理体制、构建体制机制、优化产业布局、科学区域布局，构建新型政商关系。切实推进非公有制经济与国有经济战略重组，有序发展混合所有制经济，适时做强做优做精。

（二）深刻内涵。概况地讲，上述指导思想包含以下几层含义：

1. 指引。以习近平新时代中国特色社会主义思想为指导，深入贯彻党的十九大和十九届二中、三中、四中、五中、六中全会、中央第七次西藏工作座谈会及习近平总书记视察西藏时的系列指示精神，全面贯彻习近平总书记关于西藏工作的重要指示、批示和新时代党的治藏方略，全面贯彻党的十九大以来党中央国务院关于非公有制经济高质量发展的一系列精神，全面贯彻党的西藏第十次党代会、全面贯彻西藏自治区党委政府关于非公有制经济高质量发展的相关精神。这是西藏各级各界开展所有事关非公有制经济高质量的基本行为准则，是必须长期坚定不移坚持的准绳。

2. 宗旨。坚持稳中求进工作总基调，立足新发展阶段、就完整准确全面贯彻新发展理念、服务融入新发展格局，深化反分裂斗争，铸牢中华民族共同体意识，推进藏传佛教中国化，推动高质量发展，改善和保障民生，推进生态文明建设，加强边境地区建设，加强党的组织和政权建设，抓好稳定、发展、生态、强边四件大事，确保国家安全和长治久安，确保人民生活水平不断提高，确保生态环境良好，确保边防巩固和边境安全，建设团结富裕文明和谐美丽的社会主义现代化新西藏。

具体地讲，就是要把未来西藏非公有制经济高质量发展置于自治区十次党代会确定的：必须坚持以新时代党的治藏方略为纲铸魂，抢抓历史机遇、锚定“四件大事”，着力推进“四个创建”、努力做到“四个走在前列”，使西藏在服务融入新发展格局中的比较优势进一步发挥，在落实国家使命和国家战略中的责任担当进一步彰显，在党和国家工作大局中的战略地位进一步提升的战略布局中。而在这一布局中的“四件大事、四个确保、四个创建、四个走在前列”，关键是改进作风，狠抓落实。

进一步，着力推进“四个创建”、努力做到“四个走在前列”，是贯彻落实“两步走”战略安排第一步具体实践，是主动服务融入新发展格局、充分依托借力国内国际双循环实际行动，是抓好“四件大事”、实现“四个确保”的重要载体，事关建设社会主义现代化新西藏全局。全区各级各部门必须坚持以新时代党的治藏方略为纲铸魂，抢抓历史机遇、锚定“四件大事”，着力推进“四个创建”、努力做到“四个走在前列”，使西藏在服务融入新发展格局中的比较优势进一步发挥，在落实国家使命和国家战略中的责任担当进一步彰显，在党和国家大局中的战略地位进一步提升。相对西藏而言，就是要全面将西藏非公有制经济高质量发展置于：“着力创建高原经济高质量发展先行区。习近平总书记指出，要走出一条符合西藏实际的高质量发展之路。西藏推进高原经济高质量发展具有良好的物质基础和巨大的资源优势。清洁能源资源十分丰富，将为国家实现‘双碳’目标发挥独特作用、贡献重要力量。我们要围绕建成国家重要的战略资源储备基地、高原特色农产品基地、世界旅游目的地、清洁能源基地和面向南亚开放重要通道，加强前瞻性思考、全局性谋划、战略性布局、整体性推进，打高原牌、绿色牌、特色牌，用好外力、增强内力、凝聚合力，切实把政策资源优势转化为经济发展优势，让各族人民共享发展成果、奔向共同富裕，确保 GDP 年均增速达到 8% 以上，城乡居民人均可支配收入增速分别达到 8%、10% 以上、继续保持增速全国领先，努力做到高原经济高质量发展走在全国前列”的战略布局之中。

3. 要求。产权有效激励、要素自由流动、价格反应灵活、竞争公平有序、企业优胜劣汰。这是新时代西藏非公有制经济高质量发展的基本要求，更是十九大报告对经济体制改革的总体要求。前提是产权有效激励、要素自由流动、价格反应灵活；关键是竞争公平有序；抓手是企业优胜劣汰；核心是充分发挥市场调节资源的基础作用。

4. 基础。立足“一带一路”“两屏两区五地一通道”，这是新时代协同推进西藏非公有制经济高质量发展的前提和出发点，也是实事求是开展各项工作的保障。其中：第一，“一带一路”倡议是国家新时代的重大愿景。必须长期坚持，这一愿景对于新时代西藏非公有制经济高质量发展意味着，一方面西藏非公有制经济实体要无条件地服从“一带一路”倡议推进要求，主动出击，及时调整重点，全面融入“一带一路”倡议建设，使自身长足发展与“一带一路”倡议要求高度契合；另一方面西藏非公有制经济高质量发展必须充分挖掘“一带一路”倡议带来的商机，在服务“一带一路”倡议中创新发展。第二，“两屏四地”是中央对西藏的战略定位。“两屏两区五地一通道”是西藏自治区党委区政府依据国家“两屏四地”提出的重点，是对国家“两屏四地”定位的具体化，同时也赋予“两屏四地”新的时代内涵。“两屏四地”和“两屏两区五地一通道”意味着对于新时代西藏非公有制经济高质量发展，必须以生态安全、国家安全为最高政治原则。西藏各级各界对于非公有制企业及其代表人士评价既要考察经济效益，更要考察生态效益、安全效益、社会效益。各级职能部门在管理和服务于非公有制经济高质量发展时更要置社会稳定于重要位置，置生态文明于前提和基础，发挥好市场看不见的手的作用时，一定要强化自由竞争、公平竞争；坚决防止行政性垄断，坚决打击市场化垄断，坚决抑制自然性垄断，维护市场公平。发挥政府看得见的手的作用时，一定要强化公正理政、公正施政，坚决打击欺行霸市，坚决打击政商不清、坚决取缔政不廉，构建亲清新型政商关系。

5. 目标。西部有较大影响、全国有一定影响、加快走向全国、稳步迈向国际市场的一流的特色非公有制经济，这是西藏非公有制经济高质量发展目标，也是指导西藏非公有制经济高质量发展的目标。其中，西部有较大影响、全国有一定影响，加快走向全国并稳步迈向国际市场的一流的特色非公有制经济。

6. 手段。充分挖掘西藏非公有制经济高质量发展的特色资源优势和优惠政策优势。完善管理体制、构建体制机制、优化产业布局、科学区域布局，构建亲清新型政商关系。切实推进非公有制经济与国有经济重组，有序发展混合所有制，适时做强做优做精，在新时代协同推进非公有制经济高质量发展。

第一，挖掘优势。特色资源和优惠政策，是西藏非公有制经济高质量发展基础和出发点。这就决定各级各界在制定相应扶持政策时必须在特定资源和优惠政策上做文章、找突破，切实把特色资源开发好、利用好、保护好。使特色资源真正成为西藏经济发展、社会进步、惠及民生的基石，使全面分析、充分挖掘、科学使用、争取优惠政策成为新时代推进西藏非公有制经济高质量发展的抓手。

第二，找准重点。完善管理体制、构建发展机制、优化产业布局、科学区域布局，构建亲清新型政商关系，推进重组，有序发展混合所有制经济，适时做强做优做精。其中：完善管理体制就是在国家机构改革总基调下，结合西藏自治区党委政府对西藏机构调整的取向，理顺各部门在非公有制经济高质量领域的管理职责，形成合力有序的非公有制经济高质量发展管理体制；构建发展机制就是在上述管理体制完善基础上，推动上述职能部门之间通力合作，从而构建优质高效的高质量发展机制；优化产业布局是指西藏非公有制经济高质量发展必须围绕生态产业这个牛鼻子，集中力量全力推进；科学区域布局是指要在七地市层面定位和协调推进非公有制经济高质量发展，使各地市非公有制经济高质量发展都能找准自己的优势、围绕自己的优势进行；构建亲清新型政商关系是指要全面理顺各级国家工作人员和非公有制企业业主之间关系，构建起符合十九大报告要求的政商关系，切实隔断政府工作人员和非公有制企业业主之间除服务被服务、支持被支持之外的其他不合理、不合规经济与非经济关系；推进重组是指立足有序发展混合所有制经济要求，围绕适时做强做优做精的发展目标，加快推进三个层次的重组，一是西藏国有企业和非公有企业的重组，以此加快将非公有制经济成分引入国有企业改革中，在加快国有经济改革和国有企业重组同时，实现西藏非公有制经济整体上实力做强、产品做优、技术做精的高质量发展；二是西藏非公有企业和区外非公有企业重组，在加快西藏非公有制经济招商引资的同时，推进西藏非公有制企业引进来、走出去意图；三是西藏非公有制企业和区外国有企业重组，在有效解决西藏非公有制企业面临大型国内央企进入西藏形成巨大竞争压力基础上，将西藏非公有制企业高质量发展置于更加广阔的市场空间和更加巨大的发展平台。

第三，分类推进。西藏具有丰富的矿产资源、土地资源、能源资源。已发现铜、铬、硼、锂、铅、锌等矿产资源 101 种。西藏土地总面积 120 多万平方公里，耕地、草地、林地等丰富。能源资源巨大，其中天然水能总蕴藏量达到 9000 万千瓦，太阳能居全国首位，大部分年日照时间 3100–3400 小时，据推测年风能储量 930 亿千瓦时。对于那些容易破坏生态环境、有悖于国家生态安全要求的矿产类非公有制企业，尽管其盈利能力强、发展前景好，但从生态安全角度也必须限制开发和有序推进，对于开发水能、太阳能、风能等可再生资源的非公有制企业应该集中财力大力支持。

二、方针与原则

（一）发展方针。政治上放心、思想上放开、政策上放宽、发展上放胆、工作上放手，完善落实促进非公有制经济发展优惠政策，做到低门槛、零注册、轻税赋、强支撑、少检查、重鼓励，发挥优势，在新起点上推动非公有制经济高质量发展。

1. 政治上放心。要着眼全局、立足西藏实际，切实认识到非公有制经济高质量发展既是坚持基本经济制度、发展中国特色社会主义事业客观要求，又是改善民生、维护稳定的现实需要，也是加快建设现代化西藏的重要途径，坚决贯彻两个“毫不动摇”，以更强的决心、更大的力度、更实的举措，在西藏营造各种所有制经济依法平等使用生产要素、公平参与市场竞争、同等受到法律保护的体制制度环境，掀起新一轮非公有制经济高质量发展热潮。

2. 思想上放开。冲破一切阻碍非公有制经济高质量发展思想障碍，打开解放思想总阀门、总开关，推动非公有制经济高质量发展。第一，发展理念上实现五破五立。一是破除重公有轻非公有的思想，树立非公有制经济与公有制经济一视同仁，抓非公有制经济就是抓发展、抓就业、抓增收、抓民生、抓稳定的观念；二是破除循规蹈矩、不敢突破思想，树立敢为人先、勇于创新的观念；三是破除封闭保守、传统发展的思想，树立开放发展、科学发展的观念；四是破除小富即安、小进即满的思想，树立干大事业、求大发展的观念；五是破除重监管轻服务、重检查轻支持的思想，树立以服务促管理、以扶持促发展的观念，营造各所有制经济公平竞争、同等支持、共同发展的良好环境。第二，发展思路上做到三个着力。一是着力推进政策创新、制度创新、技术创新和管理创新；二是着力提升服务水平、提高办事效率；三是着力优化发展环境，促进非公有制经济高质量发展，为西藏经济社会高质量发展提供强大支撑。第三，发展目标实现三个突破。一是总量上实现突破，到 2030 年，非公有制经济增加值、上缴税收在 2020 年基础上翻一番以上；二是比重上实现大突破，到 2030 年，非公有制经济增加值占 GDP 的比重、从业人员占二三产业从业人员的比重达到 80% 以上，上缴税金占税收总额的比重持续保持在 90% 以上；三是规模上实现突破，到2030年，非公有制骨干企业达到130个以上，上市公司达到25个以上。

3. 政策上放宽。制定一系列比兄弟省区放得更宽、突破性更强、含金量更高的政策措施，做到“零注册、轻税赋、强支撑、少检查、重激励”，充分调动各方面推进非公有制经济高质量发展的积极性、主动性和创造性，让各族群众在发展非公有制经济高质量发展战场上显本领、创门路、增收入。

4. 发展上放胆。坚持“非禁即入”，除国家明令禁止以外，所有领域一律对非公有资本开放，降低非公有制经济准入条件和标准，拓展非公有资本发展空间。支持个体工商、股份制、三资等各类所有制企业共同发展，支持大、中、小各类规模的企业竞相发展，支持一、二、三产业等各个行业的企业融合发展，推动非公有制企业如雨后春笋般涌现、像参天大树般成长，既实现非公有制经济总量扩张、做到铺天盖地，又提升非公有制经济发展质量、做到顶天立地，促进非公有制经济高质量发展。

5. 工作上放手。第一，将非公有制经济高质量发展摆上突出位置。各级党委政府要把发展非公有制经济高质量发展问题列入重要议事日程，纳入经济社会发展规划和目标考核体系，建立非公有制经济高质量发展领导协调机制，及时研究解决非公有制经济高质量发展中的重大问题。第二，坚持齐抓共管。各级各部门要建立非公有制经济高质量发展目标管理责任制，各有关部门要发挥好职能作用，大力支持非公有制经济高质量发展，形成上下联动、密切配合、齐抓共管的工作格局。第三，完善服务体系。健全完善非公有制经济高质量发展服务保障，逐步建立起政府和社会相结合非公有制经济高质量发展的服务网络，形成全方位高质量发展服务体系，为非公有制经济高质量发展提供方便快捷全面服务。第四，营造良好氛围。充分发挥各类新闻媒体作用，营造全社会关心支持非公有制经济高质量发展浓厚氛围。引导广大非公有制经济人士和企业家加强学习、提高素质，爱党爱国、志存高远，遵章守法、诚信经营，反对分裂、维护稳定，促进团结、奉献社会，做优秀的中国特色社会主义建设者。

（二）发展原则

1. 维护稳定与促进发展相结合。维护西藏稳定事关民族团结和社会稳定，事关祖国统一和安全，事关我国“一带一路”倡议和现代化顺利实施。促进经济发展是尽快改变西藏落后面貌迫切要求，是新世纪推进全国现代化建设的重要组成部分，是维护民族团结、祖国统一和国家安全重要保证。维护稳定，促进发展，既是西藏各级党组织和党员干部第一位任务和头等大事，也是西藏各族人民的共同责任和共同心愿，更是西藏的根本目标和长久大计。

2. 市场主体与生产要素相结合。在法律、政策、政府行政管理等方面不歧视任何一类市场主体，营造规范有序、公平竞争生产要素市场环境，从而使各类市场主体都能平等地从要素市场上获得发展所需要的各种生产要素，以便让各类市场主体在同一规则环境下参与要素市场竞争、获得生产要素，建设公平竞争、效率优先的市场机制。

3. 政府支持与自主创新相结合。政府支持是非公有制经济高质量发展的必要条件，创新是非公有制经济高质量发展的不竭动力，是非公有经济高质量发展的前提。

4. 发展目标与西藏大局相互一致。按照“提升一产、壮大二产、做强三产”产业发展要求，坚持把推进科学发展作为核心要求，引导非公有制经济把企业高质量发展与西藏高质量发展结合起来，个人富裕与广大群众共同富裕结合起来，遵循市场规则与发扬社会公德结合起来。

5. 放宽准入与提高竞争力相结合。清除对非公有制经济高质量发展政策歧视、体制屏蔽等不公平做法。放宽市场准入政策，营造平等竞争环境，支持各类市场主体平等使用生产要素，大力培育非公有制企业核心竞争力。

6. 坚持“走出去”与“引进来”相结合。借鉴兄弟省区的发展经验，改善区内投资环境，支持区内企业与国内外企业经贸交流、技术合作，支持国内外经营者到西藏从事商贸、边贸、兴办实业，促进区内非公有制企业走出去，创造条件把国内先进企业引进来。

7. 非公有制经济高质量发展与现代化建设相结合。统筹城乡经济协调发展，发挥比较优势、加强薄弱环节、扩大交流合作、缩小区域差距，构筑区域经济优势互补、主体功能定位清晰、国土空间高效利用、人与自然和谐发展的非公有制经济高质量发展格局。

8. 可持续发展与生态保护相结合。树立以人为本、全面协调可持续发展观念，主动改善与自然关系，转变粗放型经济增长方式，以人与自然和谐为目标，以环境承载能力为前提，以遵循自然规律为核心，倡导环境文化和生态文明，追求经济社会环境协调发展社会体系，避免环境污染和生态破坏对西藏经济高质量发展不利影响，实现可持续发展、科学发展和高质量发展。

（三）基本要求

1. 问题导向。是指各级党委政府及相关职能部门在服务非公有制经济高质量发展，必须围绕提高非公有制企业经济效率和效益为核心，以增强非公有制企业发展活力为抓手，针对非公有制经济高质量发展中的管理体制不完善、运营机制不畅和资源配置效率不高等实际问题，明确任务、精准施策，坚决反对漫无目的的瞎指挥、胡折腾。

2. 权责明晰。是指各级党委政府及相关职能部门在服务非公有制经济高质量发展中，必须坚决按照十九大报告提出的“构建亲清新型政商关系，促进非公有制经济健康发展和非公有制经济人士健康成长”要求，切实理顺政府与企业关系。切实转变政府职能，厘清政府服务职责和服务范围，尊重非公有制企业市场地位，切实保障非公有制企业依法自主经营，依靠市场激发非公有制企业竞争力、创新力和内生增长动力。

3. 突出重点。是指各级党委政府及相关职能部门在服务西藏非公有制经济高质量发展中，必须在坚持问题导向和权责明晰原则基础上，按照国家、西藏经济高质量发展实际和顶层设计重点，结合市场供求、社会进步、民生状况、企业治理等因素，综合确定非公有制经济高质量发展重点支持区域、重点扶持产业、重点发展行业和重点帮扶企业，使有限的非公有制经济高质量发展扶持补贴重点使用、精准分配，进而使有限的财政扶持补贴资金能最大限度地发挥作用，进而提高资金使用效果和使用效率。

4. 放管结合。是指各级党委政府及相关职能部门在服务西藏非公有制经济高质量发展中，必须在权责明晰和突出重点原则基础上，按照服务型政府和市场化经营要求厘清政府职能部门职责，强化权责明确、监管高效、规范透明，全面推进非公有制经济高质量发展服务职能和监管方式转变。做到该放的依法放开、该抓的依律抓好、该管的科学管好，切实服务于非公有制企业高质量发展。

5. 稳妥有序。是指各级党委政府及相关职能部门在服务西藏非公有制经济高质量发展中，必须处理好稳定、改革、发展关系，突出各级职能部门服务非公有制经济高质量发展的系统性、协调性，按照突出重点基本要求，以重点领域为突破口，先行试点，分步实施，统筹谋划，协同推进。

三、目标定位

（一）发展目标

1. 总体目标。到2030年，健全促进非公有制经济高质量发展运行机制，完善保障非公有制经济高质量发展体制机制与政策环境，非公有制经济高质量发展环境。非公有制经济在国民经济中所占比重显著提高，增长质量明显改善，非公有制经济总体发展水平走在西部地区前列，达到全国中等水平。

2. 具体目标。到2030年，非公有制经济增加值及上缴税收在2020年基础上翻一番以上；到2030年，非公有制经济增加值占GDP的比重、从业人员占二三产业从业人员的比重达到80%以上，上缴税金占税收总额的比重持续保持在90%以上；到2030年，非公有制骨干企业达到130个以上，上市公司达到25个以上。

（二）发展定位。在把握西藏非公有制经济高质量发展的历史和现状、经验与教训、弱点与优势、机遇与挑战基础上，根据发展目标，实施切实实际、多样化发展，推进西藏非公有制经济高质量发展。

1. 推进特色优势发展。西藏有着丰富的人文和原材料资源，要充分发挥资源禀赋比较优势，走“低投入、高产出，低消耗、少排放”的集约经营之路，这是非公有制经济高质量发展的本质要求。要求各级政府部门坚持绿色发展理念为引导，紧紧围绕发展循环经济和绿色产业两大重点，引导非公有制企业加强节能节水节地节材技术研发、设备改造和工艺应用，强化资源高效利用政策导向，助推西藏非公有制经济高质量发展。

2. 推进创建小企业。在西藏非公有制经济高质量发展中，新发展项目大多数将是小型企业或个体工商户。小型企业或个体工商户一般具有投资少、风险小、回收快的特点。在今后一个时期内，要结合国际国内发展实际，多渠道、多形式、多领域在西藏倡导小户创业模式，在农业产业化经营中，支持创办产前、产中、产后服务型企业，支持创办交通运输业、农牧产品加工业。在新型工业化进程中，支持创办城镇型工业企业、产品技术开发企业。在广阔的第三产业发展领域，支持创办小商业、小食品店、小修理店、小咨询服务企业、家庭旅馆等。在“十四五”末，各地市县创办5–7个小企业创业基地，培育一批成长型非公有制企业。

3. 推进体制创新。西藏各级政府部门对非公有制经济高质量发展指导，要从行政管理为主转向经济导向和市场导向为主，由管理转向服务转变，寓监督于服务之中。政府各职能部门之间要明确各自职能任务，确定非公有制经济高质量发展主要指导部门，落实各职能部门发展非公有制经济职责。按照市场经济规律和发展非公有制经济高质量发展特点，建立面向非公有制经济高质量发展生产要素市场。非公有制企业要加强自身建设，积极融入经营市场化、经济全球化、技术现代化的新环境，创新企业治理结构，在加快发展中促进非公有制经济现代企业制度建设，完善法人治理结构，支持非公有制企业学习国内外企业先进管理方法，借鉴国有企业经验教训，实现全面创新。引进先进管理理念、管理方法，建立科学决策机制，逐步健全生产、质量、财务、人才资源等管理制度，使更多非公有制企业转变为文化先进、目标明确、管理科学、运行良好的现代化企业。

4. 推进技术升级。西藏非公有制经济总体处在产业链低端环节和技术领域低技术层面。未来一段时间内西藏非公有制经济高质量发展必须通过产业结构优化和技术升级，培育市场主体新竞争力。特别是围绕“提升存量”和“优化增量”两大主题，走产业升级之路。其中：“提升存量”是指对现有非公有制企业运用高新技术和先进适用技术进行技术改造，提升现有非公有制市场主体技术水平；“优化增量”是指通过加快科技成果产业化进程，高起点、高标准发展一批高新技术非公有制企业。近期内重点是建立以企业为中心的技术创新体系，促进先进、适用、成熟技术的引进、开发和产业化。加快建立非公有制企业技术创新服务和促进机构。利用政府资金，引导带动风险资本和各类社会资金支持企业的技术创新。通过组织引导高等院校、科研机构和大企业相关资源，发展多种形式产学研联合，建立公共试验室、检验检测中心等，对非公有制经济企业提供相关技术开发、技术咨询、产品检测等开放式服务。加快应用计算机、自动控制技术、数字技术和信息网络技术，对藏药、建材、食品、服装、矿产、矿泉水、种植养殖、民族手工艺品等传统产业进行改造。

5. 推进产业扩展。要按照“非禁即入”原则，推进西藏非公有制经济产业扩展，扩大经济领域，积极进入国民经济各产业领域。扶持具有一定创业能力的非公有制企业投资高新技术产业项目，引导扶持非公有制经济创办产品研制开发企业，推动非公有制经济进入国民经济各产业领域，在西藏支柱产业中成为主力军，在新兴产业中成为生力军。引导非公有制经济进入农牧、交通、水利、电力、电信、土地整治和矿产资源勘探开发等产业与基础设施领域；支持非公有制企业以独资、控股、参股方式投资水利等基础设施项目和民间资本建设农田水利、水资源综合利用、水土保持等水利项目；支持投资建设高效生态农牧业生产基地、粮食生产和农牧业科技示范基地；支持民间资本参与经济适用房、廉租住房、公共租赁房等保障性住房建设等领域。

6. 推进做精做强。扶持非公有制企业扩张资本，全面提升自身素质，瞄准西藏和国内外一流企业目标，创新技术、开发产品、扩大规模、拓展市场，在5~10年的时间内能够涌现一批达到国内外先进水平的一流企业。要引导各产业领域的非公有制企业，参与国有企业资产重组，实现低成本优化扩张，支持区内外非公有制企业之间的强强联合，支持非公有制企业融资扩张，实现做精、做大、做强。

7. 推进人才兴企。西藏非公有制经济高质量发展面对技术高新化、管理现代化、经济全球化、营销网络化、市场竞争日益激烈形势，必须推进人才兴企。造就适应高质量发展企业经营管理人才队伍，根据企业基础目标，实现全员培训，侧重引进高级人才，培养新型人才，创造人才发挥作用条件环境，注重用好现有人才，在市场竞争中抢占人才制高点；要结合市场规律，引导非公有制企业建立健全人才投入、创业、评价、激励机制，实现非公有制企业人才资源可持续发展。建立自治区级非公有制经济人士培养中心，开展非公有制经济人士培训、法律维权、信息咨询，提高广大非公有制经济人士综合素质和经营管理水平。

8. 推进外向型发展。创新与发展只有在开放的环境中进行才能充分挖掘和培育非公有制经济高质量发展的比较优势。西藏非公有制经济受观念、地理、信息和交往渠道等诸多特殊因素制约的状况，不能完全适应经济市场化、信息化和网络化、全球化的发展形势。面对全球经济危机带来的新一轮国内、国际生产要素重组浪潮，以及国内东部地区产业向西部转移的历史机遇，特别是国家将西藏纳入到“一带一路”倡议中所提供的历史性机遇，西藏各级政府支持非公有制企业，充分利用区外企业充裕的资本、先进技术和优秀管理经验，实施为我所用引进来，因企制宜走出去的发展思路，引导区内非公有制企业深度进入国内和国际市场、特别是南亚相邻国家市场中，构建覆盖全国甚至全球立体营销网络，在与区外企业竞争合作过程中展现自身优势。非公有制企业也要审时度势，主动出击，大胆走出去，占领产品市场，扩展产业基地。积极承接国际、国内产业转移，主动参与国际、国内竞争与合作。以引进资金有效提升投资规模，加大经济增长的后劲，以引进技术增强企业的研发能力，有效提升信息化水平和技术创新能力，在对外投资中共享资源，提升非公有制经济市场竞争力和占有率。有效利用国家给予的好政策，充分利用西藏边境线长、接壤国家多的特殊优势，积极参与对尼泊尔、印度、不丹等南亚国家经济贸易、文化旅游合作，积极开展对外投资和人员交流活动。

9．推进和谐发展。在新时期，西藏非公有制企业必须坚持诚实经营、公平竞争、互利共赢和共同发展的理念，走和谐发展之路，为企业发展创造良好生存空间与环境氛围。企业必须树立良好社会形象，保障员工合法权益，构建和谐融洽劳动关系。建立组织劳动保障诚信制度和积极投身社会慈善事业，推动非公有制企业正确处理好内部和外部关系。通过创新发展，实现企业与社会良性互动。

四、模式重点

（一）发展模式

1．明晰产权推动发展。这是发展模式的基本前提，其目标是健全和完善“现代企业制度”。西藏非公有制企业普遍采用家族拥有形式，企业所有权与经营权紧密结合，决策权和管理权高度集中在业主及家族主要成员手中。家族式产权模式一方面具有内聚力强、决策机制灵、代理成本低等优势，另一方面也存在家族情结重、人才壁垒高、融资形式单一等弊端。随着企业规模不断扩张和业务领域不断拓展，家族式产权模式在管理上的劣势与弊端日渐突出，以致频频出现“一代创业、二代守成、三代衰亡”的规律问题。未来西藏非公有制经济高质量发展要做精做强做优，必须摆脱家族式产权模式的制约，在尊重出资者意愿的前提下，积极推动非公有制企业按照现代产权制度要求进行改革，形成开放多元化产权结构，实现所有权与经营权分离。由于区内职业经理人市场和社会诚信体系完善程度还不高，加之我国非公有制企业通常将经营家族企业看作体现家族追求与实现家族成就的体现，因而多数非公有制企业还不可能一步由“家族化治理”迈向“职业化治理”。比较实际的做法是：立足区情，探索与设计一种由家族成员和职业经理人共同参与的“互信共治”模式，即将现代企业制度与家族制结合起来，使家族在企业中仍然保持控股，家族成员在相当程度上继续掌握经营控制权，但大部分从事具体经营业务的中高层管理人员乃至总经理为非家族成员，由此建立起一种融入现代企业制度的家族产权模式，在维系血缘信任基础上，建立制度化激励与约束机制，使非公有制企业在产权关系与管理模式层面能适应现代市场竞争要求。

2. 现代科技导向发展。这是发展模式的根本保证，其目标是建立“科技创新型企业”。调研显示，西藏区内非公有制企业发展历程，起步阶段主要是“设备靠拆旧、技术靠退休、产品靠模仿”，即使到今天仍有部分非公有制企业也是主要靠这种模式发展，尚未真正形成自己的创新与研发体系，以至于发展缓慢和缺乏竞争力，这是区内非公有制企业做不大做不强的原因之一。实施科技创新推进发展模式，就是要从根本上提升企业自主创新能力，强化企业创新动力机制，支持培育西藏区内非公有企业走以市场为导向、产学研相结合的技术创新之路。现阶段，大多数非公有制企业技术内生能力还非常有限，难以开展真正意义上的科技创新。因此，创新途径积极有效从外部获取先进技术，是当前西藏非公有制企业克服“技术瓶颈”一条重要途径。既包括非公有制企业有步骤、有针对性地引进成熟先进的技术和标准，也包括签订技术协议以形成各类技术联盟与经济合作。

3. 龙头协会带动发展。这是发展模式的重要途径，其目标是培育“专业协作型企业”。西藏量大面广的非公有制企业主要是依托区域特色产业形成专业化协作组织，同时这些专业化协作组织还存在产业化集群程度不高、区域间经济联系不紧密、发展还不平衡等问题。因此，支持“块状经济”中的龙头企业将上下游乃至各地区非公有制企业纳入自身产业发展规划中，通过强化以技术、特色、品牌等为纽带的关联产业网络体系建设，打破非公有制经济空间分割与地域界限，实现专业化、规模化、产业化、协同化。同时，非公有制企业要向“专、精、特、新”方向发展，以形成非公有制企业集团联盟或产业链梯度，通过现代化产业园区建设，促进非公有制企业产业集聚与产业链延伸，并以此为基础上不断整合各园区内优势资源，提升各园区综合效益。重点是：通过加强现代物流建设和综合营销体系建设，积极发展各类生产与生活服务业，培育并形成一批产业集聚规模大、专业化协作水平高、区域间经济联系紧密、发展前景广阔的非公有制企业核心区，促进带动西藏非公有制经济高质量发展。

4. 资源管理整合发展。这是发展模式的关键环节，其目标是形成“成长发展型企业”。研究表明，企业管理创新的决定性因素是企业家素质持续提高。应该说，西藏第一代非公有制经济企业主都是特别能吃苦、能拼搏、抓机遇、能奉献，这一素质在非公有制企业一步步形成、发展和壮大过程中已得到充分体现。但随着市场经济体制不断完善、市场竞争日趋激烈，不少非公有制经济企业主的知识水平和能力结构已越来越不能适应信息时代发展要求。因此，加快建设并不断完善覆盖西藏非公有制企业及其经营管理人员的培训体系，为企业健康成长和持续发展补充新动力，是实现西藏非公有制企业管理制度创新的当务之急。为此，结合西藏非公制企业发展现状，在整合区内各类社会资源基础上，可以通过成立“西藏非公有制经济高质量发展培训中心”，分层次、分阶段为区内非公制企业及人士提供法律法规、产业政策、经营管理、技术应用等方面的培训服务。同时，还要加快和推进非公有制企业管理信息化建设，优化业务流程和提升管理水平，不断完善人力资源管理和健全财务核算制度，并建立起安全、卫生、劳动保护等责任体系，以促进非公有制企业不断成长与发育完善。

5. 文化创新支撑发展。这是发展模式的精神支撑，其目标是构建“社会责任型企业”。企业文化虽无形，却是企业之灵魂，它是全体员工所共同认可的价值观，具有很强的凝聚作用和价值导向作用。在构建和谐社会进程中，非公有制企业应当成为一支重要力量。要积极推动非公有制企业社会责任履行体系建设，就应当树立以人为本、遵规守法、诚实守信、奉献社会的经营宗旨，这需要通过企业文化创新打基础，特别是增强非公有制企业主的法制观念、诚信意识和社会公德，切实把追求企业利益与履行社会责任结合起来，让每一个非公有制企业都能够结合实际，挖掘和提炼具有向心力和生命力的特色文化，更好地实现经济效益与社会责任的有机统一。

（二）发展重点。根据西藏资源状况与区位条件，充分考虑经济发展阶段和企业发展现状，结合中央关于西藏经济社会发展战略与指导思想、西藏确定经济社会发展目标，支持非公有制经济高质量发展，以“六个一批”带动非公有制经济高质量发展。

1. 支持发展一批科技型企业。从创业孵化、功能园区建设、科技开发投入、产学研联合、技术创新、知识产权保护等方面入手，在新材料、藏药材、民族手工艺品等领域有选择、有重点地支持并发展一批高科技企业。引导非公有制企业吸收、利用科技新成果，使用新材料、新设备、新工艺、新技术，开发新产品。各经济技术开发区、工业园区、产业园区和物流园区入园企业和新建企业应以高科技项目为主，以园区为核心培育一批具有发展潜力和竞争实力的高新技术企业。

2．支持发展一批外向型企业。对具备出口条件及形成出口规模的新材料、藏药材、民族手工艺品、优质矿泉水等行业，通过出口退税、设立国际市场开拓资金、赋予进出口经营资格和支持非公有制企业实施“走出去”措施，支持企业利用两种资源，开拓两个市场，积极向国内国际市场进军。

3．加快发展一批资源深加工和循环经济型企业。立足资源优势，瞄准市场需求，引导企业利用西藏优质矿产、藏药材、优质农畜产品、优质矿泉水等特殊资源，发展一批有规模、有实力、有前景、科技含量高的资源型深加工和循环经济型企业。通过贷款贴息、更新改造、农畜产品基地建设和品牌培育、开拓市场，加快发展具有明显竞争优势的藏药材、民族手工艺品深加工等产品加工企业，支持企业由初级产品向深加工、精加工方向发展，延长产业链，提高产品附加值，发展符合产业结构、产品结构调整方向，符合可持续发展要求的节能、循环、无污染企业。

4．有选择地发展一批专业型配套型企业。以藏药材、青稞、乳制品深加工为重点，以骨干制造企业为依托，以功能园区为载体，逐步形成专业化生产、社会化协作，分工明确、协作配套的企业组织体系。指导和支持高标准建设一批规划科学、布局合理、特色明显、功能齐全的专业加工小区，加速中小企业向工业园区聚集，并逐渐形成以功能园区为主的产业集群，带动中小企业快速发展，增强西藏非公有制经济综合竞争力。

5．有计划地发展一批劳动密集型企业。要从改善经济结构、促进劳动力就业高度出发，支持引导以资源开发、藏药材研发、民族手工艺品加工和满足居民日常生活需求为主的产业，重点支持乳制品、青稞酿造、特色食品以及羊绒、服装、民族手工艺品等产业。对在西藏各级工商行政管理部门登记注册的非公有制企业和个体工商户，吸纳下岗失业人员再就业的，按照国家和西藏自治区有关规定，享受减免税收优惠；下岗失业人员自主创业，从事个体经营的，按照规定享受税费扶持政策，减免各种收费。

6. 有重点地培育发展一批具备成长型特点的非公有制企业。根据西藏产业发展方向，企业经营状况，项目筛选储备，企业投融资能力以及国内外市场前景，从西藏非公有制企业中，筛选部分成长型且有项目支撑作用的中小企业，作为重点培育扶持对象，为西藏“十四五”规划目标实现奠定基础。

第二节　西藏非公有制经济高质量发展的宏观布局

一、区域布局

西藏各地市非公有制经济发展基础、速度、规模和产业成长受人文环境、经济结构、交通条件、自然资源与地理环境等诸多因素的影响而存在较大差异，结合上述分析，认为各地非公有制经济高质量发展要立足优势，找准定位，遵循区域分工原则，明确相互间分工协作关系，在区域经济一体化进程中，避免“数量多、档次低”和“全能厂”现象发生，向专业化、特色化方向发展。对非公有制经济产业进行空间布局调整，统一规划、统筹安排、分类指导，使区域资源优势得到充分发挥。为此，根据西藏经济社会发展现状和产业发展规划，非公有制经济高质量发展区域布局应当是：遵循“因地制宜、科学规划、统筹兼顾、全面发展”原则，借助主体功能理论、增长极理论、点—轴系统理论，充分体现科学区划与协调发展、细分产业与突出优势、深度开发与横向整合、因地制宜与非均衡发展的基本要求，发展一批最具潜力的新兴产业集群和骨干企业集团，以小中求大、大中求强、强中求优、优中求精的循环发展思路与经营创新理念，不断用做精做强、创优求精引领西藏非公有制企业，走“行会＋龙头＋企业（企业）”之路，最终形成具有中国西部特色、西藏区域特点的西藏非公有制经济高质量发展格局。在统筹考虑西藏人口分布、经济布局、国土利用和城镇化体系的基础上，立足区内特殊自然资源优势和社会经济条件，以推动主体功能区为目标，加强区域间分工与协作为核心，将西藏非公有制经济高质量发展划分为“一极、二带、三区”格局，即中心城市发展极，沿江、沿路发展带，东、中、西部发展区，形成具有西藏地域特点和民族特色的非公有制经济高质量发展格局，并促使其向“全方位、宽领域、多层次、立体化”目标发展。

（一）中心城市增长极

1．布局依据。以西藏各地市党政机构所在地及开放口岸为核心，立足现代化城市发展格局和资源、信息优势，围绕“完善功能、提升服务、带动城乡、辐射周边”的目标，重点发展科技先导型、生态环保型和创业成长型非公有制企业，不断强化整体经济发展理念，提升综合城市服务功能，培育壮大龙头企业集团，发挥产业集群效应，使其成为引领和带动西藏非公有制经济高质量发展的“中心极”或“排头箭”。

2．布局思路。在中心城市中心地带，布局现代商务和服务业。建成集中、发达的金融、商贸、商务、高档酒店、文化娱乐、信息咨询、网络服务、现代物流等配套设施完善、交通通信发达便捷、生产要素快速聚集与扩散、综合服务功能完备和具有竞争力的产业空间。重点发展现代商贸、购物、餐饮、娱乐、文化、信息、互联网服务等产业；发展珠宝首饰、民族手工艺品、工艺美术、旅游产品、服装服饰、电子玩具、装潢设计与制作以及社区服务业；依托机场、车站、货运中心、各种新区建设现代物流基地，布局仓储、第三方物流等物流业和生产资料市场等；集中布局汽车、摩托车和新型交通工具、农用拖拉机等机械、零部件配套产业；依托各类经济技术开发区、工业园区、产业园区、高等院校校区等布局高新技术等优势产业；依托各旅游景点，布局精品旅游业、民族手工艺品、现代服务业、旅馆业、餐饮业、影视娱乐业；依托国道、区道交通运输枢纽，促进人流、物流、资金流、信息流的聚集，辐射和带动周边发展。

（二）铁路经济带

1. 布局依据。以青藏铁路、拉日铁路、川藏铁路和未来的中尼铁路等为依托，立足沿线各种资源优势与地域特点，坚持从西藏资源条件和产业基础的实际情况出发，抓点、抓线、抓片、抓精品、抓品牌，加速、提质、增效，高起点、大规模推进，在建设特色优势产业大区中非公有制经济要抢占先机，有所作为。本着“资源节约型、环境友好型、辐射带动型、创业发展型”的原则，重点发展一批集“生产、加工、销售、外贸、创收”融为一体的非公有制经济创业园区或高质量发展基地，不断改进基础设施条件，强化市场竞争意识，优化环境服务功能，提升优势品牌，使其成为非公有制经济高质量发展的“扩散带”或“辐射圈”。

2. 布局思路。以拉萨经济技术开发区、青藏铁路那曲物流中心、格尔木藏青工业园和“一带一路”背景下即将布局的日喀则物流园、吉隆口岸物流园、中尼跨境经济合作区等为重点，建设西藏特色优势产业深加工基地，培育一批特色产业园区，形成特色经济发展制高点；以青藏铁路沿线、拉日铁路沿线、川藏铁路沿线、中尼铁路沿线和“一江三河”流域开发为契机，建设一批高原特色农牧业产业带。

（三）六市一地经济网

1. 布局依据。根据资源环境承载能力、发展基础和潜力，按照发挥比较优势、加强薄弱环节、享受均等化基本公共服务要求，逐步形成主体功能定位清晰，西藏中部、东部、西部良性互动，公共服务和人民生活水平差距趋向缩小的区域协调发展格局。加快改革开放步伐，通过国家支持、自身努力和区域合作，增强自我发展能力。坚持以线串点，以点带面，依托地市所在地城镇和交通干线，实行重点开发，加大建设和完善边境口岸设施的力度，加强与毗邻国家的经济技术交流、旅游与文化合作，积极发展边境贸易。建立以各地市所在地城镇为支点，以县城、边境城镇、特色旅游城镇和特色产业城镇为网络的具有西藏特点的城镇网络体系，布局现代服务业、城镇型加工业。依托各地市优势资源，推进高效农牧林业规模化；依托环境优势，树立生态农牧业品牌；依托区位优势，大力发展外向型经济，加快提升传统产业，合理布局特色产业、优势产业。支持大型企业营业网点延伸农牧区，加快农家店布点和双百工程、家电下乡工程建设；大力发展城镇商贸物流业和信息与网络服务业，逐步健全就近、便捷的城乡商贸体系。

2. 布局思路

（1）东部发展区。以林芝经济区与昌都经济区为主，发展重点：加快基础设施建设，抓好一批交通、物流、商贸、信息与通信、旅游等重点领域建设；建立一批起点高、品位优、特色浓的旅游景点，大力扶持农家旅游、休闲农庄和特色餐饮等多形式旅游项目；按照科学规划、合理布局要求，在传统驿站、集市贸易点的基础上发展现代商贸中心和物流集散地，使其成为藏东南经济中心。

（2）中部发展区。以拉萨经济区和山南经济区为主，对于拉萨经济区发展重点是：以拉萨城区为中心，加强教育科技、文化卫生、商贸旅游、信息服务、餐饮娱乐、特色产业等融为一体的基础行业和产业设施建设，使其成为带动、辐射、集聚西藏非公有制经济高质量发展和社会进步的核心体。对于山南经济区发展重点是：以改善农牧民生产生活条件，增加农牧民收入为核心，采取多种方式，多方筹集资金，重点抓好一批交通枢纽型、旅游服务型、绿色产品型、商品集散型等特色产业集群建设，使其成为中部非公有制经济高质量发展基地。

（3）西部发展区。包括藏南中西部，其发展重点是：支持非公有制经济主体从事交通运输、跨国贸易、跨国旅游开发与合作、仓储物流、批发零售、餐饮服务、信息服务等多种产业，推动劳动力向非农产业转移，并以中心城镇所在地、集市贸易点、旅游景点和边境口岸为极点，以拉日铁路、新藏公路、中尼公路、中尼铁路等主要交通要道为轴线，积极发展区域经济带和特色旅游业，使旅游业成为该区经济发展的支柱产业。

（四）优势产业

1. 布局依据。加快建设藏药材种植基地、无公害蔬菜生产基地、畜产品生产基地、优质矿泉水基地、木本经济基地、有色金属及铬矿产业基地和藏西盐湖资源开发基地，打造一批优势特色产业基地。

2. 布局思路。发展藏东北牦牛和藏西北绒山羊的特色优势，形成产业带；以各地市的精品旅游线路为依托，着力延伸旅游产业链条，大力推进旅游业和文化产业、民族手工业以及现代服务业；以优势矿产资源的综合开发利用为契机，布局参与铜矿、铅锌矿、铬铁矿、盐湖锂硼镁矿等优势资源的开发和相关产业；以大流域综合开发为重点，布局商品粮、畜产蔬菜副食品、民族手工业、科技示范推广“四大基地”的相关产业。

二、产业布局

（一）原则与重点

1. 以法规政策为指导，以体制机制改革为保障，促进非公有制经济高质量发展。第一，打破各种限制，放手发展非公有制经济。改善优化发展环境，简化审批事项和程序，放宽企业市场准入限制，允许非公有制企业进入法律法规未禁止的行业和领域，拓宽非公有制经济高质量发展的生产经营范围，以充分调动民资、民力、民智，大力发展非公有制经济，使之成为西藏国民经济最具活力的增长点。第二，转变经营方式，不断壮大非公有制经济总量。组织开展“创办小企业，开发新岗位，拓展大市场”活动，引导支持社会力量创办各种劳动密集型、科技创新型、投资外向型、社区服务型、特色导向型企业，围绕建材、旅游、文化、藏药、民族手工业等特色优势产业发展非公有制经济实体，并积极组织开展大规模的公益性创业培训，充分发挥非公有制经济在解决就业、促进农牧民增收等方面的重要作用。

2. 以推动产业发展为动力，促进非公有制经济高质量发展。立足带动和促进农牧区经济发展和服务“三农”精神为指针，大力发展乡村非公有制经济，不断推进农业产业化、农村工业化和农牧区城镇化的进程，为建设社会主义新农村和小康社会建设作出突出贡献。

（1）以产业化为核心，大力发展农产品加工业。把发展乡村非公有制经济、发展农业产业化作为带动新农村建设重要举措，大力创办农产品加工型企业，增强农牧村“造血功能”和发展后劲。以工业化理念抓农业，充分发挥龙头企业在农牧区产业链辐射、带动、延伸作用，推动农业向集约化、产业化和规模化方向发展。要紧紧围绕农牧区“粮、畜、果、菜”四大主导产品，适应农业产业化经营需要，走“种—养—加—销—运”一条龙路子，加强“龙头企业 + 生产（种养）基地”建设，突出地方特色，发挥资源优势，使西藏非公有制经济率先在特色农业、都市农业、生态农业以及绿色产品开发和农产品深加工等取得重大突破。

（2）以适应性为前提，加快发展农村特色经济。要把发展乡村非公有制企业，壮大区域经济、推进特色经济发展作为新农村建设首要任务。要从实际出发，找准区域定位和产业特色，突出比较优势，以创办强化优势企业，做精做强精品产业为核心，突出非公有制经济高质量发展在加快发展区域特色经济中的地位与作用，不断引导非公有制企业从加工和制造业入手，承接产业转移，向着科技含量高、经济效益好、能源消耗低、环境污染小、人力资源得到充分利用的经营模式转移，使农村经济发展真正符合社会主义新农村建设要求。

（3）以工业化为基础，积极推进农村城镇化进程。要以市场为导向、以产业为依托、以科技为支撑、以精准扶贫为契机，积极推进各类非公有制企业健康发展。不断壮大非公有制企业规模与实力，大力发展民族特色经济产业，积极吸纳广大农牧民就业与创业，逐步形成具有特色优势品牌和能够推动农牧区小城镇经济快速发展产业格局。同时，要建立和完善各项社会服务基础设施与发展环境，吸引众多资金、技术、人才向小城镇聚集，形成新的、更高层次的农村城镇化和现代工业化发展格局。

（4）以项目建设为载体，加快推进经济开发步伐。本着“强区富民”原则，借助人才援藏、资金援藏、技术援藏和项目援藏的大好时机，充分发挥非公有制经济高质量发展在促进西藏全面开发与发展中的积极作用，抢抓机遇，精选项目，大力推动招商引资和做好相关政策配套与衔接，促进经济高质量发展。

3. 以经济建设为重点，促进非公有制经济结构优化。

（1）统筹发展区域经济。要全面构建以藏中部经济发展为龙头，藏东部和西部竞相发展为两翼的区域经济发展新格局。藏中部地区非公有制经济发展较快，要以提高发展水平为重点，提升优化产业结构，大力发展新兴产业和接替产业，不断加快发展步伐，加大技术改造，继续保持领先势头；昌都、林芝等藏东部地区要充分发挥资源优势，采取优惠措施，主动吸引区内外资金、技术、人才等要素，按照新型工业化要求，促进产业升级和产品更新，大力发展区域工业和特色农产品加工业；日喀则、阿里等藏西部地市要按照构建城市、县域、口岸、山区各有侧重发展新格局，重点发展和延伸传统产业，大力开发和拓展新兴产业，支持和引导非公有制经济进入医疗卫生、教育科技、金融保险、公共服务、边贸等行业，促进西藏非公有制经济产业升级和结构优化。

（2）支持发展支柱产业。坚持“传统产业新兴化、新兴产业规模化、规模产业优质化、优质产业效益化”发展方向，在巩固、提升传统优势产业的同时，要加快和促进非公有制经济发展特色支柱产业。

建材产业：大力发展优质、高效、高强、保温、防热、防水、防火、环保、节能等特点的新型建材，重点发展新型建筑墙体材料，高档墙地砖、新型板材、卫生洁具等环保材料。

特色加工业：壮大以牦牛、奶牛、藏猪、藏鸡等品种为原料的特色畜禽产品加工业，积极探索企业与农牧民合作方式，带动养殖基地建设；依托高原生态农业种植基地，加强蔬菜、花卉、马铃薯、青稞、油菜籽、牦牛肉等农产品深加工，推动种植基地建设，促进特色农牧业种植、加工产业链升级。

藏医药业：培育以虫草、藏红花、红景天、人参果、雪莲、天麻、灵芝等为原料的藏医藏药加工龙头企业，挖掘、研发和生产科技含量高、疗效好等藏药治疗与保健系列产品，支持生物医药业的发展，强化天然药物、基因工程产品的生产，提高传统中成药和化学制剂产品质量管理，下大力气进行市场开拓。

旅游产业：重点建设“行、游、住、食、购、娱”配套设施，有针对性地开发一批具有浓郁区域与民俗特色的旅游产品，积极发展非公有制旅游公司等服务组织，在提升服务质量的同时，支持发展文化旅游、生态旅游、科技旅游等现代产业。

文化产业：立足区内特色文化资源优势，培育文化实体，培育和壮大文化市场，构筑文化体系和实施西藏文化数字工程，着力培育一批文化演艺业，大力发展一批文化传媒业，择优扶持一批文化工艺业，规范完善一批文化广告业，丰富健全一批文化娱乐业，开发创新一批文化动漫业和做精做强一批民族文化业。

4. 以提升素质为根本，促进非公有制经济高质量发展。第一，扶持发展骨干企业。在一段时期内，着力培育一批技术进步、主业集中、优势突出、规模较大的企业和企业集团，形成一批具有竞争力的产业发展群体，并向“专、精、特、新”方向发展，特别是向信息技术、生物技术、新材料技术等方面发展，形成西藏非公有制经济发展重要支撑和后备力量。第二，规范健全企业制度。通过培训学习、典型引路、政策引导等途径，支持有条件的非公有制企业由个人经验管理、家族管理的方式，逐步建立产权清晰、权责明确、运行规范、管理科学的现代企业制度，支持非公有制企业与区内外国有资本、外资和其他民间资本发展混合所有制经济，积极推荐、辅导和帮助达到上市要求的非公有制企业尽早成为上市公司。第三，强化提升产品质量。要强化质量管理，提高质量服务意识，健全生产标准体系和产品质量检验、计量、检测体系，推广先进质量管理理念，组织开展全员质量管理和全面质量达标活动，不断提高产品质量，引导广大非公有制企业走“以质量求生存、以效益求发展”之路。支持非公有制企业开展 IS09000 国家标准、IS0900 系列国际标准和 IS014000 国际环境标准的认证工作。第四，普及推广科学技术。要以提高非公有制企业自主创新能力为目标，支持科研机构、大专院校与非公有制企业联合建立技术创新机构和技术服务平台，推动非公有制企业自主创新、联合创新，不断采用先进适用技术，提高技术水平，增强企业竞争力。第五，加强推进人才培训。在人力资源管理上，鼓励非公有制企业根据自身实际，探索公开招聘制、任职资格制、聘任制、试用制、末位淘汰制、竞争上岗制、全员劳动合同制、管理职务和技术职称双轨制等有效制度。对非公有制企业在职人员开展岗前及在岗培训，提高非公有制企业从业人员素质及操作技能。不断增加非公有制企业专业技术人员和较高学历人员占职工总数比重，鼓励企业员工参加在职培训和在岗学历教育，使其素质全面提升。第六，全面促进信息化建设。按照以信息化带动工业化发展要求，引导和支持非公有制企业开展自动化生产，降低成本，提高管理水平，把信息化应用到生产经营各个环节，提高企业信息化管理水平，不断拓展市场发展空间。

5. 以增强竞争力为核心，促进非公有制经济对外开放。第一，实施“引进来”发展模式。加大招商引资力度，改善投资发展环境，出台优惠政策，营造和谐社会氛围，转变政府职能和管理方式，深化行政审批制度，简化办事程序，推进政务公开，建设面向所有社会公众和市场主体的服务型政府，积极引导、支持区外各类非公有制企业在西藏落户和创业，为推动和促进西藏经济社会高质量发展添砖增瓦，并要不断加强区内外非公有制企业之间在经贸合作、人才培训，技术协作等领域的深层次交流与广泛合作，促进优势互补、互惠互利、共赢发展。

第二，推行“走出去”发展。要在树立对外开放理念的基础上，引导非公有制经济由主要依赖自然资源、传统市场转向利用外部资源和区外市场发展，支持一批实力强、产品优、特色浓、有竞争力的非公有制企业到区外市场投资发展，主动参与各种经济交流与技术合作，并注重人才、技术、土地、资源、管理等生产要素合理配置，寻找新的生存和发展空间，开发国内外市场，扩大企业竞争范围，增加企业生存和发展空间。同时，支持有条件非公有制企业通过兼并、收购、联合、参股等方式，发展成为主业突出、市场竞争力强的集团公司，开展跨国经营或境外投资，促进出口产品结构优化，提升产品国际市场占有率，以树立非公有制经济高质量发展良好形象与品牌意识。

（二）布局思路。西藏非公有制经济在中长期发展中务必着力推进产业扩展，扩充总量，优化存量，按照“提升一产、壮大二产、做强三产”的产业发展要求，大力发展旅游服务业、特色生物资源开发和农畜产品加工业、饮料行业、藏（地）毯行业、社区服务业、中介服务业、物流业、网络服务业等行业的生产和经营，促进非公有制经济规模不断壮大。

1. 提升一产。在第一产业中，要引导非公有制企业大力发展优势农畜产品、特色畜产品养殖、种植企业。以市场为导向，以科技为支撑，以资源为依托，以效益为中心，以发展农牧区合作企业为载体，以农牧民增收为目标，加快推进农畜产品基地建设，树立品牌意识，引进优良品种，实现绿色种养。加大农牧业科技的研发、转化、应用和普及力度，健全公益性农牧业技术推广体系，发展现代种植业，提高农牧业机械化水平。

（1）产业化种植业。产业化种植的非公有制企业，要把无公害标准化生产作为重点，制定完善栽培标准，围绕市场需求，加快品种结构调整，大力生产绿色产品，提高产品品质，加大科研投资力度，选育出适合西藏大规模种植的专用型品种，实现品种的专用化、优质化、多样化。继续实施提高粮油单产行动计划，稳定播种面积，优化品种结构，实行科学种田，切实保护粮食综合生产能力。加大农牧业综合开发力度，集中发展青稞、油菜、马铃薯等大宗商品，推进蔬菜、水果、花卉等产品集约化、标准化、设施化生产，因地制宜发展特色产业和一村一品。大力创建和保护品牌，以高原特色品牌来统一整合周边地区生产。重点抓好拉萨市以及以各地市党政机构所在地为中心的蔬菜种植基地、年楚河流域和尼洋河流域粮食主产区、马铃薯、油菜、苹果、核桃、大蒜基地等建设项目。

（2）产业化养殖业。产业化养殖的非公有制企业要实施良种工程，推广“五良”配套技术（良种、良舍、良料、良法、良医），加强动物防疫体系建设，提高防疫水平，注重培育品牌，全面贯彻农业部无公害农产品生产标准，推广和普及标准化生产技术，加快发展绿色和有机养殖产品。加大规模畜禽场粪污综合治理利用力度，使养殖业生产符合生态环境建设要求。加大资金整合力度，采取集中投入、规模经营方式，在条件适宜的地方培育一批“提升一产”示范县、示范乡镇和示范村，培养一批科学种植养殖示范户。大力发展农畜产品加工业，延伸产业链，提高附加值。抓好繁育，逐步建立产供销一体化优质安全肉制品生产基地。重点抓好拉萨及各地市政府所在地奶牛、藏东北牦牛、藏西北绒山羊、林芝藏猪、农区拉萨白鸡等养殖基地项目。

2. 壮大二产。工业是“十四五”规划期间做精做强和转变发展方式为重点，非公有制企业应当以引进、重组、改造、提高为方针，围绕“壮大二产”，着力提升工业发展水平，积极发展生物工程、藏药材研发、新材料等高新技术产业，并用高新技术和先进适用技术改造传统产业，淘汰一批落后的生产工艺和产品，关闭一批高能耗、高污染、低效益企业，优化产业结构、行业结构和产品结构。

（1）农畜产品和林下产品加工业。非公有制企业在农产品加工业领域，要充分发挥资源优势，加快建设规模大、高起点、外向型、多形式辐射面较广、带动力较强、市场占有率较高、经济效益较好的产业化龙头企业群，延长农牧业产业链条，提高农牧林产品附加值。虫草加工业要向高精尖、高附加值方向发展，并加大半野生规模化种植。青稞加工业要依托农业产业化龙头企业，逐步建立科学产前管理、产后处理、加工、销售一条龙青稞产业体系，抓好绿色、无污染基地建设。高原牦牛、绵羊肉制品、乳制品加工业要大力调整产品结构，狠抓肉、鲜奶和乳制品质量，研究不同市场的不同消费需求，根据年龄结构、职业结构、消费方式等因素开发新产品。建立稳定奶源基地，抓好牦牛、绵羊肉加工生产线扩建，加工鲜奶生产线扩建、乳制品扩建项目。利用好高原特色山羊绒，开发特色产品。食品加工业要采用先进真空包装及生物防腐技术，大力发展安全食品、保健食品、保鲜食品。啤酒饮料业要加快结构调整和优化，继续开发不同类型、不同风味特点的啤酒。重点抓好拉萨啤酒、藏缘青稞酒项目。充分利用高原矿泉水资源优势，组建西藏矿泉水集团。利用好各种林下资源，开发木本油料和绿色食品，大力发展特色经济林产业。

（2）建材业。根据绿色发展理念要求，支持非公有制企业坚持“调整结构、淘汰落后”原则，逐步淘汰小型水泥生产线，大力推广新型干法窑生产技术。坚决淘汰实心粘土砖，推广以各种轻质板材、空心砌块、非粘土砖、优质石料为主的新型墙体材料，采用先进技术，开发新产品。支持整合组建水泥集团，发展生产高标号水泥。大力发展新型建材。抓好重点新型干法水泥生产线和建材建设项目，切实淘汰落后产能。

（3）矿产业。根据中央确定的西藏是“我国重要的矿产资源战略储备基地”的根本要求，合理有序开发优势矿产资源。加强地质勘查工作，摸清矿产资源家底，推进重要战略资源储备基地形成。建设藏中、藏东地区有色金属及铬铁矿产业基地和藏西盐湖资源开发等基地。

（4）藏药业。支持非公有制企业加强藏医药教育、研究、医疗制剂领域的传承体系建设，完善藏医药从业人员培育机制，支持多学科多领域交叉学习，着力培养复合型人才。积极引进区外及国外先进技术和关键设备，采用现代科技先进成果和方法，支持藏药创新性研究，做好藏药材种植研究和藏药材 GAP 基地建设、藏药制剂工艺技术难题攻关、藏药质量分析控制与评价标准体系建设、藏药临床疗效验证研究与安全性评价，培养一批藏药大品牌。抓住国家支持研制和生产新药契机，抓紧研制和引进国家新药，搜集整理民间藏医药方剂，优化藏医药生产品种结构，加快发展化学原料药、生物制品药。大力推进藏药产业化和规模化发展，重点发展中成药胶囊、片剂、针剂、颗粒剂等新剂型，开发藏药浴新品种。引导、帮助有条件企业完成 GMP 改造，提高市场竞争力。重点抓好奇正藏药、宇妥藏药等代表性藏药集团化建设项目，加大与国际藏药企业合作与交流。

（5）能源业。西藏水能和太阳能资源十分丰富，具有明显的区位优势。按照“就地发电、就地供电、就地成网，以电网发展引导电源发展”原则。支持非公有制企业发展小水电、风力、太阳能发电等清洁能源，非公有电力开发企业电力上网电价按西藏自治区价格部门制订的上网电价予以结算。主电网覆盖范围内的电源发展要兼顾生态保护、水资源保护、文物保护等，符合流域发展、西藏电力、电网发展规划。

（6）家具制造业。以藏式家具制造、民族编制、服饰、民族首饰、宗教文化用品加工等为代表。藏式家具制造企业要发展个性化产品，实行差异化经营。非公有制企业要大力发展绿色环保家具，以适应家具企业用质优和绿色环保作为双重卖点进行市场重新洗牌。加快家具样式、风格的更新周期，生产不同文化、不同流派的现代化家具。优先发展品牌专卖店，进行形象经营。创新发展个性化服务，为消费者定制个性化产品。配合家具下乡工程，重点抓好拉萨家具园等建设项目。民族编制企业要积极引进高新技术装备和先进技术，发展高档藏式挂毯及高档地毯、帐篷等，应用高效、短流程、自动化印染技术及工艺。强化创牌意识，提高深加工水平。藏式服装企业要引进先进的数字化技术、设备，提高产品内在技术含量，使西藏产品内在价值得到提升和广泛认可。将经营重点逐渐转向设计创新、品牌建设、形象包装等。创建一批具有国内影响的知名企业，培育一批知名品牌。

（8）建筑业。支持非公有制企业抓住农牧区城镇化、西部大开发和“一带一路”倡议建设的契机，积极拓展建筑发展空间，增强对外工程承包能力，严格执行建筑节能50%的标准。一是以房地产业为龙头，以建筑业为主体，带动建材业、装饰业、装潢业、家具业发展，组建开发建设、销售、管理等企业构成的产业链；二是要更新设备，重点引进一些国际国内先进设备，从硬件上提高企业建设能力；三是实行外向型发展，走出区门，积极参与国内建筑、土建市场的竞争；四是加快体制机制创新，实行现代化管理，提高工程质量，创建精品工程，适应国内国际两个市场发展需要；五是抓好西藏特色建筑的传承。

3．做强三产。做强三产是自治区的规划要求，是扩大就业、优化产业结构、促进经济社会协调发展切实举措。非公有制企业要围绕建设服务产业强区，着力提高第三产业发展档次，要大力发展金融、保险、物流、信息和法律服务等现代服务业，积极发展旅游、文化、娱乐、休闲、体育、快递、金融等需求潜力大的行业，运用现代经营方式和信息技术提升传统服务业，坚持市场化、产业化、社会化发展方向。

（1）旅游服务业。加强旅游景区基础设施和应急救援能力建设，加快实施拉萨历史文化旅游中心和林芝生态森林旅游中心、唐蕃古道轴和茶马古道轴、东西南北四条环线、七个以各地市政府机构所在地城镇和精品旅游景区为中心特色鲜明的旅游区建设，大力发展乡村旅游、观光旅游，重点发展度假休闲旅游，加快发展文化和生态等特色旅游，提高旅游业的带动作用和综合效益，加快建设重要的世界旅游目的地，提高非公有制企业在旅游行业中的参与度。

（2）现代物流业。围绕拉萨市、日喀则市及那曲交通枢纽的优势做好文章，提升城市消费水平，积极发展以连锁经营、物流配送、电子商务为代表的现代流通方式，建立健全商业网点体系。推广以供应链管理技术为核心的物流服务方式，提高运输、仓储、装卸、加工、整理、配送效率。加快发展大中型食品超市、连锁店、专卖店、便利店等方便居民生活的现代流通企业，加快促进家电、电脑、汽车、图书、石油等行业的品牌连锁、专营连锁。建立完善管理信息系统、客户关系管理系统、企业资源计划系统等商业智能体系，探索传统零售方式与电子商务相结合模式，逐步提高网上交易比例。重点抓好各地市物流中心和重点口岸物流园区建设项目。

（3）文化产业。着力发展特色文化产业，重点发展文化创意、文化旅游、影视制作、演艺娱乐、出版发行、民族手工艺、高原极限运动等特色文化产业。依托国内外文化展会，形成全方位、多层次、宽领域人文景观商标注册与保护，积极开展具有文化知识产权的中国驰名商标和西藏自治区著名商标推荐认定工作，打造出具有西藏特点的文化产业品牌。加强文化遗产和古迹普查、保护和传承，编制文化保护规划，建设非物质文化遗产博物馆。继续实施重点文物保护维修工程，加大重要历史和革命文物保护利用力度，加快构建重要中华民族特色文化保护地。加快发展特色文化产业，促进文化资源优势向文化产业优势转变。推进文化体制改革方向，坚持“创新体制、转换机制、面向市场、壮大实力”改革方向，培养和扶持重点文化产业，组建文化产业集团，推动文化改革创新。把文化产业作为新兴产业，积极推动文化产业与国民经济各领域各行业融合，大力推动文化与旅游相结合，打造各类文化旅游品牌，提升旅游文化品位。促进文化与科技、金融、生态、特色产业有机结合，培育特色产业文化品格，提升特色产业和产品文化附加值。实施文化产业“标准化战略”，制订文化旅游资源的等级标准和保护、使用、合作办法，制订文化工艺品制作生产鉴评标准。实施重大文化产业项目带动，建设民族文化产业发展园区、文化传播基地和“一江两河”民族文化产业带等重点文化产业项目。建设文化产业项目库，挖掘自然和人文资源，进行“一县一业”“一乡一品”小规模、大群体开发，选择一批特色鲜明、前景良好、具备实施条件的重点项目给予政策和资金支持。同时，建立和完善现代化文化市场体系，加快发展文化产业。

（4）批发和零售业。要利用做精做专市场的契机，加快发展现代商贸物流业。加快建设集散能力强、辐射范围广、交易规模大、管理水平高的特色专业市场和物流配送中心。有序发展仓储式超市、连锁超市、便利店、网店等现代零售业，支持发展社区商业便民店、特色店、专业店，着力提升聚集、辐射功能。重点抓好名特优产品进入波特货栈工作。

（5）住宿及餐饮业。提倡和支持酒店实现办公自动化、数字化、标准化。强化标准化、规范化服务，发展星级饭店。支持各类酒店积极参加评星活动，实现酒店功能多样化，增加酒店行业会议、商务、度假接待功能。组织饭店餐饮企业参与各种形式的促销和餐饮文化交流活动。大力发展连锁经营，壮大竞争实力。建立一批有影响的地方品牌餐饮连锁企业。积极推进餐饮业技术创新、管理创新、营销创新、菜品创新和服务创新，改善环境卫生，强化饮食安全。重点抓好国内外知名酒店进驻西藏、开发藏式特色餐饮等项目建设。

（6）房地产业。房地产业在西藏经济的比重越来越大，其前后关联与带动效应强大。要以拉萨市中长期城市发展和国家对房地产业的宏观调控为导向，加大房地产业结构性调整，强化行业诚信自律，加大行业监管与规范，积极引进国内外知名房地产开发企业进入拉萨房地产业，扶持一批具有发展潜力的优秀房地产开发企业。促进房地产业健康有序发展，有效带动与之相关联的上下游产业发展，使之较好地服务于城镇化和小康社会建设。

（7）金融服务业。围绕提升金融业整体水平和完善金融体系，重点引进金融业法人机构和基金管理公司等非银行金融机构，不断适应经济社会发展对金融服务多样化的要求。继续推进政府职能转变，大力优化金融环境。推进全社会诚信文化建设。按照“完善法规、特许经营、商业运作、专业服务”方向，加快建立和完善企业和个人信用服务体系，建立信用监督和失信惩戒制度。健全非公、中小企业信用担保体系，形成商业银行和担保机构“收益共享、风险共担”机制，通过金融控股公司和其他适合国情的综合经营组织形式，提高金融企业经营能力和竞争实力。

（8）中介服务业。拓展和发展律师、会计、项目策划、财务顾问、并购重组、上市等投资与资产管理服务。支持发展市场调查、工程咨询、管理咨询、资信服务等咨询服务。积极培育企业化经营、规范化管理、社会化服务的中介服务机构。支持中介服务机构加强联合，壮大实力，形成具有一定规模和咨询力量的顾问队伍及智力服务网络，满足企业和社会多样化信息、咨询、管理等需求。建成符合市场经济和国际通行规则、功能完备、公正执业、管理规范、高度自律中介服务体系。

（9）信息产业。随着国家强力推动互联网＋工程的进展，网络服务业必将是未来经济信息化的重要行业支撑。在理性分析网络功能、网络与经济关系基础上，让非公有制经济在此领域投资，充分发挥网络技术对企业管理和市场营销作用，促进网络技术与经济有机结合，使网络服务业成为生产企业提高市场竞争力、拓展发展空间的有限途径。

（10）社区服务业。遵循市场经济规律将市场化、产业化、商品化、信息化和网络化作为社区服务业发展方向，逐步形成便民服务、资源调配、信息交换、中介服务统一管理的区、街、居三个层次的较为完善的社区服务型经济体系。根据社区服务业的服务对象、服务内容以及服务最终目的等方面的差异，把社区服务业分为事业和产业两大块，按照“政府扶持，市场运作，行业管理”方针，探索适合西藏实际的社区服务业运作方式，大力发展多种经济成分并存的社区服务实体，广泛吸纳社会各方资源，支持民办企业及个人以资金、房产、设备、技术、信息、劳务等形式投入社区服务，积极安排下岗、失业人员就业，开展就业培训、职业介绍和享受社会保障待遇人员的社会化管理服务，实现社区服务事业由政府主办向市场化转变。同时，逐步完善街道居委会管理、服务功能，探索街道工作社区化、社区工作社会化有效途径，培育和建立功能完善、服务规范的工作运行机制，加强社区劳动力市场和信息化平台建设，以项目为载体，推动社区服务整体水平提高。着重发展快餐配送业、家庭服务、维修服务、接送服务、幼儿服务、养老服务、保健服务、文娱服务等兼有社会福利的社区综合服务中心。大力发展为社区就业提供培训的服务业，为提高从业人员素质创造条件，使社区服务业具有全面多样、优质的特点，让小区居住的人们感到幸福感。

第三节　西藏非公有制经济高质量的对策建议

一、基本措施

（一）助推措施

1．加强组织领导，支持投资创业。第一，建立支持非公有制经济高质量长效机制，把非公有制经济高质量问题纳入各级党委和政府议事日程。建立非公有制经济高质量发展统计反馈制度，及时向各级党政部门反馈非公有制经济高质量发展现状。完善非公有制经济高质量发展联席会议制度，及时研究解决非公有制经济高质量发展中出现的新情况、新问题。落实非公有制经济高质量发展目标考核责任制，明确责任部门、机构，制定长远规划，落实责任目标。形成全社会齐抓共管，共同促进非公有制经济高质量发展的好局面。第一，制定引导政策，支持投资创业。支持一切符合条件的法人、自然人和非公有制企业在西藏投资兴业。一是引导企业提高资质信誉，积极争取银行信贷资金；二是引导有条件非公有制企业积极参与国有企业改革，推进投资主体多元化；三是建立“西藏非公有制经济高质量发展专项资金”，重点对科技含量高、经济效益好、发展前景广的项目和企业进行扶持，使其真正成为新的经济增长点和财政收入的重要增长源。

2．坚持以人为本，推动科学发展。根据国家产业政策和投资重点，把发展非公有制经济作为促进西藏市场经济建设重要组成部分，以拓宽城乡居民就业渠道、增加城乡居民收入为中心任务，不断优化和合理配置资源，促进非公有制经济高质量发展。充分体现“以人为本，以才兴企”理念，采取切实可行、行之有效的措施与方法，构建引进人才、留住人才、充分发挥人才作用机制和制度体系。通过大力改善非公有制企业人文素质，促进非公有制企业决策者、管理者和劳动者水平与技能不断提高。通过加强对员工素质培训和再教育，为非公有制企业中员工成长和企业发展营造良好人才环境。

3．坚持市场主导，强化政府职能。市场经济是法制经济，也是竞争经济和信用经济；信用是企业竞争力的源泉，诚实守信能降低交易成本，进而为企业带来巨大经济效益。反之，失信则会提高社会交易成本，给企业带来重大损失。同时，诚实守信会赢得越来越多的市场份额，反之，失信则会被淘汰出局。因此，要不断加强非公有制企业诚信体系建设，培育法律意识和社会责任感，强化社会道德约束力。西藏非公有制经济诚信体系构建，主要通过信贷登记咨询、工商登记年检、税务稽查、质量认证等方式联合征集企业信用信息完成，具体包括：一是构建涵盖经营性质、经营规模、财务状况、信用等级、信用历史等内容的企业名录库；二是构建包括个人简历、经营业绩、管理水平、典型案例等内容在内的企业经营者资料库。通过非公有制经济诚信体系提供相应信息资料作为金融机构发放贷款、担保机构提供担保服务，为其他主体投融资提供依据。

4．发挥比较优势，培育企业实力。充分发挥自然资源优势、政策优势和人文资源优势，大力发展劳动密集型和资源深加工型产业，重点发展农产品加工业和民族手工业，不断提升乡土产品的科技含量，促进非公有制经济竞争力与创新力不断提高。一是坚持把引进先进技术与消化、吸收、创新有机结合起来，提高区内非公有制企业自我创新能力。从短期看，重点做好非公有制企业技术引进工作，解决企业技术不足问题。从长远来看，重点是不断加强企业研发能力，引进先进技术基础，形成独具地方特色的适用性技术，夯实非公有制企业技术基础，以发挥比较优势和提升核心竞争力。二是全面提升非公有制经济高质量发展的产业层次与档次。重点是要立足西藏特色资源优势，围绕“一乡一业、一村一品”战略，重点发展建材、藏医药、农产品加工、民族手工业、民族文化业和特色旅游业等支撑产业，找准合适产业链定位，变资源优势为经济优势，加速非公有制经济高质量发展。三是根据非公有制企业发展趋势和现状，结合不同产业性质与产品特点，捕捉市场机遇，引导非公有制企业集约化、集团化经营，做强优势、做足特色，向“精、深、强、大”四个方面发展。四是利用现行政策和有利时机，向基础设施建设、新农村建设、交通能源建设和现代信息服务等领域突进。五是本着资源条件和民族区域特色，向品牌优势发展，不断加强非公有制企业分工协作，以品牌效应实现生产要素和市场份额的集聚与整合，培育和壮大一批具有较高知名度、较强竞争力、较好发展潜力的非公有制企业。

5. 坚持因地制宜，实施分类指导。在非公有制经济高质量发展尚处在起步阶段的地市，应以壮大非公有制经济规模为主，在数量扩张基础上寻求质量提升、结构优化；在非公有制经济高质量发展已有较好基础的地市，应以提高非公有制经济质量为主，在提高质量基础上谋求数量规模扩张。各地市要根据自身的资源优势和发展现状，坚持经营管理与发展模式创新，确定主导产业和重点产品。主要包括：首先，通过建立健全监督制度，逐渐把企业从人治转向法治，推动管理模式创新。其次，通过建立合理分配制度和规范劳动用工制度，充分调动各层次人员积极性，形成非公有制企业内部相互依存的利益共同体，推动管理机制创新。再次，综合使用制度、法律等等规范管理制度，推动管理制度创新。

6. 改善经营管理，优化产权结构。如前所述，现阶段西藏非公有制企业大多采用家族式治理结构，这种治理结构在非公有制企业发展的初级阶段，对于非公有制企业抢抓机遇、灵活经营、提高效率发挥不可替代作用。但是，随着市场化程度不断提高、市场竞争不断加剧、信息技术加速向生产和营销领域融合，以前种治理结构以经验决策代替科学决策，人治高于法治，管理层集“策划、决策、执行、监督”于一体的弊端越来越难以适应市场经济发展的要求。因此，必须通过在西藏非公有制企业中构建和推广现代企业制度，以期尽快解决家族式管理模式的弊端。

在非公有制企业构建现代企业制度的重点是实现产权明晰、决策科学。为此，一要通过推行股份化、合作化改革，加快构建适合非公有制企业的多元化产权结构，克服一元化产权结构存在的决策科学化程度不高、风险分散社会化程度不高、投资主体多元化程度不高的问题，加快推进一元产权结构向着产权多元化方向发展。二要加快非公有制企业资产重组步伐。随着市场经济的发展，企业间的资产重组、整合已经成为一种经营潮流和趋势。非公有制企业要转化观念适应这一趋势，坚持优势互补、资源共享、共同发展、灵活多样的基本原则。根据不同企业资产的可融性、互补性和共赢性等特点，积极引导非公有制企业产权流动和重组整合，充分挖掘企业资源潜力，调动企业优势资源，提高非公有制企业核心竞争力。三要注重培育先进企业文化。企业文化是企业行为的精髓，包括企业的核心价值观、经营理念、企业精神、企业制度、企业创新。培育先进企业文化就是要立足非公有制企业实际，构建既符合市场规律，又符合社会主义核心价值观要求，并能充分体现非公有制企业特点和为全体员工认同的文化体系，构建先进企业文化引导、服务于企业发展壮大，丰富企业文化内涵的良性机制。

7. 制定优惠政策，助推跨越发展

（1）财税政策。一是财政扶持、税收优惠。在坚持财政投资为主导的基础上，拓宽投资渠道，加大对非公有制企业全方位、多渠道资金投入，重点扶持影响大、投资少、见效快、收益好的新兴产业和示范项目。对尚处于创业阶段的非公有制中小企业要给予一定税收支持；对基础设施、基础产业和公益性事业，要通过收费补偿机制或财政补贴，吸引非公有制中小企业进入；技改贴息应当对非公有制企业一视同仁，实行结构性减税政策。对国家支持非公有制中小企业项目，在投资税收抵扣和减免、成本摊提等方面应实行与国有投资相同待遇。二是区别对待、择优扶持。对一些关系生态环境保护和经济发展、社会进步、民生改善的非公有制企业及重大公益性项目，财政资金应予倾斜，政策应更多向广大农牧区和边远地区倾斜，以推进社会公共事业大发展和生态环境系统良性循环。支持企业规模化、品牌化经营，可设立专业化产业投资基金，支持非公有制企业并购、重组。三是落实政策、积极带动。在中央召开的六次西藏工作座谈会上，习近平总书记强调指出：依法治藏、富民兴藏、长期建藏、凝聚人心、夯实基础，是党的十八大后党中央提出的西藏工作重要原则。依法治藏，就是要维护宪法法律权威，坚持法律面前人人平等；富民兴藏，就是要把增进各族群众福祉作为兴藏的基本出发点和落脚点，紧紧围绕民族团结和民生改善推动经济发展、促进社会全面进步，让各族群众更好共享改革发展成果；长期建藏，就是要坚持慎重稳进方针，一切工作从长计议，一切措施具有可持续性；凝聚人心，就是要把物质力量和精神力量结合起来，把人心和力量凝聚到实现“两个一百年”奋斗目标、实现中华民族伟大复兴的中国梦上来。应当根据习近平总书记的系列重要讲话精神要求，科学筹划，合理确定，全面落实各项优惠政策，以保障民族团结、紧抓发展和维稳为主题，不断改善民生和确保长治久安为出发点，大力促进经济建设。在西藏税收政策范围内，应结合实际，出台落实流转税、财产税、行为税和所得税等各项税收减免、缓征优惠政策，促进地方经济发展和壮大非公有制经济高质量发展基础。四是促进就业、全面发展。第一，对于未就业大学毕业生自主创业，除继续执行现有扶持政策外，可对其从事非公有制经济10年内免征个人所得税；第二，对于城市下岗职工从事非公有制经济应由政府提供全面就业与上岗培训、全面落实个人所得税减免等优惠政策；第三，对于个体工商户用于提高自身生活水平和子女文化教育的支出，在计征相关税费时予以抵扣；第四，对于非公有制企业吸纳下岗职工、接纳失地农牧民、解决残疾人就业和从事社会福利救助活动以及提高本企业员工文化技能的支出，在征收企业所得税时，允许从其应税所得中扣除。第五，对吸纳下岗、失地人员数量较多的非公有制企业，可以按照其吸纳人数比例给予财政补贴或税收返还。

（2）金融政策。要抓住中央保持对西藏特殊优惠政策的连续性和稳定性，加大政策支持和资金投入力度的良好契机，加大金融支持力度，继续维持西藏金融机构优惠贷款利率和利差补贴等政策。一是西藏上下应结合各地实际，用足、用好中央赋予的各项金融优惠政策，充分挖掘政策红利，促进非公有制经济高质量发展。二是健全各级金融机构体系，规范区内资本市场，为非公有制经济高质量发展进行合理融资和改善经营服务提供有力保障。建议西藏银行应根据自身的功能地位与职责，不断发展壮大，为往后能有更多的西藏金融机构发展壮大而积累经验，探索路径。三是结合西藏特殊保险政策，开发与西藏非公有制经济高质量发展相对应的险种。重点发展与特色旅游业相关的旅游保险、意外伤害保险、旅游企业保险、旅游车辆保险和旅游设施保险。四是针对扶贫性金融配套措施缺乏的问题，深入贯彻小额农信贷政策，将小额农信贷发放与非公有制经济高质量发展结合起来，对于具有发展潜力的非公有制企业适当发放小额农信贷。五是设立小额贷款担保基金，结合各地市实际，出台小额担保贷款财政贴息管理办法，配套小额担保贷款激励措施，扶持非公有制经济高质量发展。

（3）土地政策。严格执行国家的土地法规与政策，严格执行国家关于国土功能区划的原则精神要求，合理开发和利用西藏的土地资源，走可持续土地利用之路，促进非公有制经济高质量发展。一是改革和完善现有土地政策，简化土地使用审批手续，对于非公有制经济用地要科学规划、合理安排、积极引导，统筹使用；二是完善《西藏自治区关于招商引资的补充规定》中有关支持产业发展的优惠土地政策，降低非公有制经济用地基准价，免收土地管理、登记和评估费，加大对边远山区和落后地区非公有制企业用地支持；三是落实差别地价政策。对公益性行业产业，在国家土地政策和用地规划范围内，实行政府行政划拨，以扶持这些产业发展；对半公益、半盈利性行业产业，用地可以按照低于市场价格一定比例或一定幅度收取出让金；对于竞争力大、盈利性好的行业和产业，用地实行竞价拍卖，收取土地出让金用以建立统一土地储备基金，扶持非公有制经济高质量发展。

（4）投资政策。在继续执行并不断完善现有财政优惠政策的基础上，加大专项转移支付力度。一是继续利用好中央及兄弟省市的援助，加大非公有制经济投资力度；二是广开渠道，加大民间资金、社会资本对非公有制经济投资支持；三是结合国家产业促进政策，通过优惠措施吸引非公有制经济投资支撑产业；四是完善投融资机制，不断提高非公有制企业的投资效益。

8. 合理利用资源，走可持续发展之路。坚持绿色发展理念，坚决按照“减量化、再利用、高效化”原则，有效引导非公有制企业加快向优势区域聚集，有效降低污染程度，扶持资源节约型与环境友好型非公有制企业发展。为此，首先，要提升非公有制企业的生态环保意识，增强非公有制企业投入生态环境建设的历史使命感和责任感，把企业生存发展与资源合理利用及可持续发展有机结合起来，促进非公有制企业健康发展。其次，要培养非公有制企业充分运用国家产业政策，引导非公有制企业准确定位、开展定性分析和前瞻预测，制定科学可行的环保产品开拓。再次，发挥非公有制企业充分利用“两个市场”和“两种资源”的能力，引导它们在更广阔的领域和地域配置生产要素，拓展发展空间。

（二）服务措施

1. 加强基层党建工作。各级党组织要积极引导非公有制企业根据企业规模、党员人员建立党委和党组，指导行业商会、异地商会、基层商会、小企业等建立党支部。通过加强非公有制党建工作，推动非公有制经济健康发展和非公有制经济人士健康成长。

2. 持续推进工商联工作。工商联是中国共产党领导的以非公有制企业和非公有制人士为主体的人民团体和商会组织，是党和政府联系非公有制经济人士的桥梁纽带，是政府管理和服务非公有制经济的助手，在我国经济、政治、文化、社会生活中有着重要影响，在促进非公有制经济高质量发展、引导非公有制经济人士健康成长中具有不可替代的作用。各级党政部门要充分发挥工商联职能，利用工商联平台、整合社会资源，为非公有制经济提供服务。按照中央提出的工商联要发挥好“五个作用”（即一抓调研、二抓引导、三抓服务、四抓协调、五抓组织）和习近平总书记在2018年11月初在全国非公有制企业座谈会上对非公有制企业和企业家所提出的希望与要求。（希望广大非公有制经济人士加强自我学习、自我教育、自我提升。非公有制企业家要珍视自身的社会形象，热爱祖国、热爱人民、热爱中国共产党，践行社会主义核心价值观，弘扬企业家精神，做爱国敬业、守法经营、创业创新、回报社会的典范。非公有制企业家要讲正气、走正道，做到聚精会神办企业、遵纪守法搞经营，在合法合规中提高企业竞争能力。守法经营，这是任何企业都必须遵守的原则，也是长远发展之道。要练好企业内功，特别是要提高经营能力、管理水平，完善法人治理结构，支持有条件的非公有制企业建立现代企业制度。新一代非公有制企业家要继承和发扬老一辈人艰苦奋斗、敢闯敢干、聚焦实业、做精主业的精神，把企业做强做优。非公有制企业还要拓展国际视野，增强创新能力和核心竞争力，形成更多具有全球竞争力的世界一流企业。），在认真贯彻落实《中共中央、国务院关于加强和改进新形势下工商联工作的意见》以及《中共西藏自治区委员会、西藏自治区人民政府关于加强和改进新时期工商联工作的实施意见》精神基础上，切实加强工商联组织建设，充分发挥工商联在非公有制经济人士思想政治工作中的引导作用，充分发挥工商联在非公有制经济人士参与国家政治生活和社会事务的作用，充分发挥工商联在政府管理和服务非公有制经济中的助手作用，充分发挥工商联在行业协会商会改革发展中的促进作用，充分发挥工商联在构建和谐劳动关系中的积极作用，充分发挥工商联在维护稳定中的独特作用。通过工商联各级组织的桥梁纽带作用，集中反馈非公有制经济高质量发展存在问题，通过工商联平台广泛听取广大非公有制经济人士意见、建议、诉求与呼声，传达贯彻党的路线方针政策。通过建立健全非公有制经济高质量发展联席会议制、政企对话制、银企对话制，畅通与广大非公有制经济人士联系渠道。

3. 促进实体经济发展。一是要大力培植新的经济增长点，形成一批“铺天盖地”的中小企业产业集群，不断壮大非公有制经济实力。二是对具有品牌优势和特色资源优势的非公有制企业，引导他们按照社会化大生产要求，实行专业分工与协作，加速品牌提升和资本聚集，形成一批骨干龙头企业集团，使其成为带动区域经济发展的“航空母舰”，实现由单体型企业向产权多元化混合型企业转变。

4. 强化社会责任。一是培育广大非公有制经济人士爱国报国责任意识、大局意识、奉献意识和担当意识，引导他们在实现自我价值的同时，致富不忘国家，把报效祖国、造福社会作为义不容辞的责任，把企业发展与国家民族振兴有机结合起来。二是培育广大非公有制经济界人士的企业责任意识，注重企业发展质量，提高自主创新能力，把企业做好做强做精。三是培育广大非公有制经济界人士诚信守法责任，增强诚信守法意识，以正确处理劳动关系为重点，以支持企业党组织建设、工会建设和企业文化建设为保障，维护员工合法权益，构建和谐与融洽的劳动关系。四是培育广大非公有制经济界人士道德自律责任，加强思想修养，提高精神境界，保持积极向上、情趣健康的生活方式，形成与社会主义市场经济相适应的价值观念和行为准则。五是培育广大非公有制经济界人士公益慈善责任，积极投身先富帮后富、实现共同富裕目标，积极参与光彩事业等各种社会公益慈善事业，在促进社会和谐中作出积极贡献。

5. 加强商会建设。通过组建行业商会、基层商会并开展活动，加强非公有制经济行业内部联系，规范行业内部竞争行为，实现行业自律，并开展行业内部技术改造，经济技术协作和自我服务。

6. 展创业辅导、筹资融资、市场开拓、技术支持、认证认可、信息服务、管理咨询、人才培训等各类社会中介服务组织，本着“有限管理，无限服务”原则，为非公有制经济高质量发展创造宽松、和谐的良好外部环境与人文氛围。

（三）投入措施

1. 加大科技投入。支持非公有制企业利用信息化和先进技术改造提升传统产业，促进产业结构优化升级。一是把提高自主创新能力与引进创新相结合，形成一批拥有自主知识产权的核心技术和产品，加大新产品研制开发力度，加快产品升级换代步伐，培育发展新材料、新能源、新技术等高新产业。二是支持、引导非公有制企业建立研发中心，加强与高校和科研单位的交流、合作，形成多层次、多形式技术开发体系。三是采取贷款贴息、补助资金和风险投资，重点支持非公有制科技企业技术创新和科技成果转化。

2. 加快体制改革和机制创新。一要尽快建立非公有制经济高质量发展观、公平公正评价体系和配套激励措施。对实力强、贡献大、后劲足、前景好的优秀非公有制企业给予客观评价和激励，加大政策倾斜和支持力度，以促进西藏非公有制经济高质量发展。二要建立非公有制企业发展风险预测咨询机构，加强对非公有制企业在投资、资本运作、项目策划等方面的超前指导和咨询服务。对规模大、发展快的非公有制企业给予高度关注并及时予以提醒与警示，将非公有制企业因投资决策和经营失误可能造成的风险降到最低。

3. 强化特色发展引导。根据国家产业政策和发展趋势，立足西藏特色资源优势和非公有制经济高质量发展现状，大力培植特色产业和优势品牌，促其迅速扩张总量，提升企业市场竞争力和国际化进程。一是开拓特色产品销售市场，引导特色企业和加工户开展联合经营，大力发展多类型合作组织，解决特色产业生产原料供应、技术指导、市场营销问题；二是扶持和引导一批具有一定规模、符合国家产业政策、体现西藏区域特色、市场前景看好的非公有制高新技术企业创名牌、上档次、争市场。

4. 提速园区建设。以主导产业和龙头企业为支撑，依托区位、资源和基础优势，形成区域特色突出、功能定位明确的产业聚集园区。一是完善基础设施，提高配套功能。采取多种形式、多种渠道、多元主体投资进园，加大基础设施建设力度，提升载体功能和集聚能力，吸引更多非公有制企业落户工业园区。二是发挥园区集聚功能，推动产业集群发展。注重引进投资强度大、技术含量高、产业带动作用明显的企业与项目。以产业链为基础，加速产业集聚，优化产业生态环境，培育特色突出的产业集群，形成新型园区产业格局。三是增强服务功能，创新管理体制。加快机制、管理和科技创新步伐，实现工业园区由政策优势向机制优势、产业优势、环境优势转变。加强软环境建设，形成园区聚集生产要素的“洼地效应”。

二、近期措施

习近平总书记在非公有制企业座谈会上的讲话为新时代西藏非公有制经济高质量发展和非公有制企业发展改革指明了方向、绘制了蓝图。西藏必须立足以习近平总书记在非公有制企业座谈会上的讲话为指引加快西藏非公有制企业发展改革，营造西藏国有企业改革发展与非公有制企业改革发展齐头并进，协调发展的以民促国、以国推民的发展改革格局。为此加快西藏非公有制企业发展改革必须立足减轻税费负担、解决非公有制企业融资难融资贵问题、营造公平竞争环境、完善政策执行方式、构建亲清新型政商关系、保护企业家人身和财产安全六大问题，做好以下工作。

（一）优化发展环境。优化发展环境，为非公有制企业发展改革提供有力支持。一要规范资产评估、政府招投标管理秩序，坚决治理漫天要价、暗箱操作等不正当竞争行为。二要推进“放、管、服”制度改革，放宽非公有制企业在工商登记、产权登记等方面的权限，切实给予非公有制企业减税降费。三要强化专业人员培训，坚持“引进来”和“走出去”相结合，不断提升非公有制企业专业人员技能。四要积极落实各项扶持政策。对非公有制企业参与国有企业改革重组、清产核资、资产评估、财务审计、产权界定等给予资金支持。五要切实帮助非公有制企业创造宽松融资环境。积极挖掘金融投资领域的潜力，放宽非公有制企业融资条件；帮助优秀非公有制企业通过主板、中小板、创业板上市融资。

（二）优化产业发展。深挖特色、做足优势，依托供给侧结构性改革是西藏非公有制企业增量提质增效的保障。由于西藏非公有制企业发展存在较为严重的总量不足和分布不均问题。这就需要西藏各级党委、政府必须在特色上下功夫、在优势上做文章，依托供给侧结构性改革特别是补短板工作重点，加快实现西藏非公有制企业在数量上稳中有增、规模再上台阶，在质量上实现跨越，在效益上实现突破。具体而言就是要在：深挖拉萨旅游资源富集、交通便利、信息集中、资本集约、物流优势，支持非公有制企业积极投身旅游业、大力促进城市服务业、有序投身宾馆餐饮住宿业，加大对于创新创业型第三产业的扶持，全力打造围绕拉萨核心区的、以第三产业为核心的、在拉萨起到标杆作用的非公有制经济高质量发展区。支持西藏非公有制企业投身物流仓储业、近郊加工业。支持西藏非公有制企业投身特色产业，采取多种形式，打造特色产业的混合所有制典范。大力扶持西藏非公有制企业的产业协会，采取合作社、公司制等多种形式，做精优势品牌。支持西藏非公有制企业投身饲草养殖等产业。支持西藏非公有制企业投身优势资源开发加工业、光伏发电业。支持西藏非公有制企业在园区投资落户，兴办实体经济，规范注册型实体。支持西藏非公有制企业投身特色农产品加工业、现代物流业、传统艺术品加工业。实现西藏非公有制企业增量提质增效目标。

（三）分类推进补短板。分类扶持、协调推进，通过补齐短板是促进新时代西藏非公有制企业加快发展的关键。顺应企业分类改革潮流，支持西藏非公有制企业投资于国有企业改革发展，通过补齐短板，构建以西藏国有企业为主导的混合所有制企业，实现西藏国有企业与非公有制企业抱团取暖。通过重点扶持非公有制企业采用现代种植加工技术，扶持非公有制企业使用高精尖机器设备，扶持科技型非公有制企业建设，扶持虫草等高价值产品深加工工艺开发和科学研究，扶持青稞高价值成分提取和应用，扶持油菜脱酸新技术应用，扶持行业协会制定行业标准，实现科技补短板；通过重点扶持特色优势产品外销平台，协调争取媒体援藏平台，扶持创新型营销平台建设，加快补齐营销短板；通过提高原材料利用率，扶持虫草、青稞、牦牛肉产品加工走高端化发展之路，加快实现相对补齐原材料短板目标；通过加强招商引资和扶持西藏企业两种方式方法，扶持新进西藏非公有制企业主动投身与现有产业相关的上下游衔接产业，补齐产业链短板；加强对第一代非公有制企业代表人士的教育，构建吸引高精尖人才、留住高精尖人才的体制机制和环境，补齐人才短板；通过加快金融创新，支持西藏非公有制企业积极投身 PPP 项目，补齐资金短板；建立起良好的产权交易平台，产权交易平台短板，打通西藏非公有制企业参与国有企业改革改制障碍。

（四）积极应对外部压力。毫无疑问，大型央企进入西藏致使激活西藏非公有制企业活力、繁荣市场发挥着重要推动作用，但由西藏特殊区情决定西藏非公有制企业体系不健全、实力不强大的先天不足，在西藏非公有制企业没有形成较强市场竞争能力情况下，大型国内央企按照市场规则迅速进入西藏市场将会对西藏非公有制企业造成很大竞争压力。当然盲目地、不加区分地对大型央企采取排挤态度一定是不正确和有悖于市场竞争的，但放任自流、对西藏非公有制企业不采取必要的保护扶持措施也是值得商榷的。调研显示，国内大型央企进入西藏使得非公有制企业面临资质弱、资金少、规模小、技术差、适应力不足的核心竞争力不足的巨大压力。研究认为，基于西藏非公有制企业的特殊定位，针对国内大型央企进入西藏后形成的巨大竞争压力应该采用扶持西藏非公有制企业，构建利益共同体的方式化解矛盾和压力。考虑到西藏非公有制企业在实施国家战略上的特殊优势，必须对于生态型、安全型非公有制企业加大扶持力度，使它们在技术上及时补足短板、在资本上稳步壮大、在营销体系上迅速健全。从而有能力与大型央企竞争，有实力和有资格与国内大型央企共建利益共同体。与此同时，还需要相关政府职能部门主动出击，从西藏特殊性上晓之以理、动之以情，使国内大型央企能在确保其经济利益和政治利益的基础上，在利益上主动向西藏非公有制企业倾斜，构建互利共赢的利益共同体。

结 束 语

非公有制经济是西藏社会主义市场经济发展的新生力量，也并将成为其主体力量。是党中央改革开放重大决策催化和发展壮大起来的一支生力军，是构成西藏地方国民经济的重要经济成分。推动西藏非公有制经济高质量发展不仅符合非公有制经济人士自身的利益需要，也是社会主义市场经济发展的客观要求。本研究立足于西藏特殊区情和西藏非公有制经济发展特点，以区域经济学、制度经济学、产业经济学、发展经济学和中国少数民族经济学等理论为指导，重点探索总结改革开放以来西藏非公有制经济高质量发展的实践经验，从提升非公有制经济高质量发展出发，较为深入探讨符合西藏特殊区情的非公有制经济高质量发展布局与对策。

研究表明：西藏特殊地理位置和区域环境，导致社会经济发展水平低、发展基础薄弱。这需要结合非公有制经济高质量发展特点，因地制宜、因势利导，从保护生态环境、适应市场竞争、提升企业价值、有效配置社会资源和实现非公有制经济高质量发展，全面探讨西藏非公有制经济高质量发展有效途径。通过分析西藏非公有制经济高质量发展现实基础、环境背景及机遇挑战，旨在变资源优势为竞争优势，变发展潜力为竞争实力，实现西藏非公有制经济高质量发展目标。

本研究首先在梳理相关研究文献基础上，对有关概念和相关理论进行梳理与阐述，深入分析西藏非公有制经济高质量发展客观条件与现实作用，在对西藏非公有制经济高质量发展特别是对非公小微企业高质量发展现状和拉萨市非公有制经济高质量发展状况进行重点调研分析基础上，结合西藏非公有制经济高质量发展特点及其所处区域环境，从机遇、目标、分析、布局、对策、保障措施等方面探讨促进西藏非公有制经济高质量发展的路径与对策，根据西藏非公有制经济特点，特地对西藏小微企业融资情况、科技创新和实现绿色转型等进行专题研究。

本研究是一项综合性分析与探索，不仅涉及到国家的生态安全、政治安全、社会主义市场经济体制机制构建以及市场环境优化和企业制度建设与未来发展谋划等方面内容，而且还涵盖经济学、管理学、社会学和民族学等多学科领域，其创新之处在于结合西藏区域资源现状和非公有制经济高质量发展目标要求，研究具有西藏非公有制经济高质量发展措施，对于拓宽当前民族经济问题研究内容和探讨非公有制经济高质量发展等是一个有益的、积极的尝试，并具有实践应用价值。

本研究的应用价值和现实意义体现在：

1. 把握西藏非公有制经济高质量发展趋势和走向。随着我国社会主义市场经济体制改革的不断深化，进而体制与机制的不断健全和完善，西藏区域非公有制经济作为一股不可替代的新生力量正在凝聚和调动着社会各方面的积极性，其在扩大就业、活跃市场、增加税收、繁荣城乡经济、助推全面小康社会建设和乡村振兴战略等方面发挥着积极重要的作用。如何按照党的十八大所提出的“经济建设、政治建设、文化建设、社会建设、生态文明”等目标与任务要求来全面推动社会经济快速、健康发展，已经成为一个重要而迫切的现实问题。对此，应从社会经济活动的最基础和根本抓起，从非公有制经济高质量发展进步做起，这对于既受环境资源约束又面临发展挑战的西藏而言，具有非常重要的现实意义与学术研讨价值。

2. 认识西藏非公有制经济高质量发展的历史机遇与背景。与区外其他兄弟省区市非公有制经济高质量发展水平相比，西藏非公有制经济具有起步晚、底子薄、基础差、竞争力弱、非公有制经济人士民族成分比重大等特点，在体制机制与管理方式等方面尚存在许多不完善之处，大多数企业组织是依靠自身积累而发展起来。通过探讨和分析西藏非公有制经济高质量发展路径，有助于深入了解西藏非公有制经济高质量发展所处的市场困境和环境瓶颈，在当前我国经济处于“新常态”发展趋势和“一带一路”倡议深入推进、深化供给侧结构改革、精准扶贫背景和乡村振兴战略背景下，对于推动西藏非公有制经济高质量发展既是一次难得的历史机遇，又是一次调整并需要不断提升其竞争实力和发展的潜力。

3. 探讨西藏非公有制经济高质量发展的路径模式。发展经济学，揭示了社会经济发展的一般规律，同时产业集聚理论指出产业结构优化和社会效益提升现实意义，其寓意对推动西藏非公有制经济高质量发展在当前资源受约束的社会经济发展环境中具有重要地位和现实作用，它对于促进西藏非公有制经济高质量发展具有实践应用价值。西藏非公有制经济的高质量发展，必将成为推动西藏社会经济高质量发展和全面建设现代化新西藏的中坚力量。

未来我们将结合国家“一带一路”倡议、乡村振兴战略、现代化新西藏建设、国家促进民族地区社会经济发展部署和西藏国民经济“十四五”发展规划等，继续深入探讨西藏城镇化、工业化和信息化发展过程中，非公有制经济高质量发展、行业与产业优化、区域布局合理化、提质增效等问题，为全面促进西藏社会经济高质量发展和建设团结富裕文明和谐美丽的社会主义现代化新西藏，作出研究西藏非公有制经济发展的工作人员应有的新的贡献。

参考文献

[1] 西藏自治区人民政府办公厅 . 西藏自治区志 · 政务志 [M]. 北京：中国藏学出版社，2007.

[2]《西藏自治志·财政志》编纂委员会 . 西藏自治区志·财政志 [M]. 北京：中国藏学出版社，2011.

[3] 西藏自治志地方志编纂委员会 . 西藏自治区志 · 海关志 [M]. 北京：中国藏学出版社，2007.

[4] 西藏自治志地方志编纂委员会 . 西藏自治区志 · 税务志 [M]. 北京：中国藏学出版社，2005.

[5] 江村罗布 . 辉煌的 20 世纪新中国大纪录—西藏卷 [M]. 北京：红旗出版社，1999。

[6] 丹增等 . 当代中国西藏（上、下册）[M]. 北京：当代中国出版社出版，1994.

[7] 多杰才旦 . 西藏经济简史 [M]. 中国藏学出版社出版，北京：2005.

[8] 肖怀远 . 西藏产业政策研究 [M]。北京：中国藏学出版社出版，1994.

[9] 孙勇等 . 西藏经济社会发展简明史稿 [M]. 拉萨：西藏人民出版社出版，1994.

[10] 赵曦，周炜 . 中国西藏扶贫开发战略研究 [M]. 北京：中国藏学出版社，2006.

[11] 赵曦，周炜 .21 世纪西藏农牧民增收途径 [M]. 北京：中国藏学出版社，2004.

[12] 吴仕民 . 西部大开发与民族问题 [M]. 北京：民族出版社，2001.

[13] 杨振之 . 西部大开发中西藏及其他藏区特殊性研究 [M]. 哈尔滨：黑龙江人民出版社，2002.

[14] 西藏社会科学院 . 西藏经济蓝皮书 [M]. 拉萨：西藏藏文古籍出版社，2005–2019.

[15] 罗莉，拉灿 . 西藏 50 年 · 经济卷 [M]. 北京：民族出版社，2001.

[16] 国家统计局 . 新中国六十年统计资料汇编 [M]. 北京：中国统计出版社，2010.

[17] 汪海波 . 中国经济发展 30 年（1978—2008）[M]. 北京：中国社会科学出版社，2009.

[18] 狄方耀，罗华 . 西藏经济学导论 (第三版) [M]. 拉萨：西藏人民出版社，2010.

[19] 狄方耀，图登克珠，李宏 . 西藏经济学概论 [M]. 厦门：厦门大学出版社，2016.

[20] 狄方耀 . 当代西藏产业经济发展史 [M]. 北京：中国藏学出版社，2014.

[21] 西藏自治区第三产业普查办公室编 . 中国第三产业普查资料（西藏自治区）[M]. 西藏人民出版社，1995.

[22] 王长富 . 改革开放后的中国私营经济 [M]. 北京：中国人民大学出版社，1997.

[23] 张锦华 . 中国当代非公有制经济的现状和发展 [M]. 大连：辽宁人民出版社，1999.

[24] 马康盛，黄家声 . 私营经济发展对策研究 [M]. 台肥：安徽人民出版社，200l.

[25] 宋才发 . 私营经济发展的理论与实践 [M]. 武汉：华中师范大学出版社，2001.

[26] 成思危. 中国非公有制经济年鉴 2010[M]. 北京: 民主与建设出版社, 2011..

后 记

本书是我们十多年从事西藏非公有制经济发展研究的成果，前期调研、书稿撰写修改与出版过程充满了艰辛。我们最早关注西藏非公有制经济发展源于狄方耀教授主持的 2011 年自治区工商联委托课题《西藏非公有制经济发展报告（2011）》，为圆满完成发展报告的编写任务，我们先后派出十多人次赴拉萨、日喀则、山南、林芝等地市全面开展西藏非公有制经济发展情况调研，取得关于西藏非公有制经济发展的大量一手资料。在圆满完成《西藏非公有制经济发展报告（2012）》编写基础上，狄方耀教授又成功主持完成了《西藏非公有制经济发展报告（2013–2014）》编写。2012 年狄方耀教授成功申报了国家社科基金一般项目《促进西藏非公有制经济健康发展研究》，从 2012 年 5 月至 2016 年 11 月，我们使用实地调研法、文献搜集和整理法、专家访谈法等，进一步获得了事关西藏非公有制经济发展的感性认识，并力争将这种认识转化成理性认识，努力做到研究逻辑自洽、论据充足；设计和不断优化研究框架，优化布局研究内容各层级结构，使其在逻辑上规范有序。在研究中我们先后十多次进行了集体研究商讨研究中遇到的资料困难、观点分歧、思路差异、研究方法困境，多次向有关专家请教咨询，伴随国家社科基金一般项目顺利结项，我们对西藏非公有制经济发展的理解认识达到了一个新的高度。2013 年，张志恒教授成功申报并于 2015 年完成了自治区高教社科项目《拉萨市非公有制经济发展研究》。2017 年张志恒教授又成功申报并完成了拉萨市工商联委托课题《拉萨市非公有制经济高质量发展调查研究》。2018 年张志恒教授作为执行人完了《西藏自治区民营经济发展研究（2019）》的资料长编等工作。

本书初稿撰写始于 2019 年，历经三个寒暑，经过十多次研讨与协商，最终完成今天所呈现出来的书稿。总体来看，我们的研究过程非常艰辛，几乎将所有节假日都利用起来，收集资料，反复研讨与修改。正是这样的研究，不仅提高了我们的研究能力，也提高了成果质量。狄方耀教授主持完成了本书的框架设计，并完成了第一章、第二章；张志恒教授完成了第三章、第九章、第十章、第十一章，并对书稿进行了最后统稿工作；陶青老师完成了第三章的第三节；孙天柱老师和丁萧镕共同完成了第四章；戴婧妮老师完成了第五章；赵莹老师和李育昊同学共同完成了第六章；李玲老师与魏君共同完成了第七章；王璐瑶老师与高欣怡共同完成了第八章。

本书还是西藏民族大学《藏秦喜马拉雅高峰人才计划－“藏秦”高原学者》及《西藏特色经济发展与产业转型研究科研创新团队（2017）》的阶段性成果。在本书稿撰写过程中，得到了西藏民族大学西藏文化传承发展协同创新中心和西藏民族大学科研处的大力支持，科研处副处长暨西藏文化传承发展协同创新中心管委会主任张传庆教授为本书出版付出了辛勤努力。本书出版还得到了西藏人民出版社多杰卓玛责任编辑的大力支持，在此一并深表谢意。

借本书出版之时，我们再次向支持、帮助、资助本书出版的有关单位和人士致以诚挚的谢意！由于水平所限，时间仓促，书中错误在所难免，敬请多多批评指正。

作者

2022 年 7 月